文津书馆

阿 Q 的祖宗

李乔 著

北京出版集团
北京出版社

图书在版编目（CIP）数据

阿Q的祖宗 / 李乔著. — 北京：北京出版社，2020.9

ISBN 978-7-200-15468-9

Ⅰ. ①阿… Ⅱ. ①李… Ⅲ. ①杂文集—中国—当代 Ⅳ. ①I267.1

中国版本图书馆CIP数据核字（2020）第036656号

策　　划：安　东　　责任编辑：白　雪　高立志
责任印制：陈冬梅　　装帧设计：微信视觉｜乔东

阿Q的祖宗
A Q DE ZUZONG
李乔　著

出　　版　北京出版集团
　　　　　北京出版社
地　　址　北京北三环中路6号
邮　　编　100120
网　　址　www.bph.com.cn
总 发 行　北京出版集团公司
印　　刷　北京华联印刷有限公司
开　　本　880毫米×1230毫米　1/32
印　　张　17.25
字　　数　311千字
版　　次　2020年9月第1版
印　　次　2020年9月第1次印刷
书　　号　ISBN 978-7-200-15468-9
定　　价　88.00元

质量监督电话　010-58572393
如有印装质量问题，由本社负责调换

自　序

1978年，我考入人大历史系。毕业后，虽做了报人，但对历史的兴趣从未消减，读史和写些历史题材的文章，成了我一生的爱好。限于学力，我对史学的大课题，向来敬而远之，而是喜好治杂史，弄读史随笔。周氏兄弟皆喜杂学、杂史，读史杂谈是他们写作的一大部类。私淑鲁迅的黄裳、孙犁亦如之。这几位大文士，皆我素所敬仰者，故他们的读史、尚杂之路，成为我的楷范，尽管明知追尘之不易。

经史子集中，史书是学问之大宗。传统读书人没有不读史的。不读史，学问浅，无以言。现代人更需要读史，否则，不知根由，便不知去向。克罗齐说，“一切历史都是当代史”。鲁迅说，“发思古之幽情，往往为了现在”。为了现在，应该读史。为了现在而读史，历史就会活起来。我喜欢读也喜欢写能让历史活起来的读史随笔。

给这本集子取名颇不容易，真所谓“一名之立，旬月踟蹰”。结果从书里选了一篇文章的题目做书名，曰《阿Q的祖宗》。这个名字有“思古”之意，也有“察今”的现实感，比较合乎书里文章的特点，于是就用它了。

是为序。

李　乔

写于2019年2月21日

目　　录

辑一　有所思

辑二　有所考

辑三　有所辨

辑四　有所读

辑一　有所思

略说“炎黄子孙”一词

“炎黄子孙”这个词，我自幼就闻之肃然，觉得很神圣。我的理解一直是，炎黄子孙就是中国人，我也一直以自己是炎黄子孙而自豪。

但最近学术界有一位先生提出：说中国人、中华民族都是“炎黄子孙”，不对；蚩尤也有子孙，蚩尤挨过炎黄的打，所以蚩尤的子孙不该自认是炎黄子孙。进而，他认为，今后应该取消“炎黄子孙”一词，而代之以“中华儿女”一词。

我觉得这个说法很不妥当，从学术上看也说不大通。

“炎黄子孙”一词，是历史上形成的，有其产生的特定和合理的原因，使用这个词已成为一个历史传统。这个词，对于团结中华民族大家庭，乃至团结海外华人，曾经起过并仍然起着重要的积极作用。所以，我想，绝不能取消这个词。实际上，只要我们对这个词加以正确的解说，继续使用是没有问题的。

炎黄，即炎帝和黄帝，是上古神话传说中的部落首领，蚩尤也是重要的部落首领之一。但在历史上，是否确有一个叫炎帝、一个叫黄帝的两个人，还不好确认，还需要考古证明。所谓“炎帝”“黄帝”，也许这每个名字是一人之称，也可能是一种集合性的名字，即多人之统称。总之，是一个符号。但以“炎帝”“黄帝”之名为代表的炎帝部落和黄帝部落，则是确实存在的，这是真实的历史。总之，“炎黄”是炎黄部落的符号，“蚩尤”则是蚩尤部落的符号。

炎黄是中国上古社会中最具有代表性的部落，所以，从泛血缘意义上说，中国人都是炎黄部落（及蚩尤等部落）的后人，说中华民族是炎黄子孙，是可以的，正确的。当然，也不能一看“炎黄子孙”一词有“子孙”二字，就以为我们每个中国人的DNA都与炎黄二帝相同。试想，炎黄是神话传说中的人物，怎么好说今天的我们都与这两个神话传说人物有血缘关系呢？所以，所谓“子孙”，只是一种象征性的说法。

除了从泛血缘意义上理解“炎黄子孙”，我认为，“炎黄子孙”一词更是从文化象征及文化传承的意义上说的。炎黄是中华民族公认的“人文初祖”，炎帝也叫神农氏，黄帝也叫轩辕氏，传说他们发明了农业、医药、舟车、文字，等等，把人们从野蛮时代带入文明时代，炎黄二字成了上古“文化英雄”（发明家）的代称，这就是炎黄的文化象征意义。对于“炎黄子孙”的“子孙”一词，我认为更应该从文化传承的意义上理解，“子孙”

者，主要应该指文化传承意义上的“子孙”。在泛血缘意义和文化象征及传承意义这两者当中，后者实际上比前者更重要。

若想深入理解“炎黄子孙”一词，必先理清中华民族的发展脉络。

这个脉络即：在炎黄时代，炎黄部落最强大，炎黄族后来发展为华夏族，华夏族又发展为汉族（因汉朝而称），汉族又与其他少数民族（包括蚩尤部落的后人）交往、碰撞、通婚、团结、融合，同时又相互区别，逐渐形成今天的多民族大家庭——中华民族。在这个过程中，炎黄——华夏——汉族一直是主体，所以，炎黄也就先是成了远古中国人的代表，后来又成了汉族的象征，再后来又成了中华民族的重要符号乃至象征。

有人说，强调炎黄是汉族之祖，起于反满革命，这不错。但自孙中山提出五族共和后，主流的说法已变为“中华民族之全体，均皆黄帝之子孙”。之后，此说改变着人们的观念，逐渐成为绝大多数人的共识，炎黄也就自然过渡成了中华民族的“祖先”。

说炎黄是中华民族的“祖先”，并不是说炎黄就是唯一的祖先，这只是就主流而言，蚩尤当然也是祖先，还有其他许多祖先。说我们是炎黄的子孙，并不意味着非炎黄部落没有后代。（鲁迅在《新秋杂识（二）》一文中就说过：“我们虽然大家自称为炎黄子孙，但蚩尤的子孙想必也未尝死绝……”）更不意味着今天的中国人一修家谱，便必须先写上炎黄。其实，如今哪有纯粹的炎黄后代和纯粹的蚩尤后代呢？即使是从血缘、亲缘关系上讲，蚩尤等部落的后代，早就与炎黄部落的后代交往、通婚、融合，你是我族的儿媳，我是你族的女婿，大家早就分不开了。近年，有考古学者提出，蚩尤部落实际是炎帝神农氏族的一个分支氏族，如果是这样，大家更早就是一家人了。

对于“炎黄子孙”一词，实际应该做这样的理解：这个词不过就是说我们中国人都是以炎黄为代表的那个时代的伟大先民们（包括蚩尤等）的后代而已。

历史上，一些少数民族入主中原，有的融入了汉族，他们从心里愿意成为炎黄子孙大家庭的成员，并以成为炎黄子孙为荣。匈奴、鲜卑、契丹和清朝的统治者都曾明确承认过自己是黄帝子孙。汉族，实际是一个不断掺入许多少数民族成分的民族。

如果质疑“炎黄子孙”一词有局限性，不完美，那么，“中华儿女”一词怎样呢？“中华”一词，本为汉族自称，是由“中原”和“华夏”二词组合而来，而华夏又正是由炎黄而来，难道我们仅仅是华夏族的儿女，而不是华夏的祖先炎黄的子孙么？“中华”二字，虽然起先是汉族自称，但随着中国各民族的凝聚与融合，“中华”二字终于成了中华民族的共称。实际上，“中华儿女”的意思，与“炎黄子孙”差不多。

从孙中山、毛泽东、鲁迅到邓小平，都是认可和经常使用“炎黄子孙”一词的。鲁迅有“我以我血荐轩辕”的名句，此轩辕黄帝，是作为中华民族的符号使用的，是中国的代称，我们绝不能把“血荐轩辕”理解为鲁迅要把热血仅仅献给汉族。抗战期间，国共领导人有极庄严的祭祀黄帝陵之举，毛泽东、朱德的祭文中有“以鲜花时果之仪致祭于我中华民族始祖轩辕黄帝之陵”之句，意在通过祭祀和标举中华民族的始祖，表示整个中华民族的团结和抗战意志。邓小平在谈到海峡两岸关系时特别指出，“两岸人民都是炎黄子孙”。

“炎黄子孙”一词是一个有巨大亲和力、号召力、凝聚力的名词，比“中华儿女”一词更富有感情色彩，因而对于团结中华民族，特别是团结海外华人，实行“全球性华人统战”，具有其他词汇不可替代的作用，特别是对于团结台湾同胞，使其产生对中华民族的依恋情结，打击“台独”，具有重要的精神感召作用。

多年来，把炎黄作为中华民族的始祖来祭祀，一直是官方和民间都非常重视的一项爱国主义教育活动。每到清明节，在陕西黄帝陵都要举行盛大的祭黄仪式，电视台要隆重转播。湖北随州相传是炎帝故里，据中国新闻社报道，每年6月8日，“世界华人炎帝故里寻根节”在此举行，数万名各界群众齐聚随州烈山，“共同拜谒中华民族的始祖炎帝神农，祈福华夏繁荣昌盛”，这里所建的炎帝石雕像是全球最高的炎帝雕像（《中国社会科学报》，2010年6月10日）。这些炎黄祭典，都是将炎黄作为中华民族的始祖来祭祀的，祭祀者当然也都是自认炎黄子孙的。这些祭典对于团结中华民族，团结海外华人，增强国人的爱国主义精神，起到了很好的作用。

“中华儿女”也是一个很好的词汇，也具有相当的感召力。实际上，“炎黄子孙”与“中华儿女”，以及其他具有相同或相近意义的词汇，如“龙的传人”、“唐人”等，在很大程度上是可以混用的，完全可以根据不同的时空、不同的需要自由地使用。因为，从本质上说，这些称谓原本都是为了表述“认同心理”而产生的，只是角度和程度略有差异而已。

所以，我认为，无论怎样使用这些称谓，只要是从总体上有益于中华民族的团结，有益于全球华人的心理认同，就是好词汇，就应该流行。当然，如果有哪位先生不愿意使用其中某个词汇，也不应当勉强，应当听其选择。

（刊于《学习时报》，2012年6月20日，题为《“炎黄子孙”是指文化传承》）

孔子尊君而不主张君主个人独裁

鲁迅在《在现代中国的孔夫子》里说："孔夫子曾经计划过出色的治国的方法，但那都是为了治民众者，即权势者设想的方法。"这段话让我想到了孔子献的"君君臣臣"的治国方案，想到孔子是个君主的尊崇者和维护者，是个标准的、模范的君权主义者。关于孔子对君臣关系的设想，我一直认为，在孔子心目中，君主就是应该说一不二的，臣子则是绝对不能有二话的，也就是说孔子是个绝对的尊君者。

实际上，我这个想法并不大准确。哲学史家张岱年先生在《孔子哲学解析》中说，孔子尊君而不主张君主个人独裁。又在《晚思集·我与中国哲学史》里说，孔子虽尊君而反对独裁。张先生的史据之一，是孔子"答鲁定公问"的一段话。定公问：国君一言可以丧邦吗？孔子回答：国君如果话讲得不对，又没人敢违抗（"言莫予违"），那就真会一言丧邦的（《论语·子路》）。孔子的话含有几层意思：君主的话不一定都对；君主的话后果极大，兴邦丧邦皆可因之；君主说错做错，要有直士进谏才好。

张先生的论断是正确的，孔子尊君是实，但他并未主张凡事只能君主一个人说话，臣子只能磕头，只能无条件地“嗻嗻嗻”，而不能表达自己的见解。孔子所说的“君君臣臣”，我看实际上也包含了若干臣子要督促“君要像君”的元素，这与他答鲁定公问是相通的。就是说，君要像个君，要做好事；倘若不像个君主样儿，做了错事，臣子就该提意见。

孔子尊君，却又不主张独裁，表面看似乎矛盾，实际是统一的。孔子的话，既为君主着想，又主张臣子谏诤，既有君主性，也有民主性（高层民主）。如果孔子主张君主个人独裁，必然要高调提倡俯首帖耳，提倡无条件“嗻嗻”，但孔子不是这样，而是提倡臣子谏诤。《论语·宪问》记：“子路问事君，子曰：‘勿欺也，而犯之。’”孔子告诉子路，千万不能欺骗君主，但可以犯颜直谏。后来的谏官制度，重要渊源之一便是孔子这句话。

孔子，从政治史上看，实际上有两个：一个是原生态的，一个是被修改、被歪曲了的。不主张独裁的孔子，是原生态的真孔子，而所谓“孔家店”里的孔子，是被修改过了的变形的孔子。所以人们要“打倒孔家店”。

孟子不愧是孔孟之道的第二把手，他是孔子不主张君主独裁思想的继承者和发展者。他说过震烁千古的名言：民为贵，君为轻。又说：武王伐纣，不是臣弑君，而是诛杀独夫。这种反独夫、反暴政的思想，与孔子的不主张君主独裁一脉相承。

朱元璋是个大独裁者，对孟子极厌恨，认为“君为轻”是给自己拆台，便下令孔庙里不准再立孟子的牌位。但他似乎不知道孔子曾有不主张君主独裁的思想，倘若让他知道了，拆掉孔庙倒不一定，至少也要申斥一下孔子的“错误思想”吧。

《诗经》里的“用脚投票”

用脚投票，古已有之。谓予不信，且看《诗经》之《硕鼠》云：“硕鼠硕鼠，无食我黍！三岁贯女，莫我肯顾。逝将去女，适彼乐土。”翻译出来，就是“大田鼠呀大田鼠，不许吃我种的黍！多年辛劳伺候你，你却对我不照顾。发誓定要摆脱你，去那乐土有幸福。”这是《硕鼠》的第一段。第二、三段的末句分别是“适彼乐国”“适彼乐郊”，意思是“去那乐国、乐郊有幸福”。诗人把剥削者称为硕鼠，因备受硕鼠剥削，便发誓要离开故土、故国、故郊，到有欢乐有幸福的地方去。用今天时兴的话说，就是打算用脚投票。

史学家陈垣先生对《诗经》这一经义非常重视，抗战期间他在论说民心问题时，引用过“逝将去女，适彼乐国”八个字，并申说道：“何为出此言乎？其故可深长思也。”（《通鉴胡注表微·民心篇》）原因说来也简单，硕鼠当道，民不堪命，怎能不思“逝将去女，适彼乐国”？

关于民心、政治、爱国彼此间的关系，陈先生又提出一精辟见解，认为当局提倡爱国，应以人民福祉为依归，以善政凝聚民心，这样人民才会不轻去其国。他说：“民心者人民心理之向背也。人民心理之向背，大抵以政治之善恶为依归，夷夏之防（按，即民族意识），有时并不足恃，是可惕然者也。”又说：“恩泽不下于民，而责人民之不爱国，不可得也。夫国必有可爱之道，而后能令人爱之……”（《通鉴胡注表微·民心篇》）陈先生实际是希望民国政府以历史为鉴，实行善政，善待人民，以凝聚人民的力量争取抗战的胜利。这是真正的爱国主义思想，是真正的获取民心之道，是领导抗战者应当奉行的为政方针。

从“中庸”说到“矫枉必须过正”

“中庸”和“矫枉”问题，本是个老话题了，但如今深感还有再辨析、再议论的必要。

倘若浏览互联网，就会发现，上面有不少偏激言论，或极左，或极右，或也难说是左还是右，然都是某种偏激思想的表达，这类言论不少，颇有汇成一股偏激思潮之势。近年发生的“街痞反日”和抵制肯德基等排外事件，就是这股偏激思潮的表现。

细思这些偏激言论和行为的思想根源，可以看出，一个重要源头，就是与动乱年代流行的“斗争哲学”的影响有关，而与这种影响相连，又与对中国传统文化中的“中庸”思想的误读，和对“矫枉”问题的糊涂认识有关。在否定一切的年代，儒家的中庸思想被曲解为“无原则的调和”，受到批判；“矫枉过正”则受到鼓励，说是“不过正就不能矫枉”，结果，走极端的思想疯长起来，偏激和极端的行为层出不穷。其影响绵延至今，网上流行偏激言论和发生“街痞反日”等极端行为，也就不奇怪了。

这需要正本清源。

“中庸”辨

儒家的“中庸”到底是什么意思？《论语·雍也》云：“中庸之为德也，其至矣乎！”谓中庸是极高的道德。朱熹解释“中庸”云：“中者，不偏不倚，无过不及之名。”“中者，无过无不及之名也；庸，平常也。”

“不偏不倚”，意为持中、公正。“无过不及”，即孔子所说的“过犹不及”，即做事既要不过分、过度，也不能不够、不足。“不偏不倚”和“无过不及”（“过犹不及”）这两句话，侧重点有所不同，但都表达了一个意思，即办事要达到“中”的位置，要做到适中。所谓“庸，平常也”，这个“平常”，意为不突兀、不冒进之意，而不是平庸无能的意思。

实际上，所谓中庸，就是一种适中思想，即做事和想问题要适中、持中、用中、合宜、不左不右，无过不及，不走极端。那么，哪里是“中”呢？好比一杆秤，那个不偏不斜的平衡之处，就是“中”的位置，这个位置，也就是不偏不倚、不左不右、无过无不及之处，即恰到好处的地方。河南人说话爱说“中”，这个“中”字，就是合适、合度之意，其实就是中庸所说的“中”。儒典里有“扣其两端而执其中”“执两用中”的话，意思是审视和掌握两端而采用“中”，即要找到两端之间的合适位置，找到了，便是适中。

这便是儒家所说的中庸的原意，其中并没有“无原则的调和”的意思。这种中庸有什么不好呢？很好嘛！怎么能批判呢？难道做事、想问题，不该适中，而应该走极端吗？至于随着时代的变迁，“中庸”的原意被模糊，被曲解，被加上了别的意思，那就不是先秦儒家所应负责的了。

蔡元培先生对孔子和儒家的“中庸”非常推崇，主张凡事要适中，反对走极端，反对偏激。他评论先秦诸子时说，法家太左，刻薄寡恩；道家太右，放任自流；所以法家之策招致秦灭，道家之习招致晋亡。

中庸或曰适中思想，并非只是中国思想家所独创、独有，古代西方也曾产生过类似孔子“中庸”的适中思想。古希腊哲学家亚里士多德就提出过“适中”思想，认为一切行为都可以分为过度、不及、适中三种状态，比如，在鲁莽、怯懦、勇敢这三种相关状态中，鲁莽是过度，怯懦是不及，勇敢是适中；在纵欲、冷淡、节制这三种状态中，纵欲是过度，冷淡是不及，节制是适中。在过度、不及、适中这三者当中，过度和不及都是极端，在这两个极端中间是适中，适中才是美德。可以看出，亚里士多德的“适中”，与孔子的“中庸”，意思基本是一样的。所以在将古希腊文的“适中”一词翻译成汉语时，一般都译为孔子所用的“中庸”一词。

在现代剧烈的社会变革运动中，作为理论家和政治领袖的列宁和斯大林，也都有过适中思想的表达。列宁说，真理往前跨一步就是谬误。这“跨一步”，就是没有用中、执中，而是跨向了某一极端。斯大林说：“真理在‘中间’，在左派和右派之间。”这也是在表达反对极端之意。但斯大林搞“大清洗”，违反了他自己的说法，滑向极左的一端去了。

适中思想作为一种思维方式，有助于我们进行正确的思维活动，捕捉客观法则，避免思想和行为上的走极端、偏激、片面性、绝对化。但它所解决的，主要还是思维形式的问题，至于怎样才算适中、适度、恰到好处，还须根据具体情况去把握，而这种把握并不容易。

矫枉是否必须过正

当出现走极端的偏误时，怎样纠正？有两种态度：一是把极端纠正为适中、适度、恰到好处，如把怯懦纠正为勇敢，把肚子饿纠正为吃饱；另一种是把极端纠正过头，超过了应有的限度，即矫枉过正，如把怯懦“纠正”为鲁莽，把肚子饿“纠正”为吃撑。显然，第一种态度是正确的、可取的。但生活中常见到第二种情况。比如，一说“君子不言钱”是刻板、僵化，需要纠正，便纠正成了膜拜钱神；一说传统中有糟粕，须抛弃糟粕，便弄成了抛弃一切传统。反之亦然。总之，都是用一个极端纠正另一个极端，总是在两个极端之间换位，也就是说，总是用一种片面性替代另一种片面性，总不脱形而上学的窠臼。

有一种说法：矫枉必须过正。鲁迅先生也说过：“矫枉不忌过正，只要能够打倒敌人，嬉笑怒骂皆成文章。”还说过“不读中国书”之类的话。钱玄同为强调文字改革的必要，常发表走极端的激进言论。鲁迅评钱玄同说：“十分话最多只须说到八分，而玄同则必须说到十二分。”怎样理解这些说法和现象呢？

应该肯定，矫枉过正在一定条件下是具有合理性的。鲁迅之所以说一些矫枉过正的话，是因为黑暗势力太强大，旧思想的罗网太严密，如果不“扎硬寨，打死仗”，就不能取得一点进步。正像鲁迅自己所说的，你说要开窗户，那人家肯定不让你开，你必须说要掀房顶，人家才让你开窗户。钱玄同发表走极端的文字改革言论，也是因为看到封建旧文化、旧思想对人们束缚太深，不出死力就解决不了问题，所以总是故意把话说得很绝对。实际上，从内心看，鲁迅和钱玄同并不偏激，而是很理性的。鲁迅说“不读中国书”，是为反抗“古老的鬼魂”对中华民族的精神压迫，而鲁迅本人对于中华民族的优秀文化则是爱之甚深的。关于钱玄同的“偏激”，黎锦熙评道：钱玄同“有时说话过分，须知他是愤激之谈，等到发作过了，他仍返于至情至理，中庸得很”。周作人对钱玄同也有过类似评价。

矫枉过正虽在一定条件下有合理性，但如果将其作为一种固定的、普遍的思维模式来奉行，认为矫枉必须过正，不过正就不能矫枉，就会产生很大的负面作用。那样，就会形成一种局面：你过正，我也过正，以过正对过正，永远处在一种极端与另一种极端对立的状态中。现代史上文化界关于本位文化和全盘西化的论争即有此弊。

郭沫若先生对“矫枉过正”问题发表过一个见解，我认为很正确。他说：“在我认为，答复歪曲就只有平正一途。我们不能因为世间上有一种歪曲流行，而另外还他一个相反的歪曲。矫枉不宜过正，矫枉而过正，那便有悖于实事求是的精神。”这里所说的“歪曲”，亦即一种极端状态，所谓“平正”，就是适中、适当。只有平正，才合乎实事求是的精神。在歪曲与平正之间，我们当然要选择平正，选择了平正，也就是选择了实事求是。实事求是，应当是我们思维和办事的最高准则。

都说自己是“真尧舜”

儒、墨为先秦两大显学，《韩非子·显学》论及二学在“宗圣”方面的特点云：“孔子墨子俱道尧舜，而取舍不同，皆自谓真尧舜。尧舜不复生，将谁使定儒墨之诚（真实）乎？”所谓“皆自谓真尧舜”，就是孔墨都说自己才是继承尧舜的正宗。又云：“孔墨之后，儒分为八，墨离为三，取舍相反不同，而皆自谓真孔墨。孔墨不可复生，将谁使定世之学（是否得了真传）乎？”所谓“皆自谓真孔墨”，就是说这些儒墨之徒的各流派都声称自己才是孔墨的真正传人。

韩非所言者，虽只是孔墨两家，但所谈现象却实为中国思想史上之恒久现象也。析言之，现象一：不同学派，虽同宗一古圣先贤，然对古圣之道却各有取舍和解说，并皆言自己所取者独为古圣之道之真义也。现象二：宗师故去，门徒离析，对宗师学说，各取所需，各有解读，各立己说，演为门派，且皆言自己独为宗师学说之真传也。

现当代史亦有此类现象。马恩列斯毛辞世后，皆曾发生过对其学说“取舍不同”的情况：死守章句者有之，曲解阉割者有之，拉大旗作虎皮者有之，结合实际活用者有之，创新发展蔚成新体系者有之，而行之者也皆谓所执为导师学说之真传，之真髓也。

然则，试观环宇，谁人究竟得了真传真髓？谁人又发展了导师学说？中国式、越南式、古巴式、苏联式、东欧式、北欧式、南斯拉夫式、老挝式、缅甸式、朝鲜式、柬埔寨式、印度式、委内瑞拉式、尼泊尔式、非洲式，等等，成功与失败，正确与谬误，光荣与耻辱，成熟与稚拙，或龙种，或跳蚤，历历分明，有史为证，识者知之，无须论辩矣。

韩非曰，孔墨不复生，难定其弟子得其真传否。余谓导师虽不复生，亦自有实践可检验之；况纵然导师在世，亦须以实践定是非，论成败也。

一条兴亡因果律

黄炎培在有名的“窑洞对”中，提出一个“历史周期率”（或曰“周期律”）问题：“我生六十余年，耳闻的不说，所亲眼见到的，真所谓‘其兴也勃焉’、‘其亡也忽焉’，一人、一家、一团体、一地方，乃至一国，不少单位都没有能跳出这周期率的支配力。”毛泽东回答说，我们已经找到了避免周期率的新路，这就是民主。

对黄炎培这段话，人们多注意“周期率”，却很少有人知道这段话里还隐含着一条“因果律”，就是“罪己”（自我批评）与兴亡之间的因果律。

这条因果律隐含在“其兴也勃焉”、“其亡也忽焉”这句古语中。

古语的出处是《左传·庄公十一年》。鲁庄公十一年秋，宋国遭受水灾，庄公遣使慰问，宋闵公说：“都是我不好，对上天不诚敬，上天才降下灾难。让贵国国君担忧了，真是感激不尽。”鲁国大夫臧文仲听到宋闵公这些话，很是感慨：“宋其兴乎！禹、汤罪己，其兴也悖（通‘勃’，兴盛貌）焉；桀、纣罪人，其亡也忽焉。”译成白话就是：宋闵公这样勇于自责，宋国肯定会兴旺。不信看看历史：大禹、商汤因敢于自责而兴盛，夏桀、殷纣因推诿罪责而迅速灭亡。

大禹是治水英雄，商汤是推翻夏桀的革命家，但他们同时也是勇于“罪己”，敢做自我批评的典范。“罪己”，便必然兴利除弊。禹汤之所以成功和胜利，勇于“罪己”是原因之一。夏桀和殷纣，不仅暴虐荒淫，且拒谏杀人，夏桀杀掉关龙逄，殷纣杀掉比干。拒谏“罪人”，是桀纣失败和灭亡的原因之一。

中国历史上有些皇帝有了过失，便下个“罪己诏”，自责一番，这样做，很可能是受过禹汤“罪己”的影响。尽管这些“罪己诏”有些敷衍，但已经很不容易了。有位先生说，下“罪己诏”的皇帝没有好结果，我不知何所据而云然。我还是相信历史，相信臧文仲的话——“禹、汤罪己，其兴也悖焉；桀、纣罪人，其亡也忽焉”。这是兴亡因果律支配的真历史。

“婴鳞”学说

韩非有一“婴鳞”学说，云：“夫龙之为虫也，可扰狎而骑也。然其喉下有逆鳞径尺，人有婴（即撄，触犯之意）之，则必杀人。人主亦有逆鳞，说之者能无婴人主之逆鳞，则几矣。”

龙，这大虫，若驯服了它，可以骑它，但它喉头下倒长着的那尺把长的逆鳞，你可碰不得，碰了你就得死。龙如此，君王亦然。韩非说，人主也有逆鳞，逆鳞绝不能碰，若游说者没碰逆鳞，游说或可成功，若碰了结果就是个死。

韩非者，中国君主制之大思想家也，人称“中国的马基雅弗里”，中国史上若论谁最懂得君王的心思和脾气，韩非大概要数第一人。“婴鳞”学说，便是此公的“知君”之论，是他的一大理论发明。

古时陷入文网的人，大抵八成都是因为犯了“婴鳞”之罪。朱洪武是秃头，秃头即逆鳞，语涉秃头便是“婴鳞”，故而言“光”言“亮”者，便掉了脑袋。清朝考官查嗣庭用孟子语“君犹腹心，臣犹股肱”出了道试题，雍正阅后怒责道：“为何称‘君’为‘腹心’而不称‘元首’？分明不知君上之尊。”这“君上之尊”，便是雍正及一切君王的逆鳞，而查嗣庭却不慎触犯了它，结果倒了大霉。

料想诸种“婴鳞”分子，似乎都没学过韩非的“婴鳞”学说，或是学了却没学到家，所以有心无心地违反了皇天之下的一条绝对真理：真龙天子的逆鳞，是根本一点儿都碰不得的。明乎此“婴鳞”之理，便可明白文字狱成因之大半。

司马迁的眼光甚犀利，看出了韩非“婴鳞”学说的重要性，便在篇幅极有限的韩非传记里记下了这一学说。窃思之，倘若当初那些犯忌的臣僚士子，都曾好好学习过韩非的“婴鳞”学说，大概也就不会去干那种“婴鳞”的傻事了，文字狱也便会因此而锐减。

开历史倒车的二三人物

王莽的名声一直不大好。“周公恐惧流言日，王莽谦恭未篡时。”毛泽东曾用这句白居易诗比喻反叛的林彪。王莽、林彪，都被认为是先谦恭、后篡权的野心家、阴谋家。

王莽曾行新政，也叫“复古改制”。怎么个改法呢？胡适概括为实行“国家社会主义”。其实就是搞土地国有制，即《诗经》所云的“普天之下，莫非王土”的“王田”。此外，还限制商业发展、恢复原始货币之类。基本是走回头路。

胡适先生说王莽搞新政是为了“均众庶，抑兼并”，称王莽是“一千九百年前的社会主义者”。显然，这评价说大了。史学家何兹全先生说，王莽搞的改良，虽然是为自己，但也照顾了人民的利益，故有进步性。但依我看，这个“进步性”，若是从出发点上说尚可说通，若从效果来考量则没多大道理。网上更有论者称王莽是“最早的共产主义者”，还有人称王莽是“共产主义皇帝”，都是不靠谱的评价。

王莽终究是个有争议的人物。我看，他大抵是个心肠还不算坏却干了大坏事的人。他想解决民生问题，但搞的方案是乌托邦，结果干出了开历史倒车的坏事、蠢事。

史学家吕思勉先生有段话论王莽改制，甚是精到。他说："中国财产分配之法，大抵隆古之世，行共产之制。有史以后，逐渐破坏，至秦汉之世而极。是时冀望复古者甚多，王莽毅然行之，卒召大乱，自是无敢言均平财产者。私产之制，遂相沿以迄于今。"王莽之世，贫富悬殊，故世人多希望复古。然王莽所复之"古"为何物？有学者断为三代即夏商周之奴隶制，吕思勉则断新政之源头为隆古之世的原始共产制。

实践检验新政。《汉书》记新政后果为："元元失业，食货俱废。""元元"者，据史料，既包括穷人，也包括富人。大家一齐受损害，一齐丧失生计。吕思勉说，新莽之所行，无一不扰乱经济。故，"食货俱废"，"卒召大乱"。"大乱"之状：人相食，绿林赤眉揭竿而起。

"国家社会主义"——土地国有的"王田"行不通，地主所有制却稳固地沿袭了两千年。盖地主制生命力正旺，可容纳生产力之发展也。王莽之错，错在违背社会发展规律。以汉代当时的生产力，欲退回原始制、奴隶制，何有可能？欲实行真正之社会主义，更是天方夜谭。王莽新政，纯是乌托邦也。

现代柬埔寨，也有个开历史倒车的怪异人物，名曰波尔布特。此人与王莽虽隔代且异国，其治国的主意和结局却颇有相似处。

波尔布特要建立一个“无阶级差别、无城乡差别、无货币、无商品交易”的所谓“超级社会主义”。一夜之间，富人消灭了，城市消灭了，有“东方巴黎”之称的金边成了无人的鬼域。出版社、报纸、杂志、学校等等，一律关闭。对知识分子，肉体消灭。戴眼镜是罪恶。家庭解体，男女分队，婚姻由组织分配。吃大锅饭，穿清一色的黑军服，戴同样的红格毛巾。这种情况，被人评论为“一夜之间倒退回了原始社会”。

《百年潮》杂志载有刘军《越南柬埔寨两国见闻》一文，记述了一位四十多岁的华裔越南籍导游讲述的，他亲身经历的柬埔寨一夜之间退回原始社会的故事。这位导游说，波尔布特为建立一个无差别社会，不惜毁灭城市和工商业，把所有的人都赶到乡下去种地，结果反而吃不上饱饭，只能喝稀粥，他父亲在柬埔寨经商，全家也被赶去种地，只许携带很少的随身物品。没有时钟，只能按日月星辰活动，天亮干活，天黑回家。四年多的时间里使用的餐具是半个椰子壳，每天只喝两顿稀粥，饿极了便抓老鼠吃。看看吧，这就是波氏“超级社会主义”的“美好”生活。

其实，早在波尔布特当政之初，1975年，病中的周恩来总理就在会见他时告诫过他，“不要企图通过一个大跃进就达到共产主义”，“如果你们抛开谨慎和理智，那肯定会给人民带来灾难”。但波尔布特全不理睬，照干不误，结果，柬埔寨人民果然遭了大难。

柬埔寨这种荒诞、野蛮的倒退现象何以会发生？世界上许多学者都在研究。在我看，原因也简单，就是因为陷入了乌托邦，“左”之极矣。把吕思勉论王莽的话稍改一下，便正可摹写之：隆古之世，行共产之制……波尔布特毅然效之，卒召大乱。

江青说，“共产主义也有女皇”。她想当这个女皇。这个有女皇的“共产主义”，实际就是原始共产主义。江青若是真当了权，她必会像波尔布特那样，使中国倒退到“餐具是半个椰子壳，每天只喝两顿稀粥”的原始社会去。

明明挂的是倒挡，却说是加油向前，开历史倒车的人，大多如此。

谈班固的一个思想方法

范文澜评论《汉书》时说，“《汉书》的精华在十志”。我读《汉书》的《艺文志》，又觉得《艺文志》是十志中的精华。再具体说，我又觉得《艺文志》中的《诸子略》是精华中的精华。

《诸子略》是班固对先秦学术的一篇总结性文字，文中将先秦诸子分为儒、道、阴阳、法、名、墨、纵横、杂、农、小说等十家，并一一加以评论。这篇文字，辞约而旨丰，堪称一篇精湛的先秦学术小史。对这篇文字，历来论家称扬者甚多，但所谈多在班固的学术思想；而对其中蕴含的哲学意识、思想方法，则极少谈及。我读《诸子略》时，感到其中蕴含的一种思想方法特别值得今人注意，这就是班固关于走偏的思想。

“走偏”，是我借用的一个词，并非出自班固。“走偏”，或曰“走偏锋”，是时下人们常说的一个词，如说练气功“走偏”，说某人“好走偏锋”，等等，意思是离开了正道、正位，走了偏路、邪路。政治语汇中常说的左倾和右倾，实际也是走偏的意思。

班固关于走偏的思想，贯穿在他对先秦诸子学派的具体的分析和评论中。从这些具体评析中，可以理出班固的一个清晰的思想脉络，就是，他认为，先秦的每一个学派，后来都产生了偏离自己学派之正宗的偏派，偏派虽还有某学派之名，但并无其实，走的不是正道，而是旁逸斜出之路。

班固表达这一思想的具体方式是：在评论完每个学派的长处以后，再指出脱离开这个学派之正宗的偏派的表现。这里，我只举他评论阴阳家和法家两个例子。

阴阳家是专门研究阴阳律历的一个学派，班固对这个学派的总评是："阴阳家者流，盖出于羲和之官，敬顺昊天，历象日月星辰，敬授民时，此其所长也。及拘者为之，则牵于禁忌，泥于小数，舍人事而任鬼神。"总评的前一部分，是论阴阳家之所长，后一部分，是论阴阳家之偏派。班固认为，阴阳家的长处是擅长天文历法的研究，为农业提供天时气象资料；但一让那些"拘者"即固执不通的所谓阴阳家搞起来，就偏离了阴阳家的正道，变得被禁忌所牵制，拘泥于占卜问卦的小技艺，不重人事而重鬼神了。

法家是提倡法制，研究刑名法律的学派，班固对法家的总评是："法家者流，盖出于理官，信赏必罚，以辅礼制。《易》曰：'先王以明罚饬法。'此其所长也。及刻者为之，则无教化，去仁爱，专任刑法而欲以致治，至于残害至亲，伤恩薄厚。"班固认为，法家的长处是以法条辅佐礼制，赏罚分明；但一让刻薄者施行起来，便偏离了法家正道，变得只用刑罚，不讲教化，不讲仁爱了，严重起来甚至刻薄寡恩，残害至亲。

对于其他先秦诸子学派，班固的评论方法也如同评论阴阳家和法家，都是先言其所长，再道其偏派。在语言表述上，班固也采用了一种比较整齐、固定的语言模式，就是，在举述完每一个学派的长处以后，都要说上一句结语："此其所长也。"在说到一个学派的偏派时，又必先说上一句"及某者为之"，例如说到阴阳家的偏派时说"及拘者为之"，说到法家的偏派时说"及刻者为之"。这种整齐、固定的语言模式，明显地反映出班固的关于走偏的思想是十分清晰、明确的。

班固关于偏派的取名，大概是很费了一番斟酌的，所以取的名都很精到。阴阳家的偏派谓之"拘者"（固执不通的人），法家的偏派谓之"刻者"（刻薄不仁的人），儒家的偏派谓之"辟者"（邪僻不正的人），道家的偏派谓之"放者"（放任无守的人），名家的偏派谓之"警者"（专找岔子的人），墨家的偏派谓之"蔽者"（目光短浅的人），纵横家的偏派谓之"邪人"（尚诈弃信的人），杂家的偏派谓之"荡者"（摇荡浮泛的人），农家的偏派谓之"鄙者"（鄙野的人）。每一个名字，用的都是一个字，每个字，又都是很有力量的贬词，如"刻""辟""邪"字，都可谓"一字之贬，严于斧钺"。

诸子学派中的偏派，从表面上看，都是各学派中的人，打的也都是各学派的旗号，而实则是鱼目混珠，另有炉灶。班固以其慧眼，将他们从各学派中分离出来，并为他们画了像，写了传。

班固的慧眼，源于他的思想方法，即对一件事物的分析意识，对正宗之外的旁逸斜出者的格外注意。他屡言“及某者为之”，这“某者”，就是旁逸斜出者，就是走偏者。班固的这一思想方法，与孔子的“过犹不及”的思想方法有相通之处。“过”与“不及”，其实也就是中道、正道的走偏。孔子的“过犹不及”，告诉我们做事不要过分；班固关于走偏的思想方法，告诉我们做事要防止走偏。

需要说明的是，班固在评论诸子学派时所认定的正与偏，都是以他自己所认定的标准来衡量的。这个标准，主要是班固心目中的正宗儒家的标准。这个标准，既有真理性，也有局限性；用这个标准来判定的正与偏，自然也就既有正确性，也有不够正确的地方。比如，他批评杂家之“荡者”“漫羡而无所归心（无边无际，没有中心）”，就批评得不全对，因为这正是杂家的必然特点，而这个特点自有其长处。但是，若从思想方法上来说，班固所具有的“对一个事物要加以分析”的观念，“要正，不要偏”的观念，“要注意名正而实偏的偏派”的观念，则是只有真理性、而没有局限性的。

班固的这种思想方法，是一种具有哲学意义的有益的思想方法。虽然这种思想方法在今天看来已很平常，但在两千年前的汉代，则是很高明的。其实，即使在今天，班固的这种思想方法仍然是一面值得经常观照的镜子。因为在我们的政治生活和社会生活中，时常会发生走偏的情况。比如，原本是真理的经典学说，“及僵化者为之”，便成了僵死的教条；本来是有利于发展经济的市场竞争，“及邪者为之”，便成了恶性竞争；本来是为了健身祛病的气功，“及惑者为之”，便成了走火入魔，等等。所以，我们应当读一读班固的《汉书·艺文志·诸子略》，强化一下自己的守正祛偏的意识，并对世间的邪人邪说提高警惕。

主父偃的名言

主父，汉族罕见之复姓也。赵武灵王让国于子，自号主父，即太上皇；据说后来姓主父的人皆其后裔。今京沪鲁辽等地多分布此姓。

汉代政客主父偃，乃此姓之大名人。偃有名言曰："臣结发游学四十余年，身不得遂，亲不以为子，昆弟不收，宾客弃我，我阸日久矣。丈夫生不五鼎食，死则五鼎烹耳。吾日暮，故倒行逆施之。"（《汉书·主父偃传》）阸者，厄也，困迫、艰危也。

主父偃此履历及人生观，颇具类型性，类似的人物自古多有。无亲情，无友朋，无成就，无前途，有大志而志不遂，志不遂而不畏死，于是，倒行逆施，胡造乱来。近年，反社会暴徒激增，类如主父偃者颇多，如袭警杨佳及某些滥杀无辜之凶徒，与主父偃虽时空不同，劣行有异，然极相似也。

人类之心理，其实并未因时空相隔而有大异。日暮途远，了无希冀，心如死灰，极易走上邪路、绝路。能不让人忧虑而深思乎？

宋太祖“誓不诛大臣、言官”

毛词云宋祖“稍逊风骚”，谓其文学才华不足。然观这位宋太祖赵匡胤平生作为，其文治可谓前空千古。他以一介武夫，奉行“文以靖国”之国策，开创了史上极为繁荣的文治盛世。而他较能善待文士，尤为值得称扬。他可谓五代十国野蛮政治的终结者，后世“文明政治”的开拓者。

宋太祖曾立下秘密誓约，藏于太庙，谓“誓不诛大臣、言官，违者不详。”（《松隐文集》卷二六《进前十事札子》）因有此密约，故北宋的政争少有诛杀，较为文明。即使发生在北宋后期的三次大规模贬窜士大夫运动中，一般也不开杀戒。宋人称：“古者士大夫多被诛夷，小亦鞭笞。太祖皇帝以来，始礼待士大夫，终始有恩矣。”（《黄氏日抄》卷八十《引放词状榜》）宋史专家王曾瑜评论说，赵宋一代在强调皇帝大权独揽的同时，又兼顾对臣僚体貌宽柔，这在中华古史上绝无仅有。（王曾瑜《古今一理·正确评价宋朝的历史地位》）

中国几百个皇帝，粗野者多，动辄爱用暴力，像李煜那种心肠脆弱，擅长文辞的皇帝不多。马上得天下，便信奉马上治天下，而视文士为马前仆役而已。盘点皇帝折腾士人的历史，除秦皇汉武又焚坑又阉割外，还有刘邦往儒冠里撒尿、元代九儒十丐、明太祖廷杖、清代文字狱，士大夫的日子有时实在不好过。宋太祖能立下不诛大臣、言官的秘密誓约，殊为不易，尤其是不诛杀专事提意见的言官，尤为可贵。

陈寅恪先生有名言：“华夏民族之文化历数千载之演进，造极于赵宋之世。”何以如此？我看，盖源于宋代的治国方略特别是文化政策，整体宽松也。首功应归于宋太祖。

错在没拿皇帝当皇帝

乾隆爷的子民王锡侯，赣人，举人，有点学问，下了十七年的硬功夫，编了本字典，唤作《字贯》，自成一家言，搁现在说不定能评上个什么社科著作奖。但他写了个糟糕的序言，批评《康熙字典》缺乏“穿贯”的线索，查起字来“举一漏十”，很不方便，所以他要编本《字贯》把字连类“穿贯”起来。这显然在贬损《康熙字典》。更要命的是，序文后的凡例提到康雍乾几位帝爷时没避名讳，直书了御名。乾隆爷知道了，凌迟，办了王锡侯个悖逆罪，凌迟，抄家，株连。

王锡侯当然是把肠子悔青了，但错在何处？此君又未必真弄明白了。要我说，其错不在编书，而在不懂“凡是”。何意？孟森先生说得好：王锡侯“置《康熙字典》为一家言，与诸家均在平骘之列，此王之所以罹辟也”。（《心史丛刊·字贯案》）把御制之书当成了普通的学术著作，竟要与之商榷争鸣，这不是拿皇帝不当皇帝么？

凡是皇帝说的写的办的，哪会有错？怎能视作一家之言？凡是拂逆圣上批了龙鳞，哪会有好果子吃？但王锡侯迂得很，近乎呆，没理会这两个“凡是”，于是乎遭了大殃。

他爹就迂，开始给他取名叫王侯，后来觉得有点犯忌，便加了个锡字。“王侯将相宁有种乎”，取名王侯，莫非要做王侯么？若是追究起来，不用等到他写《字贯》，就被办掉了。

朱熹的弟子陈埴有句名言：天下无不是底君。这是有水平的话，皇帝哪能有错儿呀？锡侯先生实在是没有陈埴的水平高啊！

莫用“三爷”，废职亡家

话说清代官亲

清朝人外出做官，多有亲属随任，任职期间，时有亲属前来投靠，这些亲属有近亲，有远戚，还有干亲，在清代文献中，这些人统称为“官亲”。

官亲虽不是官员，但在清代衙门中的地位和作用却不可小看。

一般来说，官亲在官员手下各类人中的地位，和官员所敬重的幕友（师爷）差不多，高于书吏、长随、杂役等。晚清李伯元《官场现形记》曾写到某寺庙接待官场中人，排客位时，官亲的位置颇高，与幕友同在一个级别。寺庙的排位是这样的：一等为提、镇、司、道及督抚衙门的幕友、官亲；二等为实缺、候补府班以下人员，至首县止，以及阔商家、洋行买办、钱庄汇票等字号；三等为候补州县、佐贰各官及随常买卖人等。第一等里所提到的“官亲”，是督抚衙门大吏的亲属，地位与督抚的幕友相当。书里写了一个叫戴世昌的游击，因是总督的干女婿，故被安排在了第一等。

清代有许多官亲被委任了职务，如掌理案牍、管仓库、司“征比”（征用人力和考校服役成绩）等，其中作为官员至亲的“三爷”最容易受到任用。所谓“三爷”，即少爷、姑爷、舅爷，就是官员的儿子、女婿和妻兄弟。官亲因为是官员的亲戚，所以在衙门中有相当的权威，有不小的话语权，甚至可以指挥幕友、书吏、长随、杂役等各类人员，即便是官员，有时也要考虑他们的建议和要求。久历官场的清代大吏刚毅在《牧令须知》里说，官亲“在家乡畏官人，在署中管官人，犹之乎以羊将狼”。这是在叹息原本是小人物的官亲在衙门中的威势之大。

官亲在清代衙门中所起的作用，总体来说是不好的，他们是造成清代衙门和官场中的弊端的一个重要群体。许多官亲文化不高，心术不正，不但不善理事，还任性妄为，作弊谋私，有时竟把衙门搞得乌烟瘴气。这些官亲中，尤以“三爷”的弊害为最，所以清代官场上流行一句谚语：“莫用三爷，废职亡家。”意思是告诫官员用人时千万不要用自己的儿子、女婿和妻兄弟，否则会招来丢官、败家的结果。

清代循吏兼名幕汪龙庄在《学治臆说》里曾这样评说“三爷”之弊：“任以笔墨，则售承行，鬻差票；任以案牍，则通贿赂，变是非；任以仓库，则轻出重入，西掩东挪，弊难枚举。”意思是那些任了职的官亲惯于谋私做弊：掌笔墨的，会在案件上做手脚；管案牍的，会颠倒是非，纳贿捞钱；管仓库的，会贪占公物。

下面举个官亲“通贿赂，变是非”的例子。四川巴县有甲乙两个货店掌柜，甲掌柜欠乙掌柜一千两银子，立有欠约，后来甲掌柜归还了银子，但没有把欠约取回。甲乙二掌柜死后，乙掌柜的儿子昧着良心执欠约再次索偿，于是打起了官司。有个官亲，一向与乙掌柜友好，乙掌柜之子对这个官亲说，如果你能帮我收回银子，就给你一半。官亲很想得到这笔银子，便暗告县令说，乙掌柜之子有约可凭，甲掌柜之子理当还银，否则就应严办。于是县令断甲掌柜之子还银。这个案子，是典型的“通贿赂，变是非”，即用金钱来颠倒是非。

在清代吸食鸦片的坏风气中，许多官亲都是烟鬼。吸烟之害屡禁不止，林则徐认为与衙门中人带头吸食和包庇烟贩子大有关系，而官亲正是这些人之一。林则徐说：“衙门中吸食最多，如幕友、宦亲、长随、书办、差役……皆力能包庇贩卖之人。”宦亲即官亲，他们因为有官员做靠山，不仅自己吸鸦片不受惩处，还成为烟贩子的强力包庇者。

何以有那么多的官亲作弊？清代官员张集馨在《道咸宦海见闻录》中说：“每思官亲背井离乡，依托宇下，无非为利，稍不遂意，便生怨怼，甚有倚势招摇，勾同丁胥作弊。”他认为，官亲千里迢迢来到衙门里，无非是为了谋财，为此目的便会勾结吏役作弊。张集馨说得不错，离乡为谋财，正是官亲的初衷。

官亲所以能任性妄为，全因有官员做靠山。官员纵容包庇，官亲便有恃无恐。有的官员虽也想惩治犯事的亲属，但碍于亲情，投鼠忌器，不忍下手。正如汪龙庄所总结的：“以法则伤恩，以恩则坏法。”“治婿则碍女，治舅则碍妻。”张集馨也曾感叹说，官亲“犯事不能惩办，非如家人（仆人）可以驱逐而严治之”。官亲犯事多，又难以惩办，这成了清代吏治的一个大难题，一个死结。

官亲作弊，经常会牵连到官员，有时官员会因此掉脑袋。汪龙庄举过两个例子，一是乾隆二十九年诸暨县令黄汝亮重征（加倍收税）案，一是乾隆五十一年平阳县令黄梅苛敛案，两案皆因儿子作弊，父子同被处以死刑。这正应了那句谚语——“莫用三爷，废职亡家”。汪龙庄认为，“三爷”中以少爷最难应付，弊害也最大，所以他在三十年游幕生涯中，凡遇署中有少爷主事，断不受聘。上举两案就都是因为少爷作弊造成了家破人亡的后果。

为防止官亲之弊，一些明智的官员和幕友曾提出过一些防范措施。晚清陆丰知县李平书曾出告示曰：“其随任之官亲，襄理家务，于公事绝无相干……一切词讼案件，概由本县亲自主裁，旁人不能稍参末议。”又规定：如有“不法之徒，遇案造谣，谓某官亲可托关说”，则“造谣之人，立时拿送到县”。汪龙庄还提出过“至亲不可用事”“用亲（官亲）不如用友（幕友）”“亲友不宜概听赴署”“子弟不宜轻令随任”“官亲可办者不过仓库”等多项防止官亲之弊的措施。

在清代的官场教科书中，有一种“官员须知”类书籍，里面常写有如何对付官亲的经验，如刚毅写的《牧令须知》说：“若官亲难却，只可留署饱食燕居，不可干预公事，亦不可任令在外游荡，议论是非。”还写道，如有不法之徒冒充官亲招摇撞骗，欺压百姓，应允许被骗受欺者拦轿喊冤告状。从这些“须知”中，可以看出官亲的弊害之重。

但是，要说官亲在衙门中的作用完全是作弊捣乱，也不尽然。官亲的作用是多方面的。

有些聪明能干的官亲能帮助官员排忧解难。官亲常在官员身边，故能知晓官员的心理，久处衙门，故谙熟官场规矩，所以，很会处理官场上的麻烦事。清初，某偏远地区的长官闻知大将军福康安要来本地，非常惶恐，他听说福康安很挑剔，生怕本地条件差，招待不好。这时，有个官亲自告奋勇说：“给我三百两银子，一定能把事情办好。”他用这不多的钱布置了非常别致、舒适的居处，摆下了非常精巧、可口的饭食。福康安享用后，甚为满意，不但褒奖一番，还偿还了三百两银子，并优保该官员升任了监司。

有的官亲还能对衙门事务起到一定正面作用。比如，官员因高居衙署，对社会情况往往了解不多，而官亲则既在官员身边，又多了解下情，所以能够充当官员的耳目，向官员提供有用的情况，这对官员恰当处理政务是有帮助的。因此，清代有人这样评论官亲说：“官府出告示、办公事，所涉及的下情非常准确，就像长官亲眼见到过一样，这都是由于官亲之力啊！”

当然，官亲之弊终究还是大于其利的。“莫用三爷，废职亡家”，不愧是至理名言。直到今天，它仍有着警醒作用。

会说五台话，便把洋刀挎

小议古代的“以乡谊结党”

封建时代的官衙官场，结党营私是司空见惯的现象，朋党成员间相互倚恃，彼此关照，形成利益共同体。结党的纽带有多种，血亲、戚族、同乡、门生、故吏、同学、同年，都可以作为纽带。血亲、戚族纽带，最为牢固，但结党的范围不大。门生、故吏、同学、同年之类，结党也有韧性，但范围也不很大。以同乡为纽带的结党，既比较牢固，范围也比较大。同乡纽带旧称“乡谊”，乡谊有疏密之分，越是小同乡，纠合起来越紧密。

以乡谊结党，是封建性的集团观念、朋党观念与乡土观念相结合的产物。考其历史，可以追溯到很久远的年代。例如，曹魏时有汝颍集团、谯沛集团，宋代有洛党、蜀党、朔党，明代有淮西集团、浙东集团，还有浙党、楚党、齐党、昆党等。这些政治集团都具有明显的地域性特征，其首领或成员之间大都有同乡关系，如明代浙党以浙江宁波人沈一贯为首，骨干大都是在京的浙江籍官僚，楚党的几个首领官应震、吴亮嗣、黄彦士都是湖广籍。乡谊，在这些政治集团的形成和凝聚过程中，起了相当重要的作用。

晚清的曾国藩和李鸿章，是近代官场“以乡谊结党”的典型。特别是曾国藩，在晚清政界、军界，靠乡谊不知纠集了多少私党，他之所以能把湘军搞成自己的“私军”，在很大程度上靠的就是乡谊。曾国藩是湖南湘乡县人，他任用的湘军将领，主要是湘籍人。据史学家罗尔纲《湘军人物表》统计，在可考的156名湘军将领中，湘籍者多达130人，占83%，其他省籍的只有26人，仅占17%。由此可见，“任人唯乡”是曾国藩任用将领的重要方针。

湘军将领主要用湖南籍人，范围尚相对较宽，而曾国藩组建湘军水师时所任用的水手，则全是他的湘乡籍小同乡，范围很窄。为什么要这样选水手？曾国藩解释说，水手“皆须湘乡人，不参用外县的，盖同县之人易于合心故也”（《曾文正公书札》）。他认为同县的人最容易结伙抱团，形成利害一致的团体。其实还有一个重要原因，就是他是湘乡县同乡的老大，全用湘乡籍水手，尤便于他控制这支水师，使之成为自己的铁杆“私军”。

李鸿章是曾国藩的嫡传弟子，在“用人唯乡”方面，一点也不亚于老师。晚清人胡思敬在史料笔记《国闻备乘》里专门写了“李文忠滥用乡人”的条目：“李鸿章待皖人，乡谊最厚。晚年坐镇北洋，凡乡人有求，无不应之。久之，闻风麇集，局、所、军营，安置殆遍，外省人几无容足之所。”可见李鸿章在“用人唯乡”上，已达到了全无节制的滥用程度。

到了民国年代，“以乡谊结党”的风气依然兴盛。大小军阀官僚，大都深谙此道，靠着拉拢和广结同乡，编织起了一张张颇为牢固的关系网。

蒋介石以曾国藩的私淑弟子自居，并以“曾国藩第二”自诩，对曾国藩的门生李鸿章，也敬服有加。从曾李二人那里，他学到了不少官场经和统治术，“以乡谊结党”就是其中重要的一条。蒋介石之所以能控制国民党，控制国军，控制军统，在相当程度上是靠着“以乡谊结党”的手段。人们多知道黄埔军人是他的嫡系，实际上，同乡官僚可谓他的另一个嫡系。蒋介石是浙江人，他便大力培植浙江籍亲信，重用浙江籍人员，整个蒋家王朝，可以说在相当程度上就是浙江籍官僚的天下。

蒋氏亲信、复兴社“十三太保”之一的贺衷寒，曾对蒋的这种手段有过颇为中肯的分析：

> 蒋先生的统驭术绝顶高明，他一向抓得很紧的是军队、特务、财政这三个命根子。这三个命根子都有他最亲信的人替他看守，军队方面是陈诚、汤恩伯和胡宗南，特务方面是戴笠、徐恩曾和毛庆祥，财政方面是孔祥熙、宋子文和陈立夫、陈果夫兄弟。所有这些人，除了孔、宋是他的至戚外，其余全都是浙江人……（萧作霖《复兴社述略》）

请看，军队、特务、财政这三个命根子，所用的主要首脑，除了戚族外，全是浙江籍同乡。贺衷寒评价蒋的“统驭术绝顶高明”，这所谓高明之处，其实就是深通“以乡谊结党”的妙用。

贺衷寒所提到的那些蒋氏亲信，也都个个是擅长“以乡谊结党”的人。

陈立夫、陈果夫这一对CC系兄弟，堪称培植本乡籍党国要人的高手，他们是浙江吴兴县人，吴兴的党国要人便大批脱颖而出，倘详细拉出一个吴兴籍要人名单，一定是很可观的。

戴笠是备受蒋介石赏识的军统头目，在“以乡谊结党”方面，他堪称是蒋的高徒。戴是浙江江山县人，在军统里便猛用江山人。军统局里，他提拔的江山籍将级军官多达十七人，比较著名的有毛人凤、毛万里、毛森、姜绍谟、周养浩、王蒲臣、张冠夫、何芝园、刘方雄、周念行等。军统局唯一的女将军姜毅英，也是江山县人。军统局的机要部门，也多被江山人占据，最机密的译电部门，几乎是清一色的江山人。许多江山籍特务，本来文化水平很低，但也深得戴笠的信任，戴常利用他们监视其他非江山籍的特务，因而这些江山籍特务，被称为“特务的特务”。在军统局里，江山籍特务相互交谈时，常有意说江山话，不让别人听懂，明显地自成一帮——江山帮。

山西土皇帝阎锡山，在“以乡谊结党”方面也是个大家，堪与蒋介石比肩，而且他的封建乡土性更浓。他所利用的乡谊，范围很窄，基本限于自己的家乡五台县，山西流传一句俗谚："会说五台话，便把洋刀挎。"就是说阎锡山最重用五台县人。他最信任的高级将领杨爱源、赵承绶、王靖国，都是他的五台同乡。傅作义等虽然都是山西人，又是他手下职位很高的战将，但因不是五台人，便常遭到他的歧视和排挤，而像商震、孔庚等部下连山西籍都不是，就更不受待见了。这位阎老西的用人策略，简单明了得很：你若是五台人，只要忠于我老阎，无论才能大小，都会得到重用；你若不是五台人，即便有才能，也不重用你。

湖南军阀何键、贵州军阀周西成，也都是封建乡土性很浓，以很狭窄的乡谊结党的阎锡山式的人物。何键是湖南醴陵县人，醴陵的同乡便大批被重用，民谚谓之"非醴勿视，非醴勿用"。周西成是贵州桐梓县人，大批桐梓同乡便官运亨通，民谚讥之为"有官皆桐梓，无酒不茅台"。

"以乡谊结党"，是一种封建霉味很浓的东西，与现代性组织原则扞格不入，尤其与共产党的组织原则相抵触，所以逐渐成为历史陈迹。但近些年来，一些腐败官员或怀有政治野心的人，重新拾起了"以乡谊结党"这个工具，结成了地缘性的贪腐集团或具有某种危险政治倾向的帮派。这是封建垃圾的死灰复燃，应当引起人们的警惕。

讥刺庸官的《一剪梅》

清官、贪官之外，还有一种庸官。庸官的官诀是一个“混”字，懒惰、不作为、不进取、混饭吃。但庸官的官运大多不赖，不是官位稳当，就是“好风凭借力，送我上青云”。这“好风“是什么？就是庸官大都擅长的圆滑保身和奔竞钻营之术。

清人朱克敬在笔记《暝庵二识》中，记录了一位正直的无名氏写的两首《一剪梅》词，词的内容是描画和讥刺庸官的。

其一云：

> 仕途钻刺要精工，京信常通，炭敬常丰。莫谈时事逞英雄，一味圆融，一味谦恭。
>
> 大臣经济在从容，莫显奇功，莫说精忠。万般人事要朦胧，驳也无庸，议也无庸。

上半阕说，要想官运好，必须精通奔竞钻营之术，还要经常打探朝廷和官场的消息；外官（各地做官的）还须经常给京官送“炭敬”之类的贿赂。“炭敬”，是贿赂的雅称，字面意思是孝敬冬天的烤火钱。下半阕说，当大臣的不要老想着当什么精忠报国的功臣，万事只需圆滑通融，得过且过就行了，遇事要朦胧糊涂一点，别太认真，那些所谓说论宏议都是些没用的废话。

其二云：

> 八方无事岁年丰，国运方隆，官运方通。大家襄赞要和衷，好也弥缝，歹也弥缝。
>
> 无灾无难到三公，妻受荣封，子荫郎中。流芳身后更无穷，不谥文忠，便谥文恭。

上半阕说，只有各地安定丰产，国运才算兴隆，大家的官运也才能亨通。百官辅佐圣上时要和气相处，遇到问题、麻烦，要想法子给掩饰对付过去。下半阕说，做官无非就是为了混个无灾无难，爬上高位，封妻荫子，更好的还能博得个文忠公、文恭公之类的谥号，流芳后世。

真是绝妙好词！把当时官场上那些圆滑世故、奔竞钻营、只图官位、不思进取的庸官的嘴脸画活了。

这两首《一剪梅》，大约作于清代道光前后。当时，正是清王朝从康雍乾盛世转向没落的时期，没落的主要标志之一，是官场风气的变坏，变得庸俗，变得腐化。变坏的重要表现之一是钻营圆滑之徒渐多，“多磕头，少说话”的庸人吃香，而敢于担当的清正之士、有识之士被冷落，被排挤。对这种现象，朝野中的正直力量是愤懑的，这两首《一剪梅》的作者就是一位怒怼官场庸俗风气的有识之士。他用犀利而诙谐的笔调，揭露和嘲讽了当时官场的庸俗腐化风气。

试举清代两个典型的庸官。

一个叫曹振镛。此人做过乾嘉道三朝大学士，获得“文正”谥号，还入了贤良祠。但要说他有啥了不得的政绩，却没有，只是牵头编过几部有关清朝典制的书。那他为何如此官运亨通呢？朱克敬在《暝庵二识》中披露了其中的奥妙：“曹文正公晚年，恩遇益隆，身名俱泰。门生某请其故，曹曰：‘无他，但多磕头，少说话耳。’”原来，此公就是靠着唯唯诺诺，恭顺过人，靠着磕头哲学，戴稳了乌纱帽，成了三朝元老的。

另一个叫王文韶。此公官至军机大臣，是个入值要害部门的大员。任此职，本应具有担当情怀，然此人却毫无主见，圆滑至极，故有“琉璃蛋”之雅号。小说家李伯元在《南亭笔记》卷十里写到此人时说：王文韶“入军机后，耳聋愈甚，一日，荣鹿争一事，相持不下。西太后问王意如何，王不知所云，只得莞尔而笑，西太后再三垂问，王仍笑，西太后曰：‘你怕得罪人？真是个琉璃蛋！’王笑如前”。李伯元还在小说《官场现形记》“模棱人惯说模棱话”一节里写了个圆滑庸陋，只会磕头的徐大军机，说他“见了上头，上头说东，他也东，上头说西，他也西。每逢见面，无非‘是是是’‘者者者’，倘若碰着上头要他出主意，他怕用心，便推脱听不见，只在底下乱碰头……大家就送他一个外号，叫他做‘琉璃蛋’。”这个“琉璃蛋”，亦即西太后斥责的那个“琉璃蛋”王文韶。晚清时，人们管滑头官僚不仅叫“琉璃蛋”，还谓之“油浸枇杷籽儿”，意思是滑到了极点。

曹振镛、王文韶，这两个清代大官僚，都是“磕头哲学”的信奉者，都是无所作为的庸官，他们虽都“无灾无难到三公”，但却没有“流芳身后更无穷”，而是作为庸官的典型，不仅为时人所诟病，且遗臭于后世。

清末京官的“下有对策”

不要以为“上有政策，下有对策”是今人发明的，其实，发明权属于古人。特别是古代官员，“下有对策”的招儿，多了去了。

清末，国势衰微，但紫禁城下的大小官僚们却仍延续着往日的享乐习惯，单说饮宴吃喝，可谓“酒肉争逐无虚日”也。清廷为改变奢靡风气，曾下令限制官员摆酒宴的规模和标准，理由是国家困窘，官员应该勤俭，为国分忧。

皇帝的面子不能不给，但也不能委屈了自己的肚子，于是便想出一个“诸菜聚会”的法子，就是把多种佳肴放在一个大盘子里，看上去只一个菜，实则可饱享各种美味。

这种聪明的法子，民国以后还有遗存，但已不是用来应付谁，而只是一种上菜方法了。中共高干李一氓在《存在集·征途食事》里，记述了他在一位当过清末翰林的陈姓民主人士家里吃饭的见闻，说到了这种“诸菜聚会”的情况。他说：在陈先生家吃便饭时，有时只端出一绝大瓷盘，别无二菜，“这是清代末年做京官的派头。清朝政府下令京官宴席不许超过几道菜，要共体时艰，京官们就想出这个办法对付皇帝，只有一盘菜。而这一盘菜的内容可丰富极了，中心是大堆鱼翅，周围分列五或六种菜。”李一氓叹道：这才真正够得上美食家。

我则叹曰：这“诸菜聚会”的主意，实在是高！只是这些官员除了在吃喝上“下有对策”，对于国家的前途，不知出过什么妙招儿？

蒲松龄、章士钊谈宽容

宽容，有益于和谐，谈宽容的言论日增。点百度，相关警句大量涌出。然浮泛之语多，如“多宽恕别人，少宽恕自己”之类。“有容乃大，无欲则刚”固不错，却稍嫌抽象。

读孙犁、金岳霖文章，得两条精警语录。

一条是，蒲松龄在小说里借一少女之口说：“幸灾乐祸，人之常情，可以原谅。”孙犁在《芸斋琐谈·谈妒》一文里引了这句话。幸灾乐祸，虽为一般道德所谴责，却是人之常情。不愿别人比自己好，比自己差才高兴，此古来普遍之心理也。蒲松龄捅破了世态人情的这层窗户纸。“可以原谅”，一是承认现实，二是宽容对之，这种心态，值得嘉许。

另一条，章士钊的一篇政论中说：“为政有本，其本在容。何以为容？曰：不好同恶异。”读《金岳霖回忆录》，在《“大人物”章士钊》一节里见到了这段话。此言执政者应实行宽容政略。“好同恶异”，迥异“和而不同”，以此为本，易演为争斗和独裁，而绝无和谐。“其本在容”，亦即不在“斗”，不在以斗为纲。一次，金岳霖偶遇章士钊，说，“我背过你的文章”，并当场背出了“为政有本”那几句话。

美国学者房龙写过一本名著《宽容》，国人拜读者甚多。然须知，中国虽无此类名著，但宽容思想及警语名言，自古多有。蒲、章之言，即其例也。

梁启超论英雄与时势

“英雄造时势”“时势造英雄”，二语皆名言，皆在理。然英雄与时势究竟关系如何，说清者不多。

梁启超论二者之关系云：“故英雄之能事，以用时势为起点，以造时势为究竟。英雄与时势，互相为因，互相为果，造因不断，斯结果不断。”试补说一史例：孙中山，英雄也；清末风狂雨骤，时势也；孙中山“以用时势为起点”，以创立民国为究竟（结局）也。此即英雄与时势互相为因，互相为果也。

梁氏此论，强调英雄与时势之互造关系，然不强调谁为重点。唯物史观则强调“时势造英雄”，更言人民造时势，人民推动历史前进。

张勋的“愚忠”

张勋乃政治反动而有忠节者。为复辟帝制，张勋率五千辫子兵进京，并急电各地清朝遗老进京“襄赞复辟大业”。孙中山1917年7月21日致两广巡阅使陆荣廷电报云：“张勋强求复逆，亦属愚忠，叛国之罪当诛，恋主之情可悯。文对于真复辟者，虽以为敌，未尝不敬也。”（《作家文摘》2012年3月16日《细节里的“民国范儿”》）复辟叛国，其罪当诛；恋主忠节，尚可悯敬，此孙中山“区分评价”之法也。

忠节，抽象看，乃高尚之道德，然须看忠谁，为谁守节，方能断其忠节之高下优劣。传统政治文化鄙视“两姓家奴”，如冯道式人物。然对所谓“忠”，亦须分析。忠，要看其是否有进步性。孙中山称张勋“强求复逆，亦属愚忠”，此忠即反动之忠。对从属所谓“两姓”者，亦须看其变换立场是否进步，傅作义、陈明仁，皆识时务、明大义之俊杰也，绝不可以陈旧观念衡之。张勋复辟之罪当诛，傅、陈爱国之举当赞。以人民立场论，傅、陈之节操无愧也。

张勋大节应责，然有一小节可赞。张起自寒微，故不忘对家乡赣省之贫寒人士多加照拂，常赈济灾民及孤寡，此举今日观之也当点赞也。

蔡元培：出体力，出脑力，都是劳工

五四运动前后，“劳工神圣”的口号响遍中国。什么是“劳工”？今人一般理解为体力劳动者，类似于过去对“工人阶级”概念的解释。实际上，今人的理解与当时人的理解颇有不同。

力倡“劳工神圣”之说的蔡元培先生，在一次题为《劳工神圣》的演说中，解释“劳工”一词说：“我说的劳工，不但是金工、木工等等，凡是用自己的劳力作成有益他人的事业，不管他用的是体力、是脑力，都是劳工。所以，农是种植的工；商是转运的工；学校职员、著述家、发明家，是教育的工；我们都是劳工。”

后来，蔡元培在口述《传略》时，对这段演说词做了些许改动，写道：“孑民又提倡劳工神圣说，谓：出劳力以造成有益社会之事物，无论所出为体力，为脑力，皆谓之劳工。故农、工、教育家、著述家，皆劳工也。商业中，惟消费公社，合于劳工之格。”基本意思未变，但对从商可否算劳工做了一定限制。

蔡元培的论说，极有见地。他把体力之劳和脑力之劳都算作劳动，故而认定其操作者都是劳工。其根本标准是——“用自己的劳力作成有益他人的事业”，或曰“出劳力以造成有益社会之事物”。这是相当正确且准确的标准。改革开放以后，肯定了“知识分子是工人阶级的一部分”，知识分子和企业家的脑力与智力劳动都得到了承认。蔡元培的见解堪称这一理念的先声。

蔡元培曾给《新青年》“劳动节纪念号”题过“劳工神圣”四个大字，还在文章中满怀激情地向世人宣告：“此后的世界，全是劳工的世界啊！”这不就是今日中国的现实么?

蔡元培的见解，也略有一点不周全，就是对商业的价值似乎估计不足，倘若按照他提出的标准——“出劳力以造成有益社会之事物”来衡量，商家也是应该算作劳工的。今天，我们对商业的认识，已远比蔡先生那时进步，大家都已经知道，商业不仅可以“造成有益社会之事物”，更是社会经济的中坚行业之一，至于商家叫不叫“劳工”，已经不重要了。

杨昌济、杨荫杭怎么看“华人与狗”公案

一、从“猢狲遗风”说起

在名胜古迹间胡抹乱画，有人谓之“乾隆遗风”，这实在是高抬了他们，他们哪有乾隆爷写诗作文的水平？若细究，应该叫作“猢狲遗风”才对。孙猴子跑到如来佛掌中，先题字，再撒尿，着实折腾了一番，题的是：“齐天大圣到此一游”，这才该算是今人胡乱涂鸦的嫡祖。从《西游记》算起，这“猢狲遗风”已经延传了好几百年，如今依然健旺，且大有坚牢难破之势。埃及有座卢克索神庙，世人称奇，孰料庙中雕像被刻了一行歪斜的汉字：“丁某人到此一游”。这是“猢狲遗风”袭扰到异国去了。

国人的陋习走向世界，让我想起一桩历史公案，即人们熟知的“华人与狗不许入内”事件。据说这几个字写在旧上海洋人公园门口的牌子上，但书写缘由，过去却不大清楚。近年，报刊上登了些考证文章，事情的原委大体弄清楚了。说来也简单，就是公园方面觉得中国游客有些污染环境的坏毛病，便挂了个牌子，不让中国人进公园，同

时还做了其他一些规定，包括不让随地便溺的狗进公园。

不许中国人入园，还将华人与狗写在同一块牌子上，这让中国人深感屈辱。中国人由此不仅看到了帝国主义分子的傲慢与偏见，也深深感受到了受帝国主义欺凌的痛楚。然而，这只是此事的一个方面。另一个方面是：不许华人入园，缘起于华人中的害群之马逛公园时缺乏公德，污染了公园环境。

关于某些华人逛公园时的不良行为，有确凿的史料可查，姑录几则。曰“迨中国人入是园后，往往不顾公益，任意涕唾，任意坐卧，甚而至于大小便亦不择方向……”又曰：“有挟妓以入者，此已犯西人之所忌，而妓又爱花成癖，往往一见鲜花，必欲折取。”又曰：在公园里，华人游客“一人欲独坐一凳，不肯与人共坐……巡捕遂斥此人之非是，彼即骂詈不绝。又有游园诸华人见此人与捕忿争，亦不问事之是非，咸助此人，大有与捕为难之势……”这些记录，都是历史实况，不是瞎编的，不是哪个存心污蔑中国人的坏蛋伪造的。

看着这些史料，我们还能仅仅是声讨帝国主义了事吗？还是应该做一下深刻的反思才对。早在民国初年，就已有清醒的爱国者做过这种反思。我想举出两位值得我们尊敬和信赖的先生，看看他们是怎样评论这件事的。两位先生都姓杨，都很有名望，一位是伦理学家、文化启蒙教育家、北京大学教授杨昌济，他是毛泽东的老师和岳丈，另一位是反清革命家、法学家、文化名人杨荫杭，他是钱锺书的岳丈。

1913年，杨昌济先生写道：

试观汉口、上海之洋街，皆宽平洁净，而一入中国人街道，则狭隘拥挤，秽污不洁，相形之下，判若天渊……上海西洋人公园门首榜云："华人不许入"，又云"犬不许入"，此真莫大之奇辱……平心论之，华人如此不洁，如此不讲公德，实无入公园之资格。西人所为，虽欺人太甚，亦吾国人有以自取之。不急改良习惯，养成与西人平等交际之资格，则此等耻辱终无湔洗之期。

可以看出，在杨昌济的笔下，是有两本账的。一是洋人辱华的账，一是华人"自取之"的账，亦即自辱的账。对洋人辱华，杨昌济视为"莫大之奇辱"；对一些华人入园的表现，杨昌济则斥为"不讲公德，实无入公园之资格"。在杨昌济看来，洋人固属欺侮华人，然无公德的华人也实为自取其辱。他告诫国人，要想湔洗耻辱，只有改掉陋习，在文明水准上不低于洋人才行。

杨荫杭先生的意见，与杨昌济相同。1920年，他在《申报》发表了《平心谈》一文，说道：

他人之是非，今姑不论。试反躬自问，华人如果入公花园，果皆能不随地唾痰乎？果皆能不任意溲溺乎？果皆能不攀折花枝乎？果皆能不弃掷果壳乎？

华人自设公园须竟胜于外国公园，……若咳唾生风，溲溺交作，则不如不设之为愈也；又若饭馆林立，妓女云集，亦不如不设之为愈也。外人榜其公园曰“华人不许入，狗不许入”，愿我华人一雪此耻也。

杨荫杭更强调华人的反躬自省，他认为，要想雪耻，必须先改掉陋习，改掉那一大堆龌龊的坏毛病，雪耻的前提是先别自辱！对于华人自设的公园，杨荫杭告诫说，要想胜过外国人的公园，必须先在文明程度上取胜。

对于华人的毛病，两位杨先生都没有遮掩，更没有偏袒，而是加以严肃的批评。他们告诉国人一个至理：要想让人尊重，必先自尊，只有自尊，才能自强，才能不受外国人羞辱，才能与列强争雄。

岁月悠悠，两位杨先生的话，已经说过一百年了。然而，国人缺乏公德的陋习改掉了么？改了多少？大家心里是有数的。为什么现在国外有的商店不许中国游客进入？这些商店可不是帝国主义分子开的呀。我们还是自查一下吧。

二、不要一听“改造国民性”就反感

提起中国游客的陋习，总让我想到“国民性”三个字。这些陋习，不是个别人的，而是群体性的，且是多发性的、顽固性的，这不能不让人考虑这是一种负面的国民性所致。

费孝通在名著《乡土中国》中认为，中国人“私”的观念极重，却无公德观念，比如，苏州人家总是往屋后本来就窄狭的水道里倾倒垃圾，弄得淤塞而臭不可闻，原因是他们觉得水道是公家的，而公家的东西是可以随意处置、糟蹋的，自己对公物是“有权利，没义务”的。费先生认为这种自我主义，与杨朱和儒家的一些理论有关，也与中国乡土社会的“差序格局”有关。

费先生对中国人“私”念极重的分析，也可以用来认识中国游客的陋习。这些陋习，说到底都是他们“私”念极重的表现。这种负面的国民性，与现代公民意识完全是逆向的。

不要一听“改造国民性”就反感。这是鲁迅和许多清醒、赤诚的爱国志士的主张。这主张是对中华民族的真正爱护。其实，世界上任何一个民族，都是优缺点并存的，伟大的民族也不例外。我族我民都是伟大的，然也优缺点并存。鲁迅一生都在为改造国民性中的负面东西做韧性之战。他猛烈地敲打国人，促使国人猛醒。鲁迅特别反感那种粉饰家，认为那不是真爱国。

曾经听到某公侃侃发言，为在国外随处大声喧哗的中国游客辩护，说这是民族习惯，开朗之故，不像洋人低声细语那么阴暗。这不分明是“红肿之处，艳若桃花；溃烂之时，美如乳酪”吗？这种把丑陋当文明的论调，是在侮辱文明。这是在害我中华民族。

当今舆论界对于国人陋习的批评，我认为相当乏力，对于陋习背后的负面国民性及成因的剖析就更谈不上。有人很反感批评负面国民性，反感鲁迅式的疗救笔法，觉得那是搞民族虚无主义，甚至是居心叵测。这些“反感先生”想当然地认为只有他自己才最爱国。

这让我联想起多年前批评柏杨的杂文集《丑陋的中国人》那桩公案。批评者的逻辑是，我们做丑陋的事可以，但你不能说“丑陋”二字，我有癞痢头不假，但你不许说“光”说“亮”，否则你就是伤害中国人的尊严。鲁迅说，面子是中国人的纲领。不许说“丑陋”二字，就是为了面子。但究竟什么是面子，什么又是尊严呢？你在公园里胡乱涂鸦，任意涕唾，随意攀折花枝，旁若无人地脱袜子抠脚，这算不算丑陋，算不算伤了中国人的面子和尊严呢？

自省，鲁迅式的批评，其实并不可怕；自辱才最可怕，长了癞痢头不让说，又不好好治，才最丢面子，最伤尊严。

柏杨这本书的立意，本与鲁迅相同，“哀其不幸，怒其不争”也，只是下笔用词狠了点，但也不过就像鲁迅说的，你开窗户他不许，便只好说掀屋顶。杨昌济、杨荫杭两位先生的言辞，也正与鲁迅同调。

一个民族要想进步，必须正视自己的缺点。一部中华民族发展史，其实正是一部自我纠错的历史。废除太监，剪掉辫子，解放小脚，取消帝制，否定“文革”，惩办贪官，都是在自我纠错。我们的民族正是在自我纠错、自我更新中得到升华，越来越强大的。

从“闻蒋立正”到“太阳从西边出来”

国民党为了表示尊崇领袖，立了一个规矩：凡讲话讲到“蒋委员长”时，必须起立，立正。有人把这个规矩叫作“闻蒋立正”或“闻蒋必站”。据说这是跟德国纳粹党学的——立正，把手斜伸出去：“嗨尔，希特勒！”在革命历史题材的电影里，常常能看到“闻蒋立正”的镜头。这个规矩，看似庄重，实则十分滑稽。

曾任国民党童子军团长的涂心园先生记录过滑稽的一幕：在总理纪念周上，冯玉祥讲话，讲了四十分钟，二十多次提到“蒋委员长”，台下便二十多次立正，弄得听众忽而立正，忽而稍息，忙乱不堪，一时间磕马靴、碰皮鞋、拢枪支的哗哗声不断。

刘伯承元帅也曾目睹过这种“闻蒋立正”的滑稽戏。抗战初期，刘伯承应邀参加卫立煌举办的宴会，并做即席讲话。刘伯承后来回忆说，我在讲话中，多次提到“蒋委员长”，国民党的将领“闻蒋必站”，结果是起立，坐下，坐下，起立，弄得连筷子也顾不上拿。

老作家、老革命马识途同志曾回忆过他所经历的“闻蒋立正”的情况。1936年，马识途考入中央大学化学系，在军训营听报告时，有的报告人见学生打瞌睡，便故意多次提到“蒋委员长”，值日官闻之，立刻大叫“起立”，打瞌睡的学生便马上被吓醒，匆忙起立。后来，学生为了报复，便利用集会、讲演的机会频繁提及“蒋委员长”，于是那些大腹便便的官员也只好不断起立、立正、坐下，纷乱不堪。主事者只好规定第一次“闻蒋”时起立，以后再闻就免了。

著名哲学家贺麟先生曾自述过他民国年间在中央政治学校讲课时有意回避“闻蒋必站”的事。一次，学校教育长陈果夫让他按照蒋介石和戴季陶的书讲授哲学概论，说蒋、陶“发挥了孙中山的三民主义，那样讲不会错的”，贺先生说，“我听了，但未照那个讲，因为有个问题，一提到蒋介石就要全体起立，提一次，起一次。所以，我尽量不用这些名词。结果挺受学生欢迎……”（《会通集·贺麟生平与学术》）可以看出，虽然人们不得不“闻蒋立正”，但内心对这个规矩却已经很厌烦了。

“闻蒋立正”这种政治滑稽戏，虽说让人忍俊不禁，但它却是由一种精心设计的理论做支撑的。这种理论就是个人迷信的理论。国民党的理论家说，中国有三宝：孙总理、三民主义、蒋委员长。孙总理，早就故去了，三民主义也徒具招牌，实际上这些理论家要尊崇的就是“一宝”——蒋委员长。是啊，中国有如此“珍宝”，焉能不“闻蒋立正”？

“闻蒋立正”，是为了达于“闻蒋必信”“闻蒋必从”。“信”是笃信，“从”是服从。然而，“闻蒋立正”毕竟是一种形而下的玩意儿，思想慑服力不够强，于是国民党内便有些“高人”不断造出“高论”，企图使人们能从内心服膺蒋委员长。徐恩曾、刘建群的“领袖脑壳论”和周佛海的“迷信盲从论”，便是这种“高论”。

老资格的共产党人、文化战士恽逸群同志，著有《蒋党真相》一书（署名翊勋，三联书店1955年版），披露了多条稀见的国民党史料，其中说到了徐、周二人的“高论”，文云：

> 如徐恩曾说的“领袖脑壳论”，只有“领袖”要思想，“干部”就不必用脑子思想，只须按照“领袖”的思想去实干，这样就“有利无弊”。
>
> 最使蒋介石满意的，是国民党中央党部训练部长周佛海所提出的两句口号：“信仰领袖，要信仰到迷信程度；服从领袖，要服从到盲从程度。”日本投降后，周逆佛海的所以得到蒋介石“特赦”，提倡盲从的“功绩”起着不小的作用。

徐恩曾，曾任国民党中统局局长，曾捕获中共中央特科负责人顾顺章，并成功使其变节投降，从而造成中共地下组织的严重破坏。他所说的“脑壳”，指蒋介石的头脑、思想；其论点是，人们都可以不用头脑想问题，只服从蒋介石一人的脑壳即可。

大概因为徐恩曾提出了“领袖脑壳论”，又捕获了顾顺章，蒋介石对他颇为宠信。那个“领袖脑壳论”，尤其让蒋开心。

曾任复兴社总书记的刘健群也是个鼓吹“领袖脑壳论”的健将。为说服坚决支持“一二·九”运动的邹韬奋支持政府，刘建群当面对邹韬奋说：不管中国发生什么重大问题，“全凭领袖的脑壳去决定”，“一切全在领袖的脑壳之中，领袖的脑壳要怎样就应该怎样，我们一切都不必问，也不该问”。邹韬奋当然不会认同刘这种说法。

徐恩曾、刘建群的理论实际上还不能算彻底，最彻底的要算周佛海提出的那两句口号，即“迷信盲从论”。此论之精义尤在“迷信”二字，迷信了，自然也就盲从了。国民党正是按照周佛海的“迷信盲从论”要求人们的。20世纪30年代，国民党的教官在课堂上指着黑板讲道：“蒋委员长说这是白板，我们就说这是白板。”为了提倡对蒋介石的迷信，树立蒋的绝对权威，即使颠倒黑白也不在乎。纳粹和世界上许多邪教，为树立魁首的绝对权威，也都有这类不惜颠倒黑白的邪说。

独夫是最喜欢脑残的盲从者的。徐刘周的理论，便是专门催生脑残，制造盲从者的理论。然而，要说徐刘周的理论完全是他们的创造，也不然，源头其实来自蒋介石本人。蒋是一贯提倡部下盲从自己的，这是蒋最重要的统治术之一。盲从者是需要训练的，徐刘周便担任了教师爷。大概因为周佛海在这方面的才能尤佳，所以曾被任命为中央党部民众训练部部长。

抗战胜利后，周佛海以汉奸罪被判了死刑，但没杀掉，被蒋“特赦”，恽逸群说，这是因为他“提倡盲从的‘功绩’起着不小的作用”。

本来，周佛海完蛋了，他的理论至多在蒋介石统治下的台湾还残存一点香火，谁知大陆上又有了传人。此人就是被称为“好学生”的柯先生。陈云同志曾批评此君“是个手中随时拿着大棒的人”。1958年，这位柯君大概是嗅出了什么攀缘跃升的新路子，竟将周佛海的理论径直拿来，在中央会议上鼓吹，产生了恶劣的影响。

林彪之子林立果可谓“迷信盲从论”的新一代传人。其同伙周宇驰为“小舰队”洗脑时说：“要认识林立果是天才，要相信他，相信到林立果说‘太阳从西边出来’，你就说‘对，太阳是从西边出来’这种程度。”[①]这话真像是从“蒋委员长说这是白板，我们就说这是白板”脱胎出来的。试想，这么一个林立果，若是他真当了权，还不是要下令全国人民都服从他一人的脑壳么？

---

① 张聿温：《林立果“小舰队”兴亡始末》，北京出版社2014年版。

应该重建蔡公时先生纪念碑

在一篇网文中看到，北京中山公园内曾建有一座蔡公时纪念碑，颇感惊异。过去只知道中山公园里有中山堂，是纪念孙中山先生的场所，但从不知还有其他历史人物的专门纪念物，更不知公园里竟曾建有蔡公时纪念碑。

这位蔡公时是何等人物？回首波澜壮阔的抗日战争，在无数英烈中，蔡公时是被称为“民国以来第一位抗日烈士”的英雄人物，他的抗日事迹惊心动魄，足以感天动地，他是一位以碧血荐轩辕的民族脊梁。

但是很遗憾，如今知道蔡公时和他的抗日事迹的人已经很少了，远不如知道小兵张嘎和送鸡毛信的海娃的人多。我曾问过一些朋友蔡公时是谁，他们多是摇头，其中不乏硕士和博士。这是很不应该的。

蔡公时先生的抗日事迹，是一段锥心刺骨的悲壮血史。

1928年5月1日，北伐军进入济南，日本军人和浪人寻衅制造事端。5月3日，国民政府战地政务委员会外交处主任兼山东特派交涉员蔡公时，率员来到济南与日军交涉。当晚，几十名日军闯入交涉署，大肆搜掠，将外交文件、地图等弃置满地，中华民国旗帜和孙中山画像也被撕毁。

面对日军的野蛮行径，愤怒的蔡公时用日语同他们讲理："这里是中国政府的外交机关，非军事单位……""请退出公署，请贵国领事前来洽商。"凶残的日本兵用枪托将蔡公时打翻在地，又将署内的中方人员一齐捆绑毒打。忍无可忍的蔡公时怒斥道："汝等不明外交礼仪，一味无理蛮干。此次贵国出兵济南，说是保护侨民，为何借隙寻衅，肆行狂妄，做出种种无理之举动，实非文明国所宜出此！"

一个会说中国话的日军军官冷笑道："你们的蒋总司令都不敢骂大日本皇军半句，他想找我们谈判，我们都没兴趣。你的官有多大，再大也大不过蒋先生。"那军官又一巴掌掼在蔡公时脸上，骂道："你不要命啦，竟敢辱骂皇军，把你送到蒋总司令手里，他也得杀了你，再向大日本皇军道歉。"

此时的蔡公时，满腔热血在燃烧，痛斥日军说："你们这些强盗，我早就看透了你们，现在我以一个中国人的身份痛斥你们这帮强盗！"日军闻言恼羞成怒，残忍地用刺刀将蔡公时的耳朵、鼻子割去，又将眼睛挖去，顿时，蔡公时鲜血喷流，一片血肉模糊，日军却放声狂笑。蔡公时大声骂道："日本强盗禽兽不如，此种国耻，何时能雪！野兽们，中国人可杀不可辱！"日军更加恼怒，遂将蔡公时拖至交涉署院内枪杀。交涉署内的其他中国职员也被全数杀光。

继而，日军攻占了济南，屠杀中国军民近八千人。

这是一段锥心刺骨的痛史，史称“五·三惨案”（“济南惨案”）。这是南京大屠杀之前，日军在中国制造的最惨无人道的一幕。对这一惨案，蒋介石在日记中愤然写道：“倭寇与中华民族结不解之仇，亦由此而始也！”

蔡公时殉难后，举国群情激愤，多地举行了追悼活动。1928年7月25日，北平的国民党军政要人和团体代表在中山公园社稷坛的拜殿举行了隆重的追悼会，会场上悬挂着蔡公时遗像及与蔡公时同时遇难的诸烈士像。拜殿四壁，悬有蒋介石、李宗仁等军政要人送的挽联。北平各界的祭文也很多。一篇祭文写道：“烈士永逝，断耳割鼻，不畏强梁，折衡勿屈。”李烈钧的题词称蔡公时为“外交史上第一人”。

宋代民族英雄文天祥的《正气歌》有名句曰，“为张睢阳齿，为颜常山舌”，赞颂忠臣张睢阳血战齿碎、颜杲卿骂贼断舌之壮烈。蔡公时先生乃是现代的张睢阳、颜杲卿，且比张睢阳、颜杲卿更加壮烈和伟大。蔡公时无愧为中华民族的民族英雄。

对蔡公时这样一位民族英雄，我感到后人对他的纪念和宣传很不够。由于种种原因，纪念蔡公时的文物遗迹并不多。济南有一座“济南惨案纪念馆”，内有蔡公时铜像一尊，馆内陈列中有蔡公时事迹的介绍。蔡公时的家乡九江的一个公园里，立有一座蔡公时石雕像。在一本徽章图鉴里，我见过一枚民国时制作的“蔡公时先生国耻纪念章”。再有，就是北京中山公园内曾经建过而又消失了的蔡公时纪念碑了。

据我看到的那篇网文说，这座纪念碑建在社稷坛的东侧；何时所建，网文未言，我推测是北平举行追悼蔡公时活动期间建立的。又据网文说，这座纪念碑在北平沦陷后，被伪北平市公署下令拆除了。汉奸政府所以要拆碑，原因很明了，就是因为此碑是抗日的纪念物，能唤起中国人的民族意识，能激励中国人的反日抗日情绪，还能让汉奸无地自容。这样一座纪念碑立在那里，日寇、汉奸们怎能安宁？必欲拆除而后快。

回望历史，可以看出，这座蔡公时纪念碑，是一座集中华民族屈辱与抗战双重历史于一体的纪念碑，是一座历史价值和教育价值都极高的纪念碑。我认为，应该重建这座纪念碑。汉奸政府拆除了它，我们应当重建它！

今年是蔡公时先生殉国九十周年，也是“济南惨案”九十周年，为纪念蔡先生，为弘扬伟大的民族精神，也为人们能够重睹消失了的北京文物，我建议重建蔡公时纪念碑，地点仍在中山公园社稷坛东侧。

蔡公时先生的抗日血史，将永远被中华民族所铭记。

满铁《昭和制钢所之歌》

曾于北京潘家园购得一角尺，上有满铁标志，为一铁轨断面与“满”字声母m之结合，整图又似一机车头，设计甚精巧。查百度，得知以下满铁史料。

1933年，南满铁道株式会社（满铁）成立昭和制钢所，成为日本在吾国东北最重要之钢铁基地。该所于鼎盛期曾创制《昭和制钢所之歌》，每日于班前员工合唱。词云：“满蒙天地广，资源到处藏。经邦宏图壮，建业在四方。我们，昭和制钢所，炸药震天响，山崩沙烟扬，高山容貌改，人比炸药强。我们，昭和制钢所，高炉耸云霄，铁水似火烧，炉火永不灭，热血涌心潮。我们，昭和制钢所，钢锭耀眼红，轧成坯与材，轧钢又炼人，此处是道场。我们，昭和制钢所，囊括亚细亚，成就钢铁业，称霸全世界，保卫日本国。我们，昭和制钢所！”

日本之企业文化，向来严整而雄健，与侵略野心相结合，便成为侵略性文化之一部。歌中公然将满蒙视为可随意掠夺之地，将吾国山岭矿藏视为日本的囊中之物。其野心之大，豪气之盛，干劲之足，于歌词中历历可见。此为法西斯旗帜下的日本工人阶级面貌。后方工人如此，前方日寇之气焰可知。

余二十年前曾随北京商委进修团至日本茨城县卡斯美株式会社进修，每日晨起必集体朗诵会社励志文件。此实即《昭和制钢所之歌》一类日企文化之余脉，然已全无战时气息，而皆为敬业、认真、竞争、向上之精神矣。

然时见靖国神社政要出没，右翼分子叫嚣鼓噪，莫非还想再唱《昭和制钢所之歌》乎？

一个伟大而精短的提案

参政议政，要写提案。提案的优劣，与文字长短没有必然的联系。精粹甚至伟大的提案，也可以写得很简短。华侨领袖陈嘉庚抗战之初提的一个关于抗战的百字“电报提案”，就是一个伟大而精短的提案。

1938年，抗日将士正浴血奋战，国民党内却出现了一股以汪精卫为代表的主张对日和平妥协的逆流，一时间，陪都重庆游荡着一股对日和谈的气氛。为反对这股逆流，南洋华侨领袖、时任国民参政员的陈嘉庚先生，从新加坡向正在重庆召开的国民参政会发去了一个“电报提案”，全文是：“议长秘书公鉴：东电悉，庚因事未能赴会，甚歉。兹有提案三宗，乞代征求参政员足数同意，并提请公决：一、日寇未退出我国土之前，凡公务员对任何人谈和平条件，概以汉奸国贼论；二、大中学校在抗战期间禁放暑假；三、长衣马褂限期废除，以振我民族雄武精神。陈嘉庚叩首”。

这短短的一百余字，实际包含了三个提案，即：不能谈和；不放暑假；废除长衣马褂。这是三个极精短的提案，尤以第一个提案最著名。电报发至参政会后，秘书处将第一个提案缩简为“日寇未退出前，不得谈和平”，共十一字；后又修改为“日寇未退出我国土前，不得言和”，共十三字。

汪精卫时任参政会议长，开会时须朗读诸提案内容，当他高声念出这个提案时，面色顷刻苍白，神色尴尬不安。邹韬奋在所著《抗战以来》一书中评价此提案说，参政会“开幕之后，霹雳一声，陈嘉庚从新加坡来了一个‘电报提案’——‘敌未出国土前，言和即汉奸’。这寥寥十一个字，却是几万字的提案所不及分毫，是古今中外最伟大的一个提案。”这个提案很快获得参政会通过，一时人心大振，游荡在重庆的那股对敌妥协的气氛顿时消失大半。

有人说，政协的提案，不应写得太短，也无法写得太短。我深不以为然。提案怎么就不能写短呢？写短了就不能说明问题吗？就不能起到作用吗？陈嘉庚写的三个短提案不就是镜鉴吗？特别是那个主张“言和即汉奸”的伟大提案，更是给我们以深刻的教益。写提案，当长则长，当短则短。提倡写短提案。

源自古代辩证法的一个命题

郭沫若对毛泽东《在延安文艺座谈会上的讲话》有一句评语："凡事有经有权。"毛泽东很欣赏这个评语，觉得找到一个知音。这句评语实际是一个富有哲学智慧的命题。

郭老的意思是，《讲话》的内容，有些是常理和普遍规律，即"经"；有些则只是适应一定环境和条件的办法，即"权"。毛泽东赞赏郭老这句评语，表明毛并没有认为自己的《讲话》句句是永恒的真理，更没觉得《讲话》有"一句顶一万句"的威力。因为，毛泽东懂辩证法，不仅懂得马克思的辩证法，也懂得中国老祖宗的辩证法。

"有经有权"，是中国老祖宗常讲的一种辩证法思想，然因古代对它的论述语言有些晦涩费解，现代人知者不多。此思想源出《易传》。经，指不易的常理；权，指据时的变通，即《易经》所云"与时偕行"。经有稳固性，权指变异性。经与权，是中国古典哲学的一对重要范畴。关于经与权的关系，柳宗元说："经非权则泥，权非经则悖。”宋人认为，经与权是“相反又相济”。这些都是朴素的辩证法认识。

易者，变也。《易经》和发挥它学说的《易传》都强调“变”字，提出了“穷（无路之困境）则变，变则通，通则久”的精湛思想。古人在说到“有经有权”时，多强调“权”字，亦即强调变的含义，他们常用这个“权”字反对无视事变势异，而只知墨守成规的态度。

毛泽东赞赏郭老评语并非偶然。“凡事有经有权”其实是毛的一贯思想，是毛泽东正确的思想主张产生的一个思想基础。武装斗争是经，“打得赢就打，打不赢就走”是权；占领城市，夺取政权是经，农村包围城市是权；爱国抗日是经，各党各派合作抗日是权；马克思主义是经，新民主主义是权；等等。过去僵化理解《讲话》，把某些因时的提法当作不变的法条，其实，《讲话》讲的“文艺与生活”“文艺与人民”的道理才是经。现在讲的“二为”方针，是与时俱进即权的结果。

“经非权则泥。”泥是固执、死板。王明们“言必称希腊”，不知权变，结果把党和红军“泥”得濒临绝境。固守斯大林模式的“左”的理论，又使共和国陷入巨大困厄。

“权非经则悖。”悖指违背道理。自认“三面红旗”是创造，实际却背离了马克思主义生产力决定生产关系之经，结果造成三年饥馑。盲目发展却自谓是政绩，实则背离了以人为本之经，结果是人、物对立和倒置，后患无穷。

“马克思主义中国化”是有经有权的正确思想；坚持并改善党的领导，是有经有权的正确选择；改革开放，是有经有权的伟大实践；一国两制，是有经有权的伟大创举。毛泽东赞扬小平同志既有原则性，又有灵活性，即是说小平同志有经有权，是个懂辩证法的领导人。

有经有权，古人曾有过许多成功实践。这是中国传统文化留给我们的一面有益的镜鉴。

“中国佛教”就是有经有权的结果。佛教的基本教义是经，华化过程是权，结果使源于古印度的佛教逐渐与中国文化相契合，使“中国佛教”得以成立。曾国藩是个成功人物，学者吴方认为，他的成功，“主要在于他把握住了传统文化的精髓，有原则也有灵活性，亦即宗经而不舍权变。他有‘两手’，‘三手’，而不是只有‘一手’。”所说“宗经而不舍权变”，是说曾氏搞儒学法家化，儒法合流一表一里。曾国藩靠着这有经有权，成就了自己的功业。

有经有权，坚守真经而又“与时偕行”，关键在于要准确判断何为不变的经，何时需要权变。单一公有制、计划经济，都曾被认为是经，必须固守，结果都变了。可见以为是经的，并不一定都是经，曾经奉为经，也不一定不能变。要看实践。

有人说，做这类判断“需要很高的智慧”。信然。但什么是很高的智慧呢？我想，就是四个字：实事求是。

一分为二，合二而一，还有一分为三

我们需要和谐哲学。对“一分为二”做科学的非僵化的解释，对建立和谐哲学有学术和理论意义。

小平同志说：“从一九五七年下半年开始，我们就犯了‘左’的错误。总的来说，就是对外封闭，对内以阶级斗争为纲，忽视发展生产力，制定的政策超越了社会主义初级阶段。”犯“左”的错误原因很多，指导思想中的哲学思想出现毛病乃是重要原因之一。这就是无休止、无条件地宣扬“斗争哲学”，天天讲“不是东风压倒西风，就是西风压倒东风”。细究所谓“斗争哲学”的思想基因，实与僵化理解“一分为二”而形成“矛盾、对立、斗争永远第一”的思维定式有一定关系。

“一分为二”是毛泽东同志对对立统一规律的通俗概括。概括得有道理，也通俗，人多能道之。但这个概括却有一定局限性——偏重强调矛盾双方的对立、斗争这一方面，弱化双方的互相贯通、互相渗透、互相依赖即同一性的这一方面。这就容易造成“绝对不相容的对立思维”，造成“不同即敌对”的思维模式。杨献珍同志为拾遗补偏，提出“合二而一”之说，结果蒙受大难。其实，在马克思的《资本论》，马恩的《神圣家族》里，也有“合二而一”或“合二为一”的提法。“合二而一”偏重强调的是反对把矛盾的斗争性绝对化、扩大化，反对忽视和排斥统一性。

客观的、生活的辩证法，其实哪里只是“斗”？毛泽东本人就曾举过元朝赵孟頫夫人管仲姬写的一首曲子，来说明矛盾间互相渗透的情况：“我侬两个，忒煞情多，好比一对泥人儿，将来一起都打破，再捏再塑再调和。我中有了你，你中也有了我。”（此曲名《我侬词》，原文为：“你侬我侬，忒煞情多。情多处，热如火。把一块泥，捏一个你，塑一个我。将咱两个，一齐打破，用水调和。再捏一个你，再塑一个我。我泥中有你，你泥中有我。与你生同一个衾，死同一个椁。”见沈雄《古今词话》卷下，引蒋一葵《尧山堂外纪》）这是毛泽东在一次大会上讲到的，但正式公布讲话时却把这个例子删除了，大概是觉得这段曲子有点调和矛盾，斗争性不够。晚年他更是强调“不是你吃掉我，就是我吃掉你”的绝对斗争思想。

马克思在讲到私有制时曾说过：私有制表现出无数色层，它们反映了两极间的各种中间状态。[①]这个论断所体现出的思维方式具有普遍意义。它告诉我们，两极（两端）

---

① 《马克思恩格斯选集》第二卷，人民出版社1995年版，第267页。

之间是存在中间状态的。从逻辑学上讲，这种思维方式是一种“连续值逻辑”——大量事物都处于两级之间的某种状态，黑与白之间还有赤橙黄绿青蓝紫等多种色彩。恩格斯也曾说过，认识问题不能非黑即白，非好即坏。（大意）这种非黑即白，非好即坏的思维方式，从逻辑学上讲是一种“二值逻辑”。用这种逻辑认识实际生活，往往会流于简单化，因而违背实际生活的真实状况。

在实际生活中，上中下、左中右、前后中、优中差、敌我友、健康与疾病与亚健康，等等此类情况，说明两端之间是存在着各种中间状态的。庞朴先生提出“一分为三”，有道理。观察和思考问题时引入“一分为三”的思维，眼界会更加开阔，思考会更加深入和客观。马克思主义哲学有一个很重要的范畴——“多样的统一”，对此我们历来重视不够，哲学教科书也很少讲这个范畴。

中国古典哲学讲辩证法，比较强调“统一性”，如北宋思想家张载有名句：“仇必和而解。”（《正蒙·太和篇》）又如王元化先生研究刘勰《文心雕龙》，认为“刘勰观点皆属于‘和谐’（合二而一）而不是‘斗争’（一分为二）”[①]。冯友兰先生对张载的强调统一性的辩证思想很重视，他认为革命党取得政权后，应当维护新的统一体，从战争时期的“仇必仇到底”的思路转变为“仇必和

① 《王元化九十年代日记》，上海古籍出版社2008年版。

而解”的思路。（冯友兰《中国哲学史新编·总结》）

由于“一分为二”的提法有一定局限，不够圆满，存在着忽视或弱化矛盾同一性的倾向，故很容易被“左”倾思想主张拿来作为自己的理论根据。这已为历史确凿地证明。周扬同志说，毛泽东晚年用“一分为二”反对“合二而一”，把对立绝对化，甚至认为“综合”这一哲学概念也只能用“一方吃掉一方”去解释，结果造成阶级斗争扩大化的后果。（《关于马克思主义的几个理论问题的探讨》）此评洵为中肯深刻的结论。

今天我们讲“和谐”，讲“和而不同”，讲“双赢”，讲“多元”，讲“并行不悖”，表明我们已经能够科学地理解“一分为二”，已经与只知道“斗斗斗”的“左”的思维决裂，已经在更加全面地诠释辩证法了。我们今天虽然仍在使用“一分为二”这个提法，但实际上对其内涵的理解，和使用的范围，已经与以往有很大不同了。

“乱自上作”的痛史

罗广斌是白公馆脱险志士之一，是小说《红岩》的著者之一。他脱险后汇集了白公馆、渣滓洞众多志士死难前的嘱托和意见，写成了一份《关于重庆组织破坏经过和狱中情形的报告》，在这份报告的最后，总结出了八条经验教训，实际也是八条建议，这就是有名的“狱中八条”。人们评价说，这“狱中八条”实际是烈士们留给党的最后遗言。

“狱中八条”的内容是：

> 一、保持党组织的纯洁性，防止领导成员的腐化；二、加强党内教育和实际斗争锻炼；三、不要理想主义，对上级也不要迷信；四、注意路线问题，不要从右跳到“左”；五、切勿轻视敌人；六、注意党员特别是领导干部的经济、恋爱和生活作风问题；七、严格进行整党整风；八、严惩叛徒、特务。[①]

① 厉华等：《红岩魂纪实——来自白公馆、渣滓洞的报告》，群众出版社1997年版。

细读这八条可以发现，所谈最重要的问题，是领导干部问题。第一、第三、第六条皆明言领导干部问题，第二、第七条也涉及领导干部问题，第八条惩办叛徒，当然首先要惩办领导干部中的叛徒。总之，这八条有一个核心，就是必须高度关注领导干部问题，防止出现古语所说的“乱自上作”。

所谓“乱自上作”，就是祸乱之源出在“上面”。“狱中八条”的背景，就是一段“乱自上作”的痛史——由于重庆市委领导人的叛变，川东地下党遭受了灭顶之灾。

1948年，因《挺进报》暴露，重庆市工委书记刘国定、副书记冉益智相继被捕叛变，供出了大量地下党组织情况，导致了川东地下党遭到重大破坏，还波及了川西、泸宁党组织，大批党员被捕，后来成为著名烈士的许建业、陈然、王朴、成善谋、刘国鋕、李青林、江竹筠等都在其中。刘、冉两个叛徒为了邀功取宠，争先恐后地出卖组织，使被捕党员数量不断扩大。罗广斌就是被刘国定出卖的。还有个叛徒李文祥，是重庆市城区区委书记，叛变后出卖组织，导致了十几人被捕。小说《红岩》中的叛徒甫志高的原型，就是刘、冉、李等几个叛徒。

刘国定叛变后，希望特务头目徐远举能考虑自己是省委、市委级别的干部，在官职上予以照顾，结果得到了军统中校专员、川西特侦组组长的官职。冉益智先是当了军统少校，后也晋升为中校。刘国定当了军统中校后，对自己身份的巨变，毫无不适应之感，反而坦然得很，神气十足。这让曾经尊敬过他的普通党员深感惊愕。

刘国定等人的叛变并不偶然，他们平时的言行已有了腐化变质的表现。刘国定曾利用书记职务之便，要求管财务的同志把党的经费借给他去做生意，未得到同意便生气地说："我借钱又不是不还，何必那么认真！"尔后还报复管财务的同志，污蔑其有经济问题。冉益智叛变前曾对人说："共产党员在群众中起的领导作用，以身作则的态度，是装出来给群众看的。"这其实正是他自己的原形，他骨子里就是如此。

"乱自上作"，岂止是川东地下党如此呢。中共历史上发生的党组织遭受严重打击以至毁灭的事件，许多都是因为"乱自上作"。

最有名的是顾顺章叛变事件。顾顺章是中央政治局候补委员、中央特科负责人，由于他的叛变，造成了上海党中央险些被摧毁，大批地下党机构被毁灭，许多党员被捕杀，恽代英、蔡和森这两位著名共产党人也因为顾顺章的指认被杀害。又如，中共台湾地下党第一把手、省工委书记蔡孝乾的被捕叛变，造成了台湾地下党几乎全军覆没。

顾顺章和蔡孝乾都是老革命，是共产党的高级干部，蔡孝乾还是长征干部。他们之所以叛变，除了敌情严酷之外，平时思想意识和生活作风存在不少问题也是重要原因。顾顺章一向贪图享乐，嫖娼，吸鸦片，流氓气很重，与他在中央特科共事的陈赓曾预见说：“只要我不死，早晚能看到顾顺章叛变。”蔡孝乾也是个生活浮华奢靡的人，曾侵吞工作经费用于吃喝享乐，还搞了一个情妇。负责侦破蔡案的国民党保密局特工谷正文说：“我认为，共产党在台湾的地下工作之所以失败，除了组织成员过于乐观，以致行迹过于暴露之外，它的领导人蔡孝乾的浮奢个性更是一个严重的致命伤。假如当初共产党派来台湾领导地下活动的人，有几分周恩来或罗荣桓的才气，那么，历史的演变恐怕就大不相同了。”（《谷正文回忆录》）

谷正文的眼力实在不错，他对中共台湾地下党失败的症结抓得很准，他深知“乱自上作”的道理，知道若不是有“浮奢个性”的蔡孝乾帮了他大忙，他是不会成功的。他有两句话说得挺好，一是，蔡孝乾的“浮奢个性”是“一个严重的致命伤”，二是，如果中共地下组织的一把手换成一个政治合格的人，历史就会改写。

人力车夫与“主义”

有两件关于人力车夫的逸事，颇为相似，都与政治有关，也与“主义”有关，值得一提。

一件是贺龙同志化解车夫请愿的事。

1949年底，成都战役结束，胡宗南部被歼。刚入成都的一位军管会干部，见瘦瘦的黄包车夫拉着一壮汉飞跑，便喝令壮汉下来，斥责他“人骑人”，是剥削压迫行为，说已是新社会了，必须颠倒过来，于是让车夫坐上车，由壮汉拉车。事情传开后，再无人敢坐黄包车了。

全城的车夫没饭吃了，便集体到军管会请愿，要军管会“拿饭来吃”。贺龙同志闻听此事后很生气，批评说：“乱弹琴！不准人坐黄包车，他这个人道主义倒好，叫工人饿肚子。”然后，给黄包车夫出了个主意，叫他们找人穿上解放军军服坐上车在城里绕圈，人们看到后，就敢坐车了，问题也就解决了。（事见裴毅然《百岁马识途》）

这位军管会干部的思想，看似人道主义，实则并不人道，工人拉不成车便饿肚皮，一家老小嗷嗷待哺，算啥人道？他觉得人拉人、瘦的拉胖的，便不公平，便是剥削压迫行为，便要颠倒过来，这很有点民粹主义的味道，还混杂着一点造反有理的意思。

这位干部不懂社会分工和商品交换原则，不懂吃饭第一，其他第二。他觉得既然到了新社会，就该什么都要翻个个儿，不知道当时的生产力还很低，还处在新民主主义社会，离他心目中的理想社会还远着呢。应该说，这位干部的心肠不错，但“主义”却不对。幸有贺老总的干预，车夫才又拉上了车，吃饱了饭。贺老总这才叫真人道主义，才是党的正确政策。

改革开放初期，时任安徽省委第一书记的万里同志，曾与一位管农业的老干部就“包产到户”问题有过一场争论，颇像当年成都那位军管会干部与贺老总的分歧。

那位老干部说，“包产到户”偏离了社会主义，万里说，农民不过就是为了吃饱肚子，有什么不符合社会主义的？万里问那位老干部：“‘社会主义’和人民群众，你要什么？”老干部说：“我要社会主义。”万里说：“我要群众。”老干部的话，多么像成都那位军管会干部要“人道主义”，万里的话，又多像贺老总主张绝不能让工人饿肚子。

实际上，饿肚子的“主义”，绝不会是什么好主义，而一定是歹主义，不管他挂着什么好听的“主义”的招牌。贺龙、万里所主张的让群众吃饱饭的主义，才是好主义。

另一件是人力车夫斥责王伯祥先生的事。

王伯祥是知名的国学家、史学家，与章元善、顾颉刚、叶圣陶、俞平伯四位文化名人并称“苏州五老”，曾给季羡林讲过课。

“文革”中，家住北京小雅宝胡同的王伯祥先生有一次坐人力车回家，车夫问起他的收入，先生如实相告，不料车夫大怒，说：“我拉车，你坐车，已不公平，你竟然还拿这么多钱！”随即令王伯祥下车步行。（事见叶兆言《陈旧人物》）

这个情节，颇似上述成都黄包车夫的事，区别只是成都壮汉由坐车改为拉车，王伯祥由坐车改为“远足”，相同的是两个车夫都“翻身”了。较之成都车夫来，还是帝都车夫厉害，前者是听令而行，后者是自己造反。

但后来王先生与人说起此事时却说：“车夫说的一点也不错，所以就会有革命，就要造反。”意思是车夫的行为没错，造反有理。此言当然差矣。实际上，这个车夫的行为算是哪门子造反和革命呢？怎能与历史上的劳动人民举旗造反相比呢？表面看，王先生与车夫处于两端，实则二人观念相似，而其来源又是一个，就是：都中了当时流行的劳心者有罪、造反有理一类歪理的毒。

楚庄王与邢团长

怎样对待敌军尸体，也有野蛮与文明的分野，也有是否遵守武德即战争伦理的问题。侮辱敌尸，乃是一种违反战争伦理的野蛮行为。最近美军士兵往敌尸上撒尿便是这种野蛮行为。美国防部长表态要严惩这些士兵。

侮辱敌军尸体，是人类一种很古老的野蛮行为，随着人类文明的演进和战争伦理的普及而逐渐减少。我国古代对待敌尸有所谓“京观”法，即胜利一方为炫耀武功，把敌尸聚集起来，封土而成为高冢，让人参观，称为“京观”。绝高为京，如阙一样的高台为观。用现代眼光看，这显然带有侮辱的性质。

《左传》记载，楚军战胜晋军后，有人想把晋军阵亡者筑为“京观”，楚庄王不同意，认为死者都是为自己的国君尽忠，筑为“京观”不合武德，遂下令将晋军阵亡者妥善埋葬。所言不合武德，用现在的话说，就是不符合战争伦理。楚庄王可算是制止侮辱敌尸行为的一个先驱。

“京观”之外，古时还有“馘法”，即割掉敌尸耳朵以记功，也带有辱尸的性质。有资料说，直到解放战争时期，有的国民党部队仍用此法记功。

文明之师是不允许侮辱敌尸的事发生的。有一部电视剧有个情节：我军有个战士出于激愤用枪托猛打敌军尸体，受到首长的严厉批评。这个情节反映了真实的历史。

参加过金门战役的解放军战士赵保厚，写了一本《金门之殇》，记录了他亲历的一件事：

> 邢团长是一个有着钢铁性格的首长，又是仁慈善良、博爱生命的长兄。相比之下，那时我是多么的年幼无知呀！记得一次战斗结束，在连续抢救了几个重伤在身、惨不忍睹的伤员后，我心痛战友，痛恨敌人，抄起一支枪向着一个敌军军官的尸体"砰砰砰"就是三枪。这情形恰巧被邢团长看到了："小赵子，你混蛋！"这是他第一次骂人，而且骂的就是我，"他活着是敌人，你必须拿起武器；现在敌人被打死，就成为战场上不幸的人，我们要埋葬他，而不能像蛮匪一样再侮辱他。"

金门战役，我军惨败，损失九千人。邢团长叫邢永生，是攻打金门岛的二二四团的团长兼政委，后被俘，又英勇牺牲。赵保厚后来也被俘。我军是威武之师，又是文明之师，这在刚强而又善良的邢团长身上有完美的体现。“侮辱敌尸是蛮匪行为”，邢团长这句话，反映了我军在敌尸问题上的伦理观念。

不许侮辱敌军尸体，可以说是不许虐待俘虏的延伸。这是对人类尊严的尊重，是人道主义价值观的体现。

人性，归来兮

人和禽兽，谁优谁劣？有人说，这是个假问题。我说，这是个值得深思的真问题。

一

在中国人的骂人话里，常把人比作禽兽，把干坏事比喻为禽兽行。比如，骂人是“畜生”、“衣冠禽兽”、“兽性大发”。再进一步骂，是骂人比禽兽还坏，如骂人“禽兽不如”“狗彘不如”。

这种拿禽兽来作比喻的詈语，有个前提，就是设定禽兽一定坏。其实，这个前提并不太准确。诚然，禽兽没人性，不文明，你说它不咋地，坏，大体是不错的。但要说禽兽都坏，却不尽然。那些为人类服务的禽兽，比如驴马鸡豕、观赏动物之类，就不坏，还挺好。所以，全盘否定禽兽，动辄拿畜生类比坏人，并不公道。

季羡林先生在回忆“文革”时说过这样一句话：有人批评那些刻意折磨人的整人者是“畜生”，这其实是对畜生的污蔑。（《牛棚杂忆》）这话说得太对太深刻了，虽是无情的鞭笞，却也是公道的裁断。的确，那些邪恶的整人者哪里比得上畜生呢？

说人有时不如禽兽，甚至坏于禽兽，是有大量事实为证的。用活人来殉葬，禽兽干得出来吗？车裂、凌迟、宫刑、腰斩，禽兽干得出来吗？明成祖杀方孝孺十族，禽兽干得出来吗？张献忠活剥人皮，禽兽干得出来吗？纳粹滥杀犹太人，禽兽干得出来吗？日寇南京大屠杀，禽兽干得出来吗？弑父母、毒杀同学、烧死一车无辜乘客，禽兽干得出来吗？干不出来的。这些干坏事的人，即使在禽兽面前也该自惭形秽。所以，如果骂这些坏人“禽兽不如”，可以；如果骂为“禽兽”，则禽兽是会抗议的。

二

高贵的人类，何以会干出禽兽行，甚至不如禽兽？人心为何比兽心还狠戾？似乎不大好理解。其实，这正是人的一种本质和特征的表现，无须奇怪的。

人本身，与生俱来，原本就是有兽性基因的。因为，人是从动物界来的，本身不过就是一种高级动物，人身上有动物的某些原根性是很自然的。恩格斯曾说过，人类是从动物界演化出的，所以残存着兽性。这个论断，是对人的本质和特征的一个重大发现，对于认识人类之邪恶的一面有重要启发意义。

但具体来说，人只有在一定条件下才会兽性发作。

马恩曾有论断：专制主义会产生兽性，与人性不相容。这专制主义就是条件。专制主义，包括封建专制主义和极“左”专制主义。此外，诸如法西斯主义、纳粹主义、军国主义、恐怖主义、极端利己主义等，都是兽性发作的条件。

与兽性相对立的，是人性。什么是人性？学界有不少解说。一般来说，说某人有没有人性，指的是有无人类所具有的正常的情感和理性。这是人类与动物相区别的最明显的标志之一。

但人性有时也会被反人性的邪说或制度诋毁或灭掉。上述两类专制主义、法西斯主义等就是这类东西。解放战争后期，康生和陈伯达搞极“左”，他们领导的地区流行“反仁政”理论和“越忍心（残忍）越革命”的反人性逻辑。康生要斗红色士绅牛友兰，便说，“他姓牛么，就应该像牛一样对待这个地主”，于是便用铁丝穿上牛友兰的鼻子，让他儿子牵着游街。人的“不忍之心”在此全然湮灭，人伦更是荡然无存。批林批孔时，猛批“人性论”，批判“仁者爱人”，说世间没有所谓的“人性”，只有阶级性，进而又发展到污化人性，谁提了“人性”二字，似乎就不是好人。动乱年代发生了那么多伤天害理的事，都与批判“人性论”，诋毁人性有直接关系。

至今，仍有一些论客，看不惯“人性”字眼，也不喜欢别人谈“人性”，甚至对“以人为本”的提法也不认可，对提“人性化”一词也不大高兴。对斯大林滥杀人，他们总是立足于辩护，说没杀那么多，只有几百万而已，不该影响斯大林的政治声誉。难道杀几百万就对么？其实，我党在几十年前评价斯大林功过的时候，对他这个严重错误，就已经予以谴责了。

批判“人性论”，诋毁人性，回避谈人性，更不敢高调弘扬人性，结果是什么呢？人们对人性的认识是模糊的，对“人性”二字是疑虑的、轻看的，人们不愿意多提及人性，更不去提倡尊重人性，敬畏人性，修炼人性。于是，不尊重、不敬畏人性的人多起来了，丧失人性的人多起来了。难道不是吗？

三

问题的一个纠结点，在于怎么看人性与阶级性的关系。这里所说的“人性”，不是指区别于动物的那部分心理属性，而是指人类普遍具有的正常的情感和理性，如爱惜生命，饮食男女，趋利避害等。这是“人性的一般性”。阶级性也是一种人性，是一种特殊的人性，是“人性的特殊性”。在无阶级社会里，人有人性，没有阶级性。在有阶级的社会里，人既有人性，也有阶级性。

如果说，爱惜生命是“人性的一般性”，那么为革命不怕牺牲，怎么解释呢？表面看似乎矛盾，实质上不矛盾。是压迫者先不让被压迫者活了，被压迫者才拼死去革命的。搞革命不是为了死，而是为了活，是为了包括自己在内的人民大众的活。正因为被压迫者具有爱惜生命这个“人性的一般性”，他们才反抗想害他们的命的阶级压迫者和民族压迫者。

总之，珍惜生命是“人性的一般性”，拼死革命是“人性的特殊性”。这种一般性是正常的，这种特殊性是高尚的。以人为本，实际是肯定了人性的一般性。不能因为有阶级性，或有的人没人性，就说天下没有“人性的一般性”这种东西，就批“人性”，就说人性是假的。

四

一部人类历史，可以说就是人性在不断加强，人的兽性在不断消退的历史。

人类的有些行为，特别是早期的有些行为，反映出人有时是划不大清自己与禽兽的界限的。比如，古代刑罚中有宫刑，皇宫里有阉人，都是拿人当牲口一样骟，实际是把人当成了牲口。这是人类没有彻底与兽类划清界限，未脱尽兽性的表现。

后来，废除了宫刑和阉人，人性进步了，兽性减退了。这是从“人有兽心”，向“人就是人”的演进。但人类要想根除兽性是艰难的，减退了的兽性还可能复归。最近，有报纸评论说，现在的社会“变狠”了。何谓“变狠”？我看，就是一定程度上的兽性复归。弑父母、毒杀同学、烧死一车无辜者，人心如此狠戾，岂止是突破道德底线，更是突破了人性底线。这是兽性一时战胜了人性，是人性向兽性的倒退。

今天，应该郑重提出“保住人性底线”这个严峻问题。也应该提出“人性修养”的问题，即人应该懂得自己是人，应该干人事儿。人性底线，是低得不能再低的底线；人性修养，是低得不能再低的修养。要有这种“底线意识”和“修养意识”。没有人性方面的修养，人就不能进步。缺乏人性、没有人性，那还能算是一个人吗？

面对“变狠”的社会，“变狠”的人群，应该呐喊一声：人性，归来兮。

一个卓识

史上人物常有殊不可解的行为，令史家费神解说也难以圆通，宋史专家王曾瑜曾以“反常思维、变态心理”八个字释之，遂使不少难题化解。此诚为一卓识也。王曾瑜作《反常思维、变态心理等在历史上的作用》一文详论之。

哪些因素能对历史进程发生作用？以往我们只听惯了诸如生产关系、阶级斗争、让步政策等等，而“反常思维、变态心理”也能对历史进程发生作用，闻之颇觉新奇。然细一想，倒也觉得并不奇异，若摆相关史实，则多得不可胜数。

王曾瑜举了如下史例。明朝天启皇帝，后宫粉黛三千，他却独爱奶妈客氏，又宠幸阉人魏忠贤，结果把明朝弄得肮脏堕落之极。俄罗斯的罗曼诺夫王朝与明天启朝相近，沙皇宠幸一个叫拉斯普京的“圣愚”，结果断送了江山。所谓“圣愚”类似中国的妖道。斯大林乱杀人，残暴而怪诞，十月革命元老屠戮殆尽，中央委员大部处死。这种种怪异行为，若以正常逻辑释之，委实难通，而以“反常思维、变态心理”释之，便豁然矣。

“反常思维、变态心理”并非凭空而来，而是事出有因，存在决定意识也。马克思说，专制制度能使人变成兽。一为兽类，“反常思维、变态心理”便会油然而生。

祝由科的灭亡

小则一种技艺，大则一种学说，落后则亡，无效则亡，有害则亡。

史学家吕思勉《医籍知津》“呪由科”条谓：“盖呪由一科，最无实效，世莫之信，其术遂亡也。”（吕思勉《中国文化思想史九种》）呪由科，亦即祝由科，是一种以念咒画符来治病的巫术性医科，起源甚古，从业者奉黄帝为祖师。祝由科的招牌常写着：“世传神医祝由科善治百病”。晚清吴趼人《二十年目睹之怪现状》第三十一回写道：“那祝由科代人治病，不用吃药，只画两道符就好了。”除了念咒画符，祝由科医师也会开些药，但非《神农本草》里的草药，而是一些怪异的药物，如乌龟的尿，刺猬的血之类。

吕思勉言祝由科“最无实效”，乃是科学昌明之后人们的认识，而在愚昧时代，人们却相信祝由科的灵验，如清人陈其元《庸闲斋笔记》卷十一“神咒治病”条称：“祝由一科，起于黄帝。禁咒治病，伊古有之，其词甚俚，其效甚速，不可解也。”居然说极有疗效，真不知何所据也。所谓“信则灵”罢了。祝由科之败落，是在近现代医学发展以后。世人皆知祝由科不仅“最无实效”，且耽误病情，遂不以此法治病，祝由科遂亡。

医术如此，学说亦然。“不断性的革命”的托洛茨基主义，“社会主义越深入，敌人就越多”的斯大林学说，“以阶级斗争为纲”的继续革命理论，于建设真正的社会主义，于强国富民，不仅无实效，且添乱有害，故也如祝由科一样，“世莫之信，其术遂亡也”。

党中央纠正战报不实一例

“大跃进”期间，曾形成“说真话倒霉，说假话吃香”的局面，有的干部到中央开会，左边口袋装着反“左”的材料，右边口袋装着反右的材料，见机行事。这不是我党的优良传统。优良传统是实事求是。

订正平型关战斗的战报，是我党实事求是的一个典型事例。人民日报原总编辑李庄同志，抗战时期任战地记者，他在回忆录中记下了订正平型关战报的情况：“抗战之初一个很短时间，我军公布战果曾有夸大现象。最突出的是平型关之战，我们确实打了大胜仗，最初报道歼敌三千，党中央发现此数不实，指示仔细核查，以后纠正为歼敌千余人。从此严格规定：凡公布战果，包括毙伤敌人、缴获武器、拔除据点等等，必须完全准确，有一是一，有二是二，如果一时不能核查，宁可从低公布。据我方缴获的日军极机密文件载：对共军作战的战果，如果一时不能查清，内部掌握数字以共方公布数为准。足以反证我军战报的确实。”（《李庄文集·回忆录编下》）我党中央一旦发现平型关战报不实，便立即做了纠正，且从此定下严格的规矩，有一是一，有二是二，宁可少报，不可多报。正是缘于此，日军对我军的战报也取信任态度。平型关战斗歼敌千余人，这个数字沿用至今。

清人云："军中讳败饰胜，事所常有。"（《粤寇起事记实》）这大抵一是为争功，二是为扬己贬敌。解放战争中有一例突出的造假事件，荒唐可笑至极，这就是胡宗南占领延安后的造假。胡占延安并非攻占，而是我军主动撤离延安。但为渲染胜利，号称"一贯不屑于弄虚作假"的胡宗南，也大肆造起假来。办法是：一、造假坟。为展示共军被歼之众，抽调部队在延河两岸造假坟。为逼真，每个坟头都用木牌标明死者姓名、身份。二、为展示共军被俘人员之众，在延安十千米内设了十多处"战俘管理处"，由国军士兵假扮共军俘虏。为应付中外记者提问，事先教会这些假俘虏一套编造好的答词。三、为展示共军俘虏里有中高级军官，安排人假扮，胡宗南下令："选两个人装成被俘的共军团长，选一个人装成旅长，要装得像，这是重点。"四、为展示缴获的共军武器，以自己的装备冒充缴获品。这一整套造假行径，破绽明显，漏洞百出，结果非但没达到预期目的，反而成了笑柄，遗臭至今。

“司令员，你的成分不好！”

血统论是谬论，但源远流长。太远的不说，单说解放战争中，我军少数部队就深受“贫雇农打江山坐江山”的口号之害。依据这句口号，有的部队竟撤换非贫雇农出身的指挥员，又令非贫雇农出身的官兵向贫雇农出身的官兵投降，更发展为贫雇农出身者搜检干部的行囊，搞“分浮财”。时任司令员的陈赓便被下属搜检过行囊。

陈敦德《传奇将军孔从洲》（中国青年出版社2012年出版）一书记云：

> 陈赓睡午觉醒来，还没有起床，一群人就进屋来要进行检查。陈赓问他们来有什么事，他们说：“司令员，所有干部的东西都检查过了，只有你的东西没检查。你的成分不好，行军时有两匹马，一匹骑，一匹驮行李，我们要检查你的行李。”一边说，一边掀陈赓的毯子，要翻“马褡子”。

一个堂堂司令员，竟被下属搜检行李，理由竟是司令员“成分不好”！可见当时血统论有多厉害。所谓陈赓“成分不好”，是指陈赓的祖上是湘军将领，家境富足。这群搜检者，大约都是贫雇农出身，他们仗着所谓成分好，便要清查成分不好的，便要分司令员的“浮财”，便要“打江山坐江山”，你说荒唐不？但这种荒唐事在当时却颇流行。试想，连陈赓司令员都被搜检，还有谁能逃得过？

“贫雇农打江山坐江山”，实乃一种“赤色草泽心理”，全然未脱去历史上农民、游民造反的底色，完全违背了无产阶级领导权（即党的领导）的原则。毛泽东说，所谓“贫雇农打江山坐江山”，“是严重的原则性的错误”。这种“赤色草泽心理”，经过教育改造，逐渐敛迹熄灭了。岂料“文革”中又死灰复燃，变种为所谓“红五类”坐江山，且势成燎原矣。

看《白毛女》子弹要退膛

冀中河间，部队看歌剧《白毛女》，一战士举枪欲杀黄世仁，扮演者陈强险些丧命。自此规定，部队看此剧，子弹一律退膛。（《文史参考》2012年第7期，黄薇《谁制造了〈白毛女〉红色经典》）可见此剧激励“阶级仇”功效之大。打败蒋匪军，《白毛女》之威力，绝不亚于机关枪迫击炮。“旧社会把人变成鬼，新社会把鬼变成人”，因《白毛女》极易说明此道理，新中国成立后犹搬演不辍。蒙江青青睐，《白毛女》荣膺“样板戏”之尊号。改革开放后，《白毛女》渐成资料而入戏剧史矣。此剧不愧现代政治史之侧影也。

阶级斗争为纲年代，《白毛女》《收租院》《忆苦歌》一类“阶级斗争文艺”大红大紫。“夺过鞭子揍敌人”盘空盈耳，阶级仇恨心理便随之增长。“仇恨入心要发芽”（李铁梅语），而其时法治阙如，天下遂斗成一锅粥矣。

党的十一届三中全会断然停止以阶级斗争为纲，文艺节目便不再激励阶级仇恨。犹记三中全会后第一个春晚，倏然间所有节目完全没了阶级斗争的火药味，而代之以一派祥和温煦气氛，国人顿有入天堂之感，解放矣！国家转型，文艺亦随之，其题材虽犹多革命话语，也反映历史上之阶级斗争，然立意已非鼓噪现实版“夺过鞭子揍敌人”，而是重在讲述先辈革命之合理性与弘扬革命传统，内涵与导向皆大异于昔日矣。

近闻某理论家言，“阶级斗争仍为主线”，颇觉怪异，莫非欲让中国人民吃二遍苦，受二茬罪乎？

一个怪逻辑

“王成”的原型之一蒋庆泉，是“向我开炮”的呼喊者，竟因被俘而受到歧视和处分。作为归国的六千名战俘之一，他被视为有严重污点的人。在辽宁昌图的归来人员管理处，负责审查归俘的干部说：“人民军队的字典里没有被俘，被俘就等于变节。”（《“王成原型”蒋庆泉应该是英雄》，《文摘报》2013年7月29日）若照此逻辑，六千战俘就都是变节分子了。

对于在昌图受审查的经历，蒋庆泉后来回忆说：“太难受了。过去的宣传在我们的脑子里留下的，就是脊梁直，骨头硬，只可战死不可低头。我却阴差阳错被俘了……到死我也解不开这个扣。”是啊，有那么一顶“被俘就等于变节”的大帽子在，蒋庆泉的“扣”怎么解得开呢？

“被俘就等于变节”，这算是哪门子道理？歪理嘛。但这个歪理却成了当时战俘政策的一个依据，决定了蒋庆泉等归俘的悲剧命运。

被俘就等于变节吗？方志敏被俘过，叶挺被俘过，谢觉哉被俘过，赵一曼被俘过，能说他们变节吗？绝不能的。他们都是坚贞不屈的共产党人。按照“被俘等于变节”的逻辑，被捕也该算是变节了，“文革”中抓叛徒，用的就是这个逻辑。恽代英、任弼时、陶铸、陈赓都曾被捕过，但都英勇不屈，坚守了革命气节。岂能说被捕就等于变节？

无论被俘或被捕，不投靠敌人，不出卖同志，就不是变节，而是有气节。蒋庆泉因被弹片击昏而被俘，被俘后并没有投靠敌人，没有出卖同志，怎么能说他变节？他在战场上高呼“向我开炮”，更是他具有崇高革命气节的表现。有气节，不一定都是雄壮的样子。瞿秋白的《多余的话》，用语虽有些晦暗，却遮蔽不了他唱着《国际歌》从容饮弹的气节。

“被俘就等于变节”，这种怪逻辑，是怎么发明出来的？谁的主意呀？

宋庆龄的发髻

“宜粗不宜细”，政略也，非史法也。历史细节，甚多关乎大关节目，不宜粗记。如发式，细节耳，然一旦与时代风云、人物操守牵系，则不可轻视。清初剃发，民初剪辫，皆与易代相连，貌似细事，实大政治也。故，治剃发史、剪辫史，宜细不宜粗也。如此，则可觇清初与清末民初政治史之细部矣。

宋庆龄的发髻，乃遵母命所梳扎之发式，一生未改，敬守孝道也。虽为细事，却关乎人格。“文革”起，造反分子欲剪宋庆龄发髻，宋凛然拒绝：“我不要剪头发。”（陈铁健《书香人多姿·她永远美丽——〈宋庆龄的后半生〉读后》）其时，狂飙卷地，发髻被诬为封建发型，妇女多被强行改易为“革命短发”，所谓牛鬼蛇神更被剃为阴阳头。狂飙竟袭扰到了宋庆龄！一缕青丝，千钧政治，仅此一事，便可窥见当时政情之险恶。故，此历史细节当记之也。

“共产党还是伟大”

马寅初因人口论被暴批，1979年翻案后，马老云：“像我这样的案子也能翻过来，历史上是没有的，共产党还是伟大。”[①]“文革”后，大量冤假错案翻案，世人普遍的心理是：“共产党还是伟大。”马老心理为社会心理之一例。

该翻的案则翻，则平反，其效果绝非最高指示所云“翻案不得人心”，而是翻案大得人心，领导者的威信也不降而反升。

马老有一言差矣，翻大案，并非“历史上是没有的”，而是多得很。而其效果，多致统治者的威信提高，地位巩固。宋高宗杀岳飞，孝宗平反之，朝野怨气渐平，宋廷威信提高了。明英宗杀于谦，宪宗平反之，朝野怨气渐平，明廷威信提高了。崇祯杀袁崇焕，乾隆平反之，汉族仕宦叩谢吾皇，朱明情结大减，清廷威信提高了，占据中原的合法性、正统性加强了。台湾二二八事件，马英九认

① 胡治安：《统战秘辛·我为马寅初写悼词》，天地图书有限公司2010年版。

错，道歉，说是“最卑微的歉意”，国民党的威信提高了。

翻案以纠错，本属天理，马老却赞言“伟大”，其感恩、宽厚之心可见。若不翻此案，岂非连宋孝宗、明宪宗、乾隆帝都不如？实事求是乃我党思想路线，批马老之错案，岂会不翻？肯定要翻，早晚必翻也。更何况1979年小平、陈云、耀邦已主政。终究“共产党还是伟大”。

改革符合《资本论》

张贤亮划为“右派”后劳动教养，饱受饥寒煎熬，差点饿死。一次偶读《资本论》，张贤亮有一重大发现。他写道：

> 一翻开书便欲罢不能，首先是第一篇第一章分析商品，第一句话便是“资本主义生产方式支配着的社会的财富，表现为一个惊人庞大的商品堆集”。“惊人庞大的商品堆集”这句话，理所当然地引起我物欲的想象，因为当时商品奇缺，买任何商品包括火柴肥皂都必须凭票。两相对比，在直观上就使我产生了对当前社会是“社会主义”的怀疑。[1]

这种怀疑，实际上就是发现了贫穷不是社会主义。马克思说了，资本主义的商品多得惊人，而社会主义是比资本主义好得多的制度，所以理应商品更多，多得更惊人，那才叫社会主义，而眼前，商品很少，穷得很，这算是社

① 张贤亮：《雪夜孤灯读奇书》，《文摘报》2013年8月22日。

会主义吗？算是马恩设想的社会主义吗？不能算吧。这就是张贤亮的思想逻辑。这个思想逻辑合理，正确，符合马克思主义。

认识到贫穷不是社会主义，是改革开放的一个重要起点。小平同志的“贫穷不是社会主义”的话，符合《资本论》，让那些反对改革开放的人哑口无言。马克思都说了，资本主义社会商品多得惊人，难道我们社会主义还能穷得叮当响吗？人们的思想一下子一致了，要搞穷社会主义的人没了。

实际上，许久以来，怀疑和思考“贫穷社会主义”的人大有人在，已形成了社会基础。小平的话，是总结性的话，是在高位上振臂一呼。这一呼，群起响应。犹如反“四人帮”的“天安门事件”是社会基础，中央便很容易下决心解决“四人帮”。张贤亮们就是小平一呼的社会基础。

腰斩古碑与拆古县衙

碑刻，既为珍贵史料，亦多为书法珍品。十年浩劫，亦为华夏碑刻之浩劫。大锤之下，无数古碑断为两截，如受腰斩之刑。今游览名胜古迹，所见碑面有黏合痕迹者，皆可断定为“文革”间被斩之碑。此种残碑实已化为一种特殊的“‘文革’文物”，乃“文革”罪恶与蠢妄之铁证，可名之曰“‘文革’耻辱碑”。

东南名邑余姚有龙泉山，山腰有一方尖碑立于树丛中，碑文曰“浙江余姚县龙山中山纪念林”，乃纪念孙中山之碑。细观碑体，上有明显断痕，显系人为砸断。断于何时？碑为纪念孙先生而立，民国自不会断，“文革”前、后亦不会断，无疑是“文革”之罪孽。此碑可证当时“左”毒已深入国人骨髓，连孙中山也要踏翻在地。

余姚乃文化名邦，出过严子陵、王阳明、黄宗羲、朱舜水四大文化名人，然我游余姚，所见古迹不多，可观者仅舜江楼、通济桥、龙泉山、王阳明故居、黄宗羲墓等几处。郊野一处摩崖石刻，号称省级文保单位，却只有一二尊明臣胡宗宪石刻像，且雕工低劣。向导告我一事，令我叹惋、愤怒。几年前，余姚尚存清代县衙，县委书记一句“拆”，无影无踪矣。拆前文物部门力谏不可，然终究敌不过权力和愚蠢。至今余姚百姓犹痛詈该书记。古县衙没了，书记的骂名永驻青史。

毁坏历史文物，“文革”时是咬牙切齿地毁，“文革”后是嘻嘻哈哈地毁，然都自命正义。其实是满脑子浆糊，哪弄清了啥是正义。

斯大林当院士的波折

学者顾骧在《〈马恩列斯论文艺〉选编得失》一文中，提供了一条鲜为人知的史料：1929年，斯大林曾申报过苏联科学院院士资格，但没有评上。那年，斯大林与布哈林一起申报苏联科学院院士，布哈林因出版过经济学著作，顺利通过，斯大林则因没有过硬的学术著作，选票不足数，落选了。斯大林感到很没面子，但也无可奈何。

这件事在我们看来有点匪夷所思。斯大林何许人，堂堂总书记也。一个科学院，再了不起不就是个受中央节制的部门么，竟然没让斯大林当上院士，它是不是想关门呀？

有人查考过，早期的苏共领导层，个个知识渊博，学有专长，布哈林尤其突出（周有光《朝闻道集》）。列宁曾称赞布哈林是党内最好的理论家。布哈林写的《世界经济和帝国主义》是先于列宁研究帝国主义的著作，列宁作的序，评价很高。布哈林当选院士，凭的是真本事。

斯大林的学识其实也很渊博，他申报院士的材料肯定也言之有物，但一评一比，便不够格了。标准，显然是学术的，而不是权力的。布哈林当选，斯大林落选，都是学术标准在起作用。

何以那时苏联评选院士会有如此结果？原因大致有两点：一是那时的苏联学术界还有相当浓厚的“科学高于权力”的风气，评选院士，权力必须服从科研成果和民主选举；二是那时对斯大林的个人崇拜还刚露头，未成气候，苏联的科学家还不大买斯大林的账。后来，斯大林成了神，当然也就成了院士。其实，神还用当院士吗？

在申报院士的问题上，斯大林有一点还是值得称道的，就是虽然落选了，但对评选结果还是承认的，只是不爽而已，他并没有动用权势去改变评选结果，更没有像我们有些没评上高级职称的官员会发脾气：“不给高职称，你们要小心啦。”

为帅之大忌

掌帅印者决不可粗暴、心躁。此弱点，常人可，为帅则为大忌。

斯大林性格刚强，但流于粗暴，且相当粗暴。因有此缺点，列宁认为他不适宜担任总书记一职。列宁说："斯大林同志太粗暴，这个缺点在我们中间，在我们共产党人相互交往中完全是可以容忍的。但是在总书记的职位上就成为不可容忍的了。因此，我建议同志们仔细想个办法把斯大林从这个职位上调开，任命另一个人担任这个职位。"这是列宁病重时口述的《给代表大会的信》中的内容。这封信具有政治遗嘱的性质。斯大林是怎样"太粗暴"的？一事便可说明：他竟粗暴地辱骂过列宁的妻子克鲁普斯卡娅，以至列宁要与他断绝关系。

斯大林曾在一本赞誉杰出统治人物的"格言词典"上批注过一句话："让人畏惧比让人爱戴好。"（曾彦修《天堂往事略》）看来斯大林是喜欢让人畏惧的，于是粗暴就有用了，成了制造畏惧感的工具。

蒋介石的性格有暴躁的毛病。有史学家据此断定蒋的城府其实并不深，做领袖是不大合格的。蒋本人也深知自己这个缺点，经常自我警示。他在日记里写道：“心躁性急，态度傲慢，殊非领袖群伦之道，应切戒之。”唐人写的《金陵春梦》说蒋介石爱骂“娘希匹”，有人辩称，其实蒋并不说此语。但结合蒋氏日记看，无论蒋是骂“娘希匹”，还是骂别的什么，总之他“心躁性急，态度傲慢”，是爱骂人的。爱骂人是他暴躁性格的表现。

为帅者，粗暴与心躁都是大忌。有时心躁之弊甚于粗暴。主帅谋划全局，必须沉稳对之，心躁则可能坏大事。陈云有名言云：“迈方步，思考些战略问题。”说的就是主帅的气度和风貌。诸葛亮安居平五路，胸中自有百万兵。主帅是管战略的，绝不可心躁。

未庄评断是非的标准

阿Q在未庄虽然常“优胜”，但赵太爷打他嘴巴却是平常事，而且，明明是阿Q挨了打，未庄的舆论却总是向着赵太爷，总是不加考量地认为，“错在阿Q，那自然不必说”。原因何在呢？迅翁写道，“就因为赵太爷是不会错的”。赵太爷不会错，阿Q便错，错了就活该挨打。这便是未庄的逻辑。

赵太爷何以就不会错呢？《阿Q正传》里没有说明。但迅翁在一封信里做出了解释：“我们的乡下评定是非，常是这样：‘赵太爷说对的，还会错么？他田地就有二百亩！”（《集外集·通信》）原来如此！有田地就有理，田地愈多，理就愈足。这种田多有理的逻辑，在吾国实际是泱泱乎横无际涯的。某某说的，还会错么？上边说的，还会错么？书上说的，还会错么？

斯大林写过一个批示，其中写到“爱情”一词时少写了一个字母。批示需要传达，怎么办呢？于是，主事者请两位教授在《真理报》上撰文，论证这种少写了一个字母的写法是如何的正确。于是，便有了如下妙文：“世界上存在着腐朽没落的资产阶级爱情，以及健康新生的无产阶级爱情，两个爱情截然不同，拼写岂能一样？”文章的清样送给斯大林过目，谁知斯大林大笔一挥批道：“笨蛋，此系笔误！”（《文史参考》2010年第七期《历史散叶》）教授的逻辑是，斯大林写的还会错吗？少写了一个字母，是因为那当中蕴含着一种伟大的思想！

“文革”中，张春桥欲定陈丕显为叛徒，但专案组调查后却没发现陈有叛变行为。张春桥怒曰：“不可能，江青同志都宣布了，怎么不叛变？”（陈小津《我的“文革”岁月》）也就是说，江青同志还会错么？还能瞎说么？她可是夫人！“两个凡是”其实也是此种逻辑：那可是领袖说的，还会错么？

陈云同志主张不唯上、不唯书、只唯实。这极正确，极有胆识。何以要“不唯”呢？因为，上不一定就对，不一定都对；书，亦然，而且，书上即便本来说的是对的，但时空一变，情况一变，有的对的也就只是历史意义上的对了。

未庄评定是非的标准应该改一改。要知道，赵太爷虽然地多，但不一定言必在理。阿Q没地，却不一定都错。地多，其实跟有理没理，没有必然联系。要打破“地多崇拜”“赵太爷崇拜”。最终，还是要看事实，要看实践，要实事求是。

辑二　有所考

历史真相与一个铁则

弄清历史真相，只有一个原则：实事求是。这个原则是铁的，不能含糊，不能更动，所以，我把它叫作“铁则”。

在齐太史简，在晋董狐笔，他们不惜生命，不畏强权，守住了这个铁则，文天祥把他们写入了《正气歌》。清代朴学家，按照实事求是的规则考证儒典和史料，使许多历史原貌得以恢复。实事求是是中国史家、学人的一个优良传统，是古来中国史学良心的内核。虽然缘于各种因素，历史原貌有时不可能被记述得十分准确，但“实事求是地记录历史”这一追求，却从未被忠于史实的中国史家和学人所放弃。

我读史、评史、思考史事，最看重的就是实事求是这几个字，也冀望自己谈史论事时能符合这几个字。但这不容易。我曾从多个角度思考过实事求是地记史、论史的问题，并书为多篇札记文字；集为一束，成为这篇丛谈。

一、换个眼光读史

有些读史眼光和评史标准，为我所不取。比如，只读教科书，只信教科书，只以教科书上写的史实为准，只以其是非为是非，这种读史眼光和标准，我所不取也。教科书上说的，大部分也许都是对的，然也或有伪史、秽史，若唯其是从，愚也。诚如孟子所云，“尽信书，则不如无书”也。其实教科书也是在不断修订的。史官名家的书写和判断，一般要比外行高明，比如郭沫若、范文澜的书，就很值得读，然郭老考史有时太大胆，范老误断曾国藩是“大汉奸”，说明即使是名家，也不一定都对，不应该盲从。至于有些官大气粗却很少史学素养者发表的“史论”，就更需要分析，对则是之，误则非之，绝不能像未庄的村民那样，觉得赵太爷的地多，就一定说得对。

读史、评史的眼光和标准，我觉得有三种意识应该牢固地树立起来，一是自我独立意识，二是实事求是意识，三是怀疑与考证意识。

自我独立，就是要有自己的主张，既不膜拜权威，也不随大流起哄，即使跟从他人观点也要弄明白为什么跟着，他究竟对在何处。

实事求是，就是要追索历史真相，只承认真相，不承认伪史。要做到这一点，须先做个唯物论者，还要有点向古时朴学家看齐的意识。

怀疑意识，就是读史应多问一个“这是真的吗？”这大有助于求索真相而不受蒙骗。毛语录有云，“凡事要问一个为什么”，这是一种好的思维习惯，其实也是一种科学意识，是科学新发现的起点。怀疑之后，便是考证，一切拿证据来！

我说“换个眼光读史”，就是要把那些陈腐的僵化的不科学的读史眼光和评史标准去掉，换上独立、求是、怀疑和考证的眼光和方法。

二、“层累的堆积”与邓大姐的“电话更正”

史学大家顾颉刚曾提出著名的“层累地造成的中国古史”说，教给人们一个考察古史的全新方法。顾颉刚说：“时代愈后，传说中的中心人物愈放愈大。”他举例说，舜在孔子时只是一个“无为而治”的圣君，到《尧典》就成了一个“齐家而后国治”的圣人，到孟子时就成了一个孝子的典范了。

这种史实“愈放愈大”的情况，可以谓之史实的“层累的堆积”。这种“堆积”之史，只有原点即核心史实是真实的，放大的部分则非历史原貌，而是历史原貌的放大版。这种历史原貌的放大版，不仅古史的书写中有，现代史的书写中也有。

人物的历史特别容易被“层累的堆积”。因为，人物是历史的中心，人物最受读史者关注，人物最容易聚积人们的爱憎。放大人物的美好一面，此为溢美、拔高；放大人物的丑陋一面，此为溢恶、丑化。有名的人物最容易被“层累的堆积”，因而最容易成为“箭垛子人物”——什么好事或坏事都往他们身上堆，他们成了承受箭镞的垛子。

人们的爱憎情感是这种“层累的堆积”的一个极重要原因。对伟人、杰出人物，因爱戴而容易溢美；对反面人物、问题人物，因憎厌而容易溢恶。溢美，就是对美做“层累的堆积”，溢恶，就是对恶做“层累的堆积”。比如，鲁迅曾读过马克思主义的书，这是事实，但后来渐渐地被“堆积”成鲁迅专门辟了一间小屋，躲开国民党的监视苦读马列著作，这“专辟小屋”云云就属于后来附加的堆积物了。宋美龄生活上很讲究，也有条件养生保健，她曾患皮肤过敏症，沐浴后需用半磅牛奶搓身治疗，这是事实；但渐渐地被“堆积”成国中饿殍遍地时，她却居然用澡盆装满牛奶洗澡，这“满澡盆牛奶”云云就属于附加的堆积物了。

曾读到一篇小文《邓颖超的“电话更正”》（《作家文摘》2010年12月31日），是写邓大姐纠正不实史实的事，从中可见多条“层累的堆积”的情况。这是现代史书写中存在“层累的堆积”情况的一个佳例。

文章写道，1976年底，周总理逝世一周年前夕，《人民日报》将三篇准备发表的悼念总理的文章请邓大姐审阅。邓让秘书打电话给报社要求更正稿件中的六条不实之处。第一，文章说她和总理一起去过三次大寨，实则自己只是最后一次去了。第二，说西安事变期间，蒋介石在与周恩来、张学良谈判时“抱头大哭”，实际上根本没有这回事。第三，说重庆谈判时周恩来的秘书李少石是被国民党特务谋杀的，事实是意外事故，不是谋杀。第四，说1938年长沙大火是国民党企图谋害周恩来，事实是为对付日军进攻采取的焦土政策。第五，说在红岩村时，周恩来、邓颖超经常和战士一起种菜，浇水、浇粪，这是渲染夸大，实际上只是偶一为之，不是“经常”。第六，说重庆谈判时周恩来和毛泽东“寸步不离”，不客观，因为两人各有各的活动，不可能“寸步不离”。

这六条不实之处，大体有两个倾向，一是对国民党溢恶，一是给周总理和邓大姐锦上添花。从史料的准确性上说，都有“层累的堆积”即放大的情况。邓大姐的态度很明确：必须实事求是，不应放大，不论是对蒋介石、国民党，还是对共产党，对周总理，对自己。

1976年底，过来人都知道，那时怀念周总理正值高潮，对于国民党、蒋介石的评价，当时的风气还是视为一无是处。但邓大姐却不人云亦云、迎合风气，而是实事求是地对稿件中的放大不实之处，即史实的“堆积”提出了更正。“誉人不增其美，毁人不益其恶”，邓大姐的电话更正，堪称典范。

研究历史，阅读史料，特别应当注意“层累的堆积”这种情况，剔除“堆积物”，才能看到历史的本来面目。此为科学地研读历史之一法，亦为马克思主义唯物论史学方法的题中之意。

三、“千夫”“孺子”的正解及其他

有些真实的历史情况，说出来是不大让人舒服的。就像列宁所说，有些真理接受起来是痛苦的。因为，这些真实的历史情况，与以往人们得到并已经接受了的印象不同；这些真理，也与固有的结论和人们的习惯看法不同。

比如，鲁迅《自嘲》诗中的“横眉冷对千夫指，俯首甘为孺子牛”，过去权威性的解释是：“千夫”指敌人，“孺子”指人民大众。但王景山先生通过精密的考证，推翻了这种说法。他的新结论是：“千夫”是指“当年为数甚夥的和鲁迅对立的人，不能说都是敌人，但也不好说都不是敌人”；“孺子”是指鲁迅的爱子海婴。也有论者不认同“孺子”指海婴，而是另立新解。但无论何解，鲁迅《自嘲》里的“孺子”非指人民大众，则是肯定的。这个结论，说起来真是有点让人不大舒服，因为其政治性、崇高性都绝不像原来的解释那么强，那么美好，所以似乎让人有一种失落感。但这毕竟是事实，必须接受。然而这并不会影响鲁迅的崇高形象。鲁迅当人民大众的牛，也不是非用这句话来证明不可的。

又如，江竹筠烈士在狱中双手被施以了什么刑？有两种说法，一种是传统说法，即大家都知道的钉竹签子；另一种是经过新的考证后的说法，认为钉竹签子是小说《红岩》及前身《禁锢的世界》里的文学性描写，不是实情。

那么哪一种说法对呢？江竹筠究竟受的是什么刑呢？据早期的革命历史文献——罗广斌、刘德彬1950年1月整理的《被难烈士事略·江竹筠烈士》及罗广斌《我们的丹娘江竹筠》（载1950年5月4日重庆《新华日报》）二文介绍，江竹筠实际受的是拶刑，也叫拶指。拶刑也是一种酷刑，以绳子穿五根竹筷子或小木棍，夹住手指用力收紧，使受刑人极度疼痛（上引文献见于《血手染红岩——徐远举罪行实录》，公安部档案馆编著；《追寻历史的真相·江姐受过什么刑》，中国散文学会编）。也就是说，江竹筠受的刑不是钉竹签子。

对于这个结论，有些人或许会产生一种失落感，他们觉得拶刑不如钉竹签子残酷，于是就觉得江竹筠不那么英勇了。这无疑是一种误解，是错误的认识。第一，江竹筠如果确实受的是拶刑，那就必须要承认；第二，拶刑绝不比钉竹签子舒服——谁若不信，可以试试。第三，除拶刑外，江竹筠还受过老虎凳、鸭儿浮水等酷刑。（罗广斌《我们的丹娘江竹筠》）第四，承认事实，绝不会影响江竹筠烈士英勇不屈的形象。

一位影视评论家说过一段很有意思的话：看过电影《列宁在1918》后，再去看列宁墓，真有一种“电影里的列宁是真的，躺在水晶棺里的列宁是假的”的感觉。因为电影里的列宁形象太伟大了，而真实的列宁则个子不高，说的话又是很土的方言。这段话真实地反映出人们常有的一种认识误区和情感误区：按照自己的喜好和需要，修改事实。如果事实与自己的喜好和需要不合，便觉得不舒服，便觉得失落，便不愿谈及，甚至不愿意承认事实。这种认识误区和情感误区无疑是不可取的，因为它违反了实事求是的原则。

我们应当树立一种观念：无论自己的看法和喜好如何，也无论有什么样的需要，首先必须要实事求是，实事求是是铁的原则。

周恩来在谈到研究历史问题时说过一句精辟的话："先求实，再求是。"求实，即寻求历史真相；求是，指总结历史现象中规律性的东西。这里，实际说了两个实事求是，一个是寻求和承认历史真相，一个是根据历史真相寻求历史规律。可以说，前者是后者的基础，后者是前者的升华。比如，欲研究鲁迅"横眉冷对千夫指，俯首甘为孺子牛"这一名句所表现的思想，倘若连名句本身的意思都弄不准，还谈得上准确理解鲁迅的思想吗？

四、修改史料，致误读历史

明朝人刊刻古书时，喜欢按自己的意思校改，有时改得不对，把书的原样儿也弄没了，人谓之"妄改"。清代考据家评曰，"明人好刻古书而古书亡"。清人纂修《四库全书》时也常删改原文，特别是一见到有伤大清面子的"胡""虏""狄"之类所谓违碍字样时，更是大笔如刀，斩之后快。所以，鲁迅说“清人纂修《四库全书》而古书亡”。古书亡，古史也就不真了，误读历史便成必然。

现代有些人也有这种“妄改”之病，之癖，或是删改文献，或是裁剪历史照片，致使许多史料失去原貌。例如，1933年杨杏佛在宋庆龄宅为宋庆龄、鲁迅、史沫特莱、萧伯纳、蔡元培、伊罗生、林语堂等所摄“七人照”，长期被裁剪为“五人照”，剪掉了伊罗生、林语堂，令世人懵然不晓原貌数十年。又如，因傅作义先生是起义将领，便有编辑在公布历史档案时将原文“傅匪”改为“傅作义”。其实，国共打仗互以“匪”称，乃历史事实，尽人皆知，若去掉“匪”字，便不是历史，又怎能叫作“起义将领”？以上两例妄改，皆出于所谓“政治考虑”，然实为下策也。须知只有信史，才能取信于世人，也才能从根本上在政治上站稳脚。

马克思、恩格斯是怎样对待历史文献的？《共产党宣言》发表后，马恩又有了不少新思想，也发现了《宣言》的一些错误，但他们并没有修改《宣言》的原文，他们说：“《宣言》是一个历史文件，我们已没有权利来加以修改。”怎么办呢？原准备《宣言》再版时加个导言来说明，但由于种种原因，导言没写成，他们便在陆续写的多篇序言和一些注释中，把新思想表达了出来，把错误做了修正。彭真同志在解释马恩为什么不修改《宣言》原文时说："因为《宣言》是历史文件，不能改，只能通过写序来做补充。"这是在向人们介绍马恩的想法和做法，提倡向马恩学习。

我党中，陈云同志堪称正确处理史料存真问题的楷范。1978年中央工作会议上，由于彭德怀尚未平反，康生问题还未揭露，故陈云发言时未称彭德怀为"同志"，而仍称康生为"同志"。几年后，这篇发言要收入一本书，秘书请示可否在彭德怀后面加上"同志"，去掉康生后面的"同志"。陈云回答，前一个"同志"不能加，后一个"同志"不能减，因为当时只能讲到那个程度。直到收入《陈云文选》时，他才勉强同意在彭德怀后面加了"同志"。如此"不加"，"不减"，表明了陈云对待历史文献的唯实态度。此态度应为一切刊布文献者，特别是修史者所效法。

五、"敢于如实描写，并无讳饰"

彻底的唯物主义者都是主张写史必须要真实的。1965年，周恩来有一次谈到写胡宗南这个人物，说他一生中反共是主要方面，但进黄埔军校前"蛮有点正义感"，后又"抗击过日本侵略军"，"兵败大西南，也抗过蒋介石"。周恩来由此又说道：要写好这些人物，就要按鲁迅先生总结《红楼梦》的经验办，"敢于如实描写，并无讳饰”。[1]鲁迅讲的是至理，周恩来援引之，也是周对如何写历史、写人物的看法。唯有用“无讳饰”之法写历史，才能避免歪曲历史，才能把历史写成真正的信史。

① 经盛鸿：《败退台湾后的胡宗南》，2010年第7期《百年潮》。

司马迁若是记者

司马迁是个旧闻记者，史学家，没赶上传媒时代，但我敢说，他若是真当了记者，绝对会是个好记者。这从他的《史记》里可以看出来，不是瞎猜。谓予不信，试证之。

他写史，极重调查访问，绝不光从“金匮石室”里找死资料，也不像郑樵说的只是“局蹐于七八种书”，而是常像现代记者那样，上路行脚，采访人物，访查古迹，搜集散逸的传说逸闻。他虽是史家，记的是旧闻，但一些写作风格和收集材料的方法，却与后世的新闻记者相仿佛。

他写的史传人物，有的当时还健在，他就直接面访他们。《游侠列传》里的郭解，司马迁访问过他，印象是：“吾视郭解，状貌不及中人，言语不足采者。”这让我们知晓，这位名震江湖的大侠，原来是位外貌既不帅，也不善言谈的人物。但这是史上的真大侠，不是金庸杜撰的那种。

李广将军，司马迁写他的传记时他也还活着。《李将军列传》记访问李广的印象是：“余睹李将军，悛悛如鄙人，口不能道辞。”若不是司马迁的亲访，我们怎会想到令匈奴胆寒的“汉之飞将军”，看去竟像个村野之人。司马迁的这些人物访问记录，颇像新闻体裁的“人物印象记”。

他为写《孔子世家》，又像记者一样亲身“适鲁，观仲尼庙堂、车服、礼器”，亲见“诸生以时习礼其家”——亲眼看到了学生们按时到孔子旧宅演习礼仪。为了写《樊郦滕灌列传》，他又“适丰沛，问其遗老，观故萧、曹、樊哙、滕公之家”。

他的这些调查，虽可以用“新史学”名词叫作“田野调查”，但从新闻学的角度看，无疑也就是采访。虽然他听到的都是旧闻，但所亲见的文物、故宅，特别是学生演习礼仪的情形，则既是历史的延续，也是现实的状况，具有现实新闻的元素。

一个好记者，不仅要会采访，也要会写编者按、编后记一类文字。司马迁可说是写这类文字的先师。“太史公曰”是《史记》传记末尾的议论文字，对于正文，它既像是补充，又像是引申，言近旨远，见解精辟，与后世的编者按、编后记颇近似，可谓编者按的老祖宗。

比如《孔子世家》的“太史公曰”，实际是对所述孔子生平加的按语，其中对孔子的赞语，译成今天的话是：“天下的君王、贤人多得很，活着的时候显贵荣耀，一死便什么也没了。但孔子不同，他的学说长久不衰，真是至圣啊！”这是对孔子文化地位的精辟评论。“虽不能至，然心向往之”这句名言，也出自这段“太史公曰”。可以推想，能写出“太史公曰”这种精辟按语的司马迁，若是当了记者，他的编者按一定会写得漂亮之极。

新闻记者天然求新，媒体要靠创新求生存。司马迁是个创新意识极强的人，“纪传体史书”就是他的伟大创造。他要是当记者，报纸必会日日新，又日新。

史学名家季镇淮先生在《司马迁》一书里，大赞《史记》有“人民性”，赞得很对。侠客、巫卜、医者、商贩、俳优，这些向来为庙堂及流俗所轻贱者，司马迁却硬往史书里写，且赞之有加。想必他要是当了记者，一定是会用高度自觉的态度“走基层”的。

司马迁“肠一日而九回”小析

司马迁遭受宫刑后，痛苦到极点，他在《报任少卿书》里，说自己是“肠一日而九回，居则忽忽若有所亡，出则不知其所往。每念斯耻，汗未尝不发背沾衣也”。两千年后，我们读到这段文字，仿佛依然能看到司马迁那愁肠百结的痛苦模样。

司马迁何以痛苦得“肠一日而九回”？有人说，这问题问得多余，谁不知道司马迁是因受了宫刑而痛苦呢？不错，司马迁确是因受了宫刑而痛苦，但若仅这样简单解释，未免笼统和皮相。司马迁痛苦的原因，是需要具体分析一下的。

宫刑，也叫腐刑，对男子是割去生殖器，对女子是实施幽闭（以木槌击打腹部等手段，破坏生殖器官）。司马迁遭受宫刑，首先是躯体的巨大痛苦，一是受刑时以白刃生割，那剧痛可想而知；二是受刑后怕风畏寒，须在“蚕室”（生火的地窖）里长时间养伤；三是伤口腐臭难闻。这些躯体上的痛苦，已经够司马迁受的了，但真正让司马迁“肠一日而九回”的，还不是这些。

那么是什么呢？是精神上的痛苦！请看司马迁自己的倾诉：

> 故祸莫憯于欲利，悲莫痛于伤心，行莫丑于辱先，诟莫大于宫刑。
>
> 太上不辱先，其次不辱身，其次不辱理色，其次不辱辞令，其次诎体受辱，其次易服受辱，其次关木索、被棰楚受辱，其次剔毛发、婴金铁受辱，其次毁肌肤、断肢体受辱，最下腐刑极矣！（《报任少卿书》）

他所说的“诟莫大于宫刑”，“最下腐刑，极矣”，所强调的都是精神上的痛苦，而这种精神痛苦，主要是巨大的耻辱感。“诟”者，耻辱也。他感到，“诟”再大，也大不过受宫刑。他比较了给人带来耻辱的各种情形，结论是：宫刑是受辱的极致。他之所以“汗未尝不发背沾衣”，便是因为这宫刑给他带来的耻辱太大了！“每念斯耻”之耻，即遭受宫刑的奇耻。

宫刑何以能给人带来巨大的耻辱感？或曰，此问多余，生殖器没了还不耻辱？这话正确，但若做点具体分析，认识会更加深化。

先看宫刑的缘起。《尚书》记有五刑，宫刑居其一。《尚书》“传”云：“宫，淫刑也，男子割势，妇人幽闭，次死之刑。”为何叫“淫刑”？伏生《书传》

云：“男女不以义交者，其刑宫。”不以义交，即非婚性交，即所谓“淫”。可知宫刑的缘起，是专为惩办淫乱者的。“淫”在古时是大恶、大耻，施以宫刑不仅可以折磨犯人的肉体，还能煎熬其心灵，给犯人带来巨大的羞辱感。宫刑的级别很高，仅次于死刑，即所谓“次死之刑”。

但司马迁遭此淫刑，并非是因为他“淫”，而只是因他发表了点让汉武帝不快的议论。“口舌之罪”便遭此带“淫”字的毒刑，能不让司马迁感到奇耻大辱吗？此其一。

其二，宫刑用的是骟马阉猪式的方法，是用整治牲口的办法整治人。明人徐树丕《识小录》云：“传谓：‘男子割势，妇人幽闭。’皆不知幽闭之义。今得知，乃是于牝剔去其筋，如制马豕之类，使欲心消灭。”这段话，虽然考查的是女子幽闭，但男子割势与之原理一样，都是为“使欲心消灭”，所以用的都是骟马阉猪的法子。看看宫刑的操作过程，除了下蚕室，与骟马阉猪有何区别？如此之刑，人道丧尽，实可谓“兽刑”也。司马迁遭此“兽刑”，能不感到奇耻大辱吗？

其三，人受宫刑便不能生育，便要绝嗣。这在企望多子多孙的古代社会，是很耻辱的事。宫刑又称“腐刑”，注释家云：“腐，宫刑也。丈夫割势，不能复生子，如腐木不生实。”（清沈家本《历代刑法考·刑法分考六》）树朽不长果实，去势不能生育。原来，“腐刑”之“腐”是本于生殖观念的，含有断子绝孙之意。遭受如此“不能复生子”之刑，司马迁能不感到奇耻大辱吗？

其四，受宫刑意味着跟宦官相似。宦官，是一群既有身体缺陷、又有人格缺陷的人，历来为世人所轻贱，以至视为丑类。司马迁在《报任少卿书》里说，自古宦官被人鄙视，孔子曾因卫灵公与宦官同坐一辆车子而深感羞耻。而司马迁自己却被去势，有了与宦官一样的体征，这能不使他感到奇耻大辱吗？

遭受宫刑，司马迁的躯体是何其痛楚，心境是何等悲怆，他怎能不“肠一日而九回”呢？

燕赵之民的厚德

北京人的厚德，源远流长。向称“燕赵多慷慨悲歌之士”，这一地域民性，与古燕赵之民素来的厚德品性大有关系。

古书谓，燕地“民尚气节”，“人性多敦厚”，燕民“耐劳苦”。杜牧称赞幽并之人“沉鸷”、“重许可”。苏东坡赞云：“劲勇而沈静，燕之俗也。”综合来说，就是燕赵人民重气节、讲信义、质朴厚道、勤劳勇敢。鲁迅长年生活在北京，喜爱燕京风土，夸赞“北人的优点是厚重”。

古书还记载，幽燕之民“轻死急人”，“其相赴生死亦出于仁义”，“闾巷佣贩之夫，亦莫不坚悍不屈，硁然以急人为务”，“敢于急人，燕丹遗风也”。可知在幽燕古民风中，见义勇为，助人为乐，以至自我牺牲，乃是习见的风尚。

上述这些古民风，这些厚德，正是孕育“燕赵多慷慨悲歌之士”的丰厚土壤。

“燕赵多慷慨悲歌之士”这句话，在大文豪韩愈笔下，作“燕赵古称多感慨悲歌之士”，见于他的名文《送董邵南序》，此文收入《古文观止》。“感慨”一词，在此句中不做感叹解，而是情感愤激之意，大体与“慷慨”同义。韩愈这句话，表现出他对燕赵慷慨悲歌之士的钦敬，实际上也反映出他对燕赵之民厚德品行的好感。

八娼九儒十丐

几十年前，曾流传一首《咏“臭老九”》诗，传为梁漱溟先生作，诗云：

> 九儒十丐古已有，而今又名臭老九。
> 古之老九犹叫人，今之老九不如狗。
> 专政全凭知识无，反动皆因文化有。
> 假如马列生今世，也要揪出满街走。

诗风诙谐而心绪悲愤，像是一幅知识分子受难的图画，又是一篇讨伐“四人帮”的檄文。

诗的第一句是“九儒十丐古已有”，将“九儒”视为“臭老九”的古代版，这是很有道理的。下面就谈谈这个“九儒十丐”。

“九儒十丐”四个字，源出宋元之际两位杰出的爱国人物郑思肖、谢枋得的两篇文字。郑、谢二人都是决不肯屈服于异族统治的南宋遗民，谢枋得还是有名的民族英雄。

郑思肖在《铁函心史·大义略叙》中记道："韃法：一官、二吏、三僧、四道、五医、六工、七猎、八民、九儒、十丐，各有所统辖。"所谓"韃"，指蒙元统治者，"韃法"，即蒙元统治者制定的等级制度。在"韃法"中，官与吏是最高等级，是治人者；最低等的是乞丐，他们最困穷，最卑微；而儒者即读书人则被排在了第九位，仅仅高于乞丐一档——可怜的元代读书人，真可谓地道的"臭老九"。

清代史学家赵翼曾专门考证过"九儒十丐"之说，他在《陔余丛考》卷四十二中，不但列举了《铁函心史》中的记载，还提到了谢枋得在《送方伯载序》里的另一种说法，即："今世俗人有十等：一官、二吏，先之者，贵之也；七匠、八娼、九儒、十丐，后之者，贱之也。"在谢枋得所记的这个排序中，没有提到第三、四、五、六这几个等级，其中第七、八等级也不是郑思肖所说的七猎八民，而是七匠八娼。在这个排序中，儒者仍居第九，但却排在了娼妓之下。娼妓，乃是历代百业诸行中名声极差者，而儒者竟在其下，可见元代读书人的地位之卑下，名声之不堪，的确是名副其实的"臭老九"。谢枋得看得很明白，在这个排序中，排在前面的，就是尊贵的等级，排在后边的，就是卑贱的等级，"八娼九儒十丐"，儒者无疑是贱之又贱的。

关于谢枋得在《送方伯载序》里的说法，民国史学家陈登原在《国史旧闻》“九儒十丐”条里，还记了另外一种版本，文云：“谢枋得《送方伯载归三山序》：‘滑稽之雄，以儒为戏者曰：我大元制典，人有十等，一官二吏，先之者，贵之也。贵之者，谓其有益于国也。七匠八娼，九儒十丐，后之者，贱之也。贱之者，谓无益于国也。嗟乎卑哉！介乎娼之下，丐之上者，今之儒也。’”

将陈登原与赵翼各自援引的谢文对比来看，陈登原所引的应当是比较全的。揆度陈登原所引的谢序，因序中有个“戏”字，似乎“十等”之说是“滑稽之雄”（曲艺家之类）的戏言，但从内容上看，又似乎很庄重严肃，不像是戏言，我以为，这番看似戏言的话，实则是包含着一段沉痛史实的沉痛之言。

郑思肖大体上是相信这个等级排序是出自元朝官方之手的，所以他称之曰“鞑法”。赵翼则与谢枋得的看法相近，认为这个排序只是“民间各就所见而次（排列）之，原非制为令甲也”（《陔余丛考》卷四十二），即认为这只是流传于民间的排序，而并不是元朝官方制定的法令。但实际上，不论是官方的“鞑法”，或是“滑稽之雄”的戏言，还是民间依所见而排的序，总之，这个人分十等的排序，反映的大体是实情，是元朝等级社会的真相，是蒙元统治者实行的歧视知识分子政策的结果。这一点，应该是没有疑问的。

陈登原所引的文字，还提供了蒙元统治者设定贵贱等级的标准，或曰动因，即：设定谁在哪一等级，要看其是否对国家有利，亦即是否对蒙古贵族的统治有利。在元朝统治者的眼里，只有官吏才有益于国，读书人是没啥用处的。对此，谢枋得心中充满了不平，因而发出“嗟乎卑哉”的慨叹。

由于郑思肖和谢枋得对于元代的等级有两种记载，所以，后世在说到元代读书人的卑贱地位时，有时依从郑说，谓之“九儒十丐”，有时从谢说而来，谓之“八娼九儒”。我觉得，如果综合这两种说法，谓之“八娼九儒十丐”，大概更能反映元代读书人的实况，更能让我们清楚地看出元代读书人所处的卑贱地位——比娼妓还要低，而仅仅高于乞丐。

笼统地说，“八娼九儒十丐”是发生在元朝的事，但若细究起来，主要还是发生在元代初年。那时，蒙古孛儿只斤氏刚取得天下，马上得之，又想马上治之，对读书人是很蔑视的，尤其是不信任文化程度较高的汉族士人，特别是南方的汉族士人，认为他们“无益于国”，既没有用处，还爱捣乱，所以便将他们划为另类、异类，弃之于娼丐之间。后来，随着时间的推移，江山渐稳，蒙元统治者也知道了儒者自有其用，于是便渐渐改善了读书人的境况。

关于这个转变，史学家陈垣先生曾经从西域人华化的角度有过论述，他说：“元初不重儒术，故南宋人有九儒十丐之谣，然其后能知尊孔子，用儒生，卒以文致太平，西域诸儒，实与有力。”（《元西域人华化考》）蒙元统治者从“西域诸儒”那里，知道了孔子的教化对于自己统治的重要，知道了要想天下太平，光靠铁骑马刀是不行的，还要懂得文治，所以必须用儒生。查陈垣所说的“西域诸儒”，大抵指的是翰林学士高智耀、畏吾儿人廉希宪等一些来自西域的读书人。这些读书人曾反复向蒙元帝王陈说“以儒治天下”的道理，陈说“用之则治，不用则否”的道理，所讲的理论，大概类似赵普向宋朝皇帝进献的国策“半部《论语》治天下”。陈说的结果，终于使元帝点头称“善”。这样，元初儒者所处的娼后丐前的地位，才逐渐有所改变。

多亏郑思肖、谢枋得、赵翼、陈登原在著作中留下了“八娼九儒十丐”的资料，使我们得以了解到八九百年前元初读书人所经历的那一段痛史。前些年，我到江苏常州旅行，专门寻访了赵翼故居，在几间古旧残破的老屋里，见到了赵翼的后人，这是几位满面沧桑、老态可掬的读书人。我蓦然想到，这几位赵翼后人必定是经历了十年浩劫的，也必定曾被划入“臭老九”的行列。因之，我颇生感慨：这几位读书人的老祖宗赵翼先生，虽能知道元朝有过九儒十丐，却怎能料想到后世子孙也会遭遇类似元朝读书人的命运呢？

清代，读书人的地位总体来说还是不低的。康雍乾这几位人主除了用文字狱来对付那些他们认为不听话的士人外，对于当顺毛驴的大多数士人，还是用其所长，给予出路的，爱新觉罗氏要比蒙元帝王多懂得一些爱惜儒者的道理，于是，清朝的读书人便没有混到“九儒十丐”那步田地。

但在清朝许多人的脑子里，元代“九儒十丐”的说法，乃至观念，并未完全消失，仍时时显露出来，“寻常看不见，偶尔露峥嵘”，尽管有时可能是作为典故来用的。例如，清代咸同年间有个叫黄钧宰的诗文家，就说过这样一句话：“若伶官沙的等授平章”，“宜乎九儒仅居十丐上也”。意思是，如果名叫“沙的”的戏子当了平章（部长级干部），成了儒者，那么位置也仅在乞丐之上。这是在用“九儒十丐”骂人。由此可见，即使到了清朝，“九儒十丐”之说仍深深印在人们的脑子里。

国民党统治时代，“九儒十丐”的排序自然是不存在了，但知识分子并未完全脱掉与“老九”的瓜葛。曾读到一本文史资料，才知道除了元朝的“九儒十丐”和“文革”时的“臭老九”这两个“老九”以外，国民党时期还曾有过第三个“老九”。

抗战时期，国统区大多数知识分子的生活水平极差，薪水甚少，时人谓之“薪水低于舆台”。舆台，本是古代奴隶的名目，后泛指壮工一类人。舆台的薪水能有几何？低于舆台，那就是低之又低，恐怕连维持温饱也不容易了。薪水低，社会地位肯定也不高，特别是大中学生小知识分子的地位就更卑下，于是有人将这些读书人的位置排在了国军士兵之下，称国军士兵为“丘八”，大中学生小知识分子为“丘九”。（《北京文史资料》第六十四辑，贺祥麟《西南联大教授礼赞》）这种排序，可谓之“八兵九儒”。当然，这比起“八娼九儒”来，还是显示了三民主义的优越性。

当时，史学家陈寅恪对这种民生凋敝、儒者困穷的状况，表示过深深的忧虑和不满，写诗道：“九儒列等真邻丐，五斗支粮更殒躯。世变早知原尔尔，国危安用较区区。”陈先生由眼前为了五斗米而劳神殒躯的苦况，联想到古代九儒十丐的故实，发出了今日如同往昔的悲叹。抗战胜利以后，马上“五子登科”，“教授教授，越教越瘦”，大多数读书人的悲苦命运，不但没有因胜利得到改善，反而沿着九儒、丘九的境况一路滑下去。

日寇侵华期间，在统治中国知识分子的政策上，有一点与蒙元贵族是相同的，就是加意对知识分子实行“抑之”的政策。而在具体方式上，又要比蒙元贵族刻毒、严厉得多。在日寇眼里，中国的知识分子是民族意识尤为强烈的一群人，从骨子里不爱当顺民，所以必须实施最烈性的压制和迫害，直至加以屠戮。

老舍先生在短篇小说《恋》里，对这种状况做过纪实性描写。小说中，收藏家杨可昌与另一个也爱好收藏的知识分子庄亦雅有段对话，写道：

> 敌人已越过德州，可是“保境安民”的谣言又给庄亦雅一点希望。……杨可昌来看了他一次，劝他卖出那张石谿(古画——笔者注)，作为路费，及早的逃走。“你不能和我比”，他劝告庄先生，“我是纯粹的收藏家，东洋人晓得。你，你作过公务人员和教员，知识分子，东洋人来到，非杀你的头不可！”“杀头？”庄亦雅愣了一会儿。“杀头就杀头，我不能放手我的石谿！”（《老舍文集》第九卷《贫血集》）

杨可昌的话，说的是实情，对于中国的知识分子，日寇确实是加意防范的，对于不顺从的知识分子，日寇的政策就是迫害，杀头。

也许有人会质疑，老舍写的那是小说，实情没那么严重吧？那么好，再举作家孙犁和著名学者王元化二位先生的真实经历为证。

孙犁说：“抗日战争时期，日本人一到村庄，对于学生，特别注意。凡是留有学生头，穿西式裤的人，见到就杀。于是保留了学生形象的照片，也就成了危险品。我参加了抗日，保存在家里的照片，我的妻，就都放进火膛里把它烧了。”这段话，出自孙犁的纪实性散文《新年悬旧照》。这可不是小说，绝不会是虚构，而是孙犁所亲历和亲见的。

王元化也曾有过与孙犁一样的见闻和经历。《书屋》2006年第9期刊登的一篇文章《王元化谈鲁迅》写道："一九三七年卢沟桥事变。驻城国军要撤走了，北平一片混乱，到处是准备逃难的人群，元化先生全家也夹杂在其中。听说日军要抓知识分子，书籍和钢笔只得扔下，可是他实在不舍得那一幅自己画的鲁迅像和两册《海上述林》，就瞒着家人塞进箱里……"王元化没有被日兵搜出这些东西，算是捡了一条命。

日军要抓知识分子，这一点，在老舍的小说中，在孙犁和王元化的亲身经历中，完全是一样的，为了躲避日军抓捕而毁掉当知识分子的证据，孙犁和王元化的经历也完全是一样的。这些材料，都确凿地证明了日寇对于中国的知识分子特别加以防范和迫害这一史实。

披览古书，知道了在中国历史上，曾有过多个读书人受到贬抑、压迫的时期，也知道了知识分子至少有三次成为"老九"，而且都是臭的"老九"。端的是耐人寻味。俱往矣，当今中国的知识分子，已经挺起了腰杆，扬眉吐气，备受国家和社会的尊重，再也不会遭遇"臭老九"的厄运了。

写于纪念改革开放30周年之际

“奴才”与“臣”之尊卑考

明清时，奴仆常被称为“奴才”。清代文人梁章钜在《称谓录》一书中，对“奴才”又有别解，释为“奴仆之所能”，即奴仆的能耐。“奴才”一词，本是古代北方胡人的一句骂人话，意为无用之人，只配为奴，故又写作“驽才”。中原本无此语，“五胡乱华”时，此胡语随之传入。今人骂某某人奴气重、是走狗，常称之为“奴才”，盖古代胡语及明清语之孑遗。

“奴才”一词，虽为奴仆之称，深含鄙意，却在清朝典章制度上，有着一个特殊的位置。清朝有个规定，大臣给皇帝上奏章，如果是满臣，便要自称“奴才”，如果是汉臣，则要自称“臣”；如果是满汉大臣联名上奏，则满臣与汉臣必须一同称“臣”，而不能一同称“奴才”。这也就是说，满臣上奏时要视情而定，或称“奴才”，或称“臣”，而汉臣则只能称“臣”，不能称“奴才”。史学家陈垣先生曾概括这种情况说：“满人称奴才，有时可以称臣；汉人称臣，无时可以称奴才。”

如果汉臣自称为“奴才”，就算是“冒称”。满汉大臣联名上奏时必须一同称"臣"的规定，就是为了防止汉臣冒称"奴才"做出的。这个防"冒称"的规定，起于乾隆时的一个事件。乾隆三十八年，满臣天保和汉臣马人龙，共同上了一道关于科场舞弊案的奏折，因为天保的名字在前，便一起称为"奴才天保、马人龙"。乾隆皇帝看到奏折后，大为恼火，斥责马人龙是冒称"奴才"。于是，乾隆做出规定，"凡内外满汉诸臣会奏公事，均一体称'臣'"。这个规定，目的就是不让汉臣称"奴才"，为此目的，宁肯让满臣低就汉臣也称"臣"。

清朝皇帝何以要在奏章一事上做出这些规定呢？本来，满族统治者一向是严求汉族人与自己保持一致的，他们强迫汉人剃发梳辫，改易衣冠，搞得血雨腥风，都是为了让汉人归化于自己，臣服自己，但偏偏不肯让汉人也与自己一样自称"奴才"，这是为什么呢？

鲁迅先生写过一篇杂文《隔膜》，里面有一段话，实际上回答了这个问题。他说："满洲人自己，就严分着主奴，大臣奏事，必称'奴才'，而汉人却称'臣'就好。这并非因为是'炎黄之胄'，特地优待，锡以嘉名的，其实是所以别于满人的'奴才'，其地位还下于'奴才'数等。"这段话里，实际谈到了满臣称"奴才"与汉臣称"臣"的原因，即：一是因满洲人一向"严分着主奴"，二是为了区分满臣与汉臣的不同地位，显示满臣高于汉臣。

满洲人入关前，大体处于奴隶制向封建制过渡的时期，虽然后来占据了中原，但奴隶制的胎记并未完全退去，“严分着主奴”，就是一个明显的表现。下面举个例子，可以清楚地看出，即使到了晚清，满洲人内部仍保持着颇浓厚的奴隶制习气。坐观老人《清代野记》记云：“每有旗主，贫无聊赖，执贱役以糊口，或为御者，或为丧车杠夫，或为掮肩者（京师市上有一种人，专以肩背为人家搬运杂物，谓之掮肩）。若途遇其奴，高车驷马，翎顶辉煌者，必喝其名，使下车代其役，奴则再三请安，解腰缠以贿之，求免焉。故旗奴之富贵者，甚畏见其贫主也。”这就叫“严分着主奴”。旗主和旗奴的名分，是早已确定了的，虽然到了晚清有些旗主没落了，贫困了，但遇到自己先前的奴才，仍可以趾高气扬，一如往昔。那些尽管已经发达了的旗奴，一见到往昔的旗主，则仍须毕恭毕敬，现出奴才本相。

正是由于满洲人入关后仍保持着“严分着主奴”的惯习，反映到典章制度上，便是满臣奏事时要自称“奴才”。这满臣自称“奴才”，不仅表示自己是皇帝的臣子，更表示自己是皇帝的家奴，而汉臣则没有满洲人传统的主奴关系，所以也就只有臣子的身份，也就不能自称“奴才”。正是因为这个原因，马人龙奏事时自称了“奴才”，便被认为是冒称。

“奴才”与“臣”这两个称谓，谁尊谁卑，以今人眼光看，无疑是“奴才”低于“臣”。但这种判断实与清朝的实际情况相差甚远。“奴才”一称，从表面看，似不如“臣”字体面、尊严，实则不然。“奴才”，实际要比“臣”金贵得多。“奴才”，实际是一种满洲人主奴之间的“自家称呼”，非“自家人”的汉人是没有资格这样称呼的——正如赵太爷骂阿Q：你也配！汉臣称“臣”，并不是皇帝为了照顾汉臣的面子，“特地优待，锡以嘉名”，而是为了与“奴才”一称相区别，以显示汉臣的地位低于满臣。俗谚云，“打是疼，骂是爱”，清朝皇帝让满臣自称“奴才”，实际是“骂中之爱”，反之，不让汉人称“奴才”，则是因为缺少这份“爱”。

在实行奏章称谓制度的过程中，也出现过特殊的情况，也有汉臣虽然称了“臣”，却遭到皇帝申斥的时候。乾隆三十五年，满臣西宁、达翎阿与汉臣周元理，联名上奏“搜捕蝗孽”一折，二满臣皆自称“奴才”，周元理自称“臣”，按理说，这是符合规定的，但乾隆皇帝却怀疑周元理称“臣”是“不屑随西宁同称，有意立异”，是不服当奴才。实际上，周元理哪敢作如此想？他巴不得能自称“奴才”呢，只是限于规定，只好老老实实地称“臣”。但没想到却受到乾隆的猜疑。乾隆在这件事上，大约是玩弄了韩非子所说的“恃术不恃信”的诡道。规矩本来是他自己定的，但他却出尔反尔，责备臣下，完全不讲信用。这种“恃术不恃信”的诡道，乃是中国历代皇帝驾驭臣下的一个宝诀，对于这一宝诀的运用，乾隆皇帝显然是颇为娴熟的。

鲁迅先生一生憎恶奴气，屡屡说到中国人的奴性重。他又常说，中国人做了满洲皇帝二百多年的奴隶。他的这些话，使我不由得产生了一个联想：中国人的奴性之养成，固然与封建专制制度有关，但是否与清朝皇帝特别喜欢奴才有关系呢？诚然，历代封建皇帝都喜欢奴才，但清朝皇帝大概是由于满人社会的奴隶制基因，尤其喜欢奴才。清朝奏章上的“奴才”的特殊地位，就是清朝皇帝特别喜欢奴才的一个证明。

也说曾国藩的可怕

诗人流沙河说，曾国藩既可恶又可怕。他写了一篇随笔《可怕可恶的曾国藩》评说之。说曾国藩可恶，不是新论，罗尔纲先生早就给曾国藩定过性，说他是“一个大刽子手、一个大汉奸、一个大恶魔”。这是十几年前说的，不知后来改变了看法没有。流沙河说不过罗尔纲。流沙河的卓见，在他发现了曾国藩的可怕。说曾国藩可怕，是很地道的断语，是不刊之论。流沙河举了不少例子，如“曾国藩把得失荣辱看淡了，打起仗来心不纷，特别可怕”，等等。曾国藩确是可怕，可怕的地方还不少。我也想举出些事例来，为曾国藩的可怕补证一番。

曾国藩有个绰号，叫“曾剃头”，言其杀人如麻。清人姚永朴说，这个绰号源于曾氏无情地诛杀违令者：“公出办军务，有梗令者，诛之不贷，时称为曾剃头。”（姚永朴《旧闻随笔》）一般则认为是因为曾国藩杀太平军和老百姓太多，故民间赠此绰号。这些说法都成立。曾国藩曾这样说过：“既已带兵，自以杀贼为志，何必以多杀为悔。”（《曾文正公家书》卷七《与沅季两弟书》）这是他的杀人宣言。难怪他杀人不手软，不眨眼，宛如剃头。这样的“剃头匠”可怕不可怕？真是可怕。

但我觉得还有比这更可怕的。那就是曾国藩治军、处事的一些招数和观念。

“大处着眼，小处下手”，就是很可怕的一招。曾国藩对此有一句总结性的话：“军中阅历有年，益知天下事当于大处着眼，小处下手。”（《曾文正公书札》卷九《致吴竹如》）不只是治军，举凡天下事他认为都该如此。大处着眼，主要指眼中有大的目标；小处下手，按他自己的解释，就是“屏去一切高深神奇之说，专就粗浅纤悉处致力。”（同上）这一“大”一“小”，最要紧的，实际是“小处下手”。

曾国藩怎样从小处下手呢？略举二三例。他制定的湘军营规规定，营中必须有三勤，勤点名、勤操练、勤站墙子（防守营墙）；其用意是，勤点名则士兵不能私出游荡，勤操练则士兵体魄强健、技艺娴熟，勤站墙子则日日如临大敌，战时方能镇定。有了这三勤，士兵便人人不懒散，精力旺盛，斗志常存。营规还规定，士兵每逢朔望日必须向长官请安。表面看，请安只是行一普通礼节，实质上则是为了养成士兵“尊上敬长，辨等明威”的心理，以便战时服从号令，为曾国藩、为朝廷效死。罗尔纲认为，请安的效果比清廷颁布的军律作用还大。对营中幕客，曾国藩则以不睡懒觉、不撒谎两件事严绳他们。曾国藩认为，能做到不睡懒觉、不撒谎，便是做到了“诚敬”，能“诚敬”，就能负巨艰，当大难。

曾国藩的这些治军办法，都是在粗浅细微处下功夫，极合于老子所谓“天下大事，必作于细”之旨。靠了这小处下的功夫，曾国藩把湘军练得结结实实的，比起绿营来自然是远胜，对付英勇的太平军也是旗鼓相当而略胜一筹，要不怎么打进天京了呢。你说这“小处下手”厉害不厉害，你说曾国藩可怕不可怕。曾国藩杀人如剃头固然可怕，但他能把士兵都培养成勇猛的“剃刀”就更可怕，而能把士兵培养成杀人工具的那种方法就尤其可怕。

曾国藩躬亲实务的作风也很可怕。营规规定要三勤，他便亲自去点名、看操、站墙子，给下属作表率。初练湘军时，每逢三、八操演，他都亲自训话，一讲就是两三个钟头。许多营规都是他亲自起草的，什么“禁嫖赌，戒游惰，慎言语”之类，都是经他反复琢磨，写成文字的。他还亲自起草了通俗的《水师得胜歌》《陆军得胜歌》《爱民歌》，令士兵诵唱。有时打仗他还亲自执刀督战。曾国藩作为一军统帅，如此躬亲实务，必会对湘军起到激励、督催作用，增强其战斗力。一个堂堂统帅，不沉溺于那种空泛不实的“宏观指导”，而是具体入微地指导和操办普通军务，结果使一支军队成了自己得心应手的工具，你说他厉害不厉害，可怕不可怕。

曾国藩不爱说大话，不喜好虚名，更是可怕。他有格言云："不说大话，不好虚名，不行架空之事，不谈过高之理。"（毛泽东《讲堂录》）又云："多条理，少大言。"他对说大话的人极反感，曾在一封信里说："不特降人好说大话，即投效之将官亦多好说硬话，余实厌听久矣。"（《曾国藩与弟书》同治元年二月初二日《致季弟》）他的"小处下手"的方针，躬亲实务的作风，可以说都是他的"不行架空之事，不谈过高之理"的求实精神的表现。他成天求实，务实，干实事，结果洪秀全便倒霉了。我要是洪秀全，就深恨他不夸夸其谈，不说大话，就惋惜他是个求实的家伙。他一求实，洪秀全就呜呼哀哉，你说他可怕不可怕。

曾国藩平生最恨巧滑、偷惰、钻营、逢迎、敷衍、颟顸等官气、衙门气，这也是很可怕的。他自称"服官二十年，不敢稍染官宦气习"，他深恨绿营官气深重，便在湘军中反对官气。他带头摒除官衙排场，力禁部下迎送的虚文，他强调识拔人才要看其是否"有操守而无官气"，他在家书中，不知说了多少告诫家人不要沾染官气的话。曾国藩这样痛恨官气，湘军便严整起来，厉害起来。对于太平天国来说，曾国藩恨官气，委实大不吉祥，大大的可怕。

曾国藩之可怕处，或言可敬，或言可取。可敬我不想说，因为一想到他放肆地剃人头就心生反感。说他的所言所行有可取处，倒可以接受。试看"大处着眼，小处下手”，确实是高明。治国、治军、治学、治家，百事万事，要想做好，哪个离得开这个高明办法？不说大话，不好虚名，摒除官气，就像是说给我们听的。有位看官说，“曾国藩把他的长处都用在反动勾当上了”。这我心里有数。我们来个“抽象继承”不就行啦，至少也算是缴获他几件有用的武器。

“诚”字诀与“痞子腔”

曾国藩教育家人、弟子，常用一字诀的办法，就是用一个字来代表一个意思，或概括一种主张。比如，他教育子女，常训以“勤”“俭”“谦”三个字，又常告诫子女：“世家子弟最易犯一‘奢’字、‘傲’字。”对弟子门生，曾国藩则主要训之一个“诚”字。

“诚”，是儒家的重要信条，《大学》《中庸》上讲的“至诚”“正心诚意”，被曾国藩认为是顶顶重要的人格守则。他训诫弟子李鸿章，就多次用了这个“诚”字。我看到过两条曾国藩以“诚”字训诫李鸿章的材料，一条出自《庚子西狩丛谈》，一条出自《南亭笔记》，都有细节的记述，是很有兴味的。

《庚子西狩丛谈》是曾国藩的孙女婿吴永口述，甓园居士刘治襄记录下来的。卷四中，讲了这样一件事：李鸿章从南洋调到北洋，接替曾国藩时，曾国藩问他今后如何与洋人打交道，李鸿章答道：“门生也没有打什么主意，我想，与洋人交涉，不管什么，我只同他打痞子腔。”曾国藩听了，以五指捋须，良久不语，徐徐启口说：“呵，痞子腔，我不懂得如何打法，你试打与我听听。”李鸿章觉出老师对答话不满，连忙改口说：“门生信口胡说，错了，还求老师指教。”曾国藩又是一阵捋须不已，并久久注视李鸿章，说道：“依我看来，还是用一个‘诚’字，诚能动物，我想洋人也通此人情。虚强造作，不如老老实实，推诚相见，想来这比痞子腔总靠得住一点。”这个“诚”字，便是曾国藩教给李鸿章的一字诀。

所谓痞子腔，是皖中一带的土语，说白了就是流氓腔。乡籍合肥的李鸿章大概本想用他家乡的青皮流氓的浑办法来对付洋人。但曾国藩的头脑还是清醒的，知道洋人不会吃这一套，所以主张还是应当老老实实，推诚相见。

这是一条难得的史料，可谓珍闻。曾、李二人的音容吐属，心态情状，都跃然纸上。二人对于儒家的“诚”字，态度相当不同，李鸿章想打“痞子腔”，忘了“诚”字，曾国藩则对“诚”字极为看重和笃信，并以此教导李鸿章。

关于曾、李二人对“诚”字的态度之不同，晚清李伯元在《南亭笔记》中也有记载，可与《庚子西狩丛谈》所载互参。该书卷九云：

> 文正（曾国藩）每日黎明，必召幕僚会食，李（鸿章）不欲往，以头痛辞，顷之差弁络绎而来，顷之巡捕又来，曰：“必待幕僚到齐乃食。”李不得已，披衣而赴。文正终食无

语，食毕舍箸正色谓李曰："少荃既入我幕，我有言相告：此处所尚，唯有一诚字而已。"语讫各散，李为悚然久之。

李鸿章号少荃，曾在曾国藩的幕府做过幕僚，也就是当师爷。曾幕是高级幕府，专事军国要务，不管刑名钱谷一类琐事，所以李鸿章是一种高级幕僚，大师爷。李既是曾的幕僚，又是曾的门生，故曾、李的关系，既是主宾关系，又是师生关系。

李鸿章不愿参加集体进餐，便托词头痛，这固然算不上大错，但毕竟是一种不诚，所以受到曾国藩的训诫。当着众多幕僚，曾国藩面色严肃，语带机锋，很让李鸿章下不来台。那次批"痞子腔"，曾国藩是"捋须徐言"，这次则是"舍箸正色"，比那次厉害多了。李鸿章听后"悚然久之"，可见所受的触动之大。

李鸿章是中国近代史上极为重要的人物，对国家有过功劳，也有过损害，此处姑且不论。若论其德操，从上引《庚子西狩丛谈》和《南亭笔记》中的两条材料看，李鸿章还是颇有可指摘之处的。"诚"，是儒家的信条，也是儒家的思想精华。在"诚"字问题上，曾国藩是比李鸿章高明的，他对李鸿章的训诫无疑是对的。

“屡败屡战”发微

绍兴师爷天下闻名，闻名的主要原因之一，是绍兴师爷具有过人的机智和狡猾，而机智和狡猾的主要表现之一，是他们惯用一种独特的“师爷笔法”。

“师爷笔法”有种种，据我的考查，“反复颠倒，无所不可”（一位老师爷总结出的办案秘诀），是“师爷笔法”的一大典型。

关于这种典型的“师爷笔法”，鲁迅在《狂人日记》中曾涉及过。狂人怕被别人诬为恶人而被吃掉，说了这样一段话：“他们一翻脸，便说人是恶人。我还记得大哥教我做论，无论怎样好人，翻他几句，他便打上几个圈；原谅坏人几句，他便说‘翻天妙手，与众不同’。”狂人的意思，是生怕别人用“反复颠倒，无所不可”的“师爷笔法”，把自己说成恶人。这种“师爷笔法”，狂人很熟悉，他大哥教他做人物论时，让他随便找个理由，便把好人说成了坏人，又让他随便找点理由，把坏人原谅了，坏人便被说成好人，然后大哥便以画圈点来称赞，说狂人是做翻案文章的妙手，有与众不同的见解。这位大哥所教给狂人的笔法，实际就是绍兴师爷常用的“反复颠倒，无所不可”之法。

关于这种“师爷笔法”，周作人在《师爷笔法》一文中也曾经提到过，他说，小时候做文章，写历史人物论，最有效的方法是来一个反做法，有一回论汉高祖，写道：“史称高帝豁达大度，窃以为非也，帝盖天资刻薄人也。”底下很容易的引用了两个例子，随即断定。先生看了大悦，给了许多圆圈。周作人在这里所说的经历，与狂人做人物论的情况差不多。周作人的老师教给他的“反做法”，实际也就是绍兴师爷常用的“反复颠倒，无所不可”之法。

这种“反复颠倒，无所不可”之法，实际上包含了许多具体的方法，除了鲁迅和周作人提到的“反做法”之外，还有“颠倒文句”等其他方法，在这诸种方法中，我感觉“颠倒文句”之法最具代表性，堪称“反复颠倒，无所不可”之法的代表作。

所谓“颠倒文句”，就是把原本表达某一种意思的句子，颠倒过来说，从而使原来的意思发生变化——或与原意有异，或与原意完全相反。最有名的例子，就是把“屡战屡败”颠倒过来，变成“屡败屡战”，使常败将军的形象一下子变成了坚韧不拔，不取得胜利决不罢休的忠勇将军的形象。这是绍兴师爷的“颠倒文句”之法的一个杰作。所以，至今仍为人们所津津乐道。赵忠祥在主持中央电视台的节目时，还把“屡败屡战”当作了成语来使用。

先来谈一下这个“屡败屡战”的来由。这个问题有多种说法，在我看到的文献中，下面一个说法可信度高一些。相传曾国藩与太平军作战时总打败仗，有一次向咸丰皇帝乞求增援，上的折子中有一句是“臣军屡战屡北（败）”，师爷马家鼎看了后，提意见说，“屡战屡北”词意颓唐，不妨易为“屡北屡战”。这一改动，真是妙极，虽然仍是铺叙战报，事实仍旧，但气概已完全不同。曾国藩看后大加赞赏，说：“一字之易，所以值千金，端在此耳。”果然，奏折呈上以后，曾国藩不但没有被罢官，反而被咸丰皇帝认为忠勇可嘉，他手下的屡打败仗的将领鲍超也因此保住了性命。但也有的记载说，上奏折的不是曾国藩，而是一个叫德兴阿的官吏。还有人传说，把“屡战屡败”改为“屡败屡战”的，不是某个师爷，而正是曾国藩本人。

从研究“师爷笔法”的角度看，“屡败屡战”的著作权究竟归谁，已无多大意义，因为即使是曾国藩自己写的，而不是师爷写的，也反映出曾国藩曾受过“师爷笔法”的深刻影响，因为“屡败屡战”这种写法，是地地道道的“师爷笔法”。

在“师爷笔法”中，“颠倒文句”的技巧，是经常被使用的，除“屡败屡战”之外，还有很多例子。举一个与“屡败屡战”极相似的例子。晚清小说家李伯元在《南亭笔记》卷十中记云，清朝有位吴将军幕中有个师爷，名叫黄慎之，“在吴幕中襄案牍，曾拟招降告示，中有句云：‘本大臣于三战三北之余，自有七纵七擒之计。’”吴将军，原本打了败仗，但他幕中的这位黄师爷却是个“师爷笔法”的高手，大笔一挥，便为吴将军的败绩解了围——虽然三战三败，却仍有七纵七擒之计，简直可与破蛮兵、擒孟获的诸葛亮比肩。这个“三败七计”之说，几乎就是“屡败屡战”的翻版，黄慎之也就是另一个马家鼎。《南亭笔记》是李伯元写的一本记录清代掌故的笔记，可信度较高。黄慎之的这个例子，应当是可信的。

还有一个例子。民国年间有位叫徐哲身的先生编了一本《绍兴师爷轶事》，汇集了不少绍兴师爷的历史资料，其中记了这样一件事：光绪年间有个渔民，为报生母之仇，将父亲的妾砍死了。渔民是个有名的孝子，有人想救他，但判案的浙江巡抚刘秉章认为案子已定，无法挽回了。这时，一位姓年的绍兴师爷看了案卷以后，将谳词——“情有可原，法无可赦”，颠倒成了“法无可赦，情有可原”，于是，文意大变，布满乌云的天空顿时晴朗，这个渔民死里逃生了。这句话在改动前，侧重点在“法无可赦”，意在渔民该杀，改动后，侧重点就变为“情有可原”了，意在可以不杀。几个字的轻轻移动，就把这个渔民的性命保住了。

李伯元在《南亭笔记》卷一中，也曾谈到过将这句“法无可赦，情有可原”的谳词颠倒过来的事，但所记的主人公不是姓年的师爷，而是晚清顾命大臣肃顺。文云：“柏俊因科场案发，内阁某臣拟旨，中有曰：‘法无可恕，情有可原’。意盖欲脱其罪也。既上，肃顺颠倒其词曰：‘情有可原，法无可恕。’遂论弃市。”戊午年发生的柏俊科场案，是晚清有名的科场弊案，结局是最高责任人、主考官柏俊被斩首。从李伯元的记载看，在审理这个案子的过程中，是发生过谳词之争的。一共八个字，如何摆法儿，便能决定柏俊的死活。李伯元对这种“师爷笔法”颇感惊异，叹道：“此种舞文手笔，闻之令人咋舌。”

在这段掌故中，颠倒文句的肃顺并不是师爷，但他用的笔法，却是标准的“师爷笔法”。这说明，“师爷笔法”在清朝已不只是绍兴师爷会用，而是许多官吏都能熟练地掌握和运用了。可见，“师爷笔法”是浸染了整个官场的。

说“师爷笔法”浸染了整个官场，还可再举一件官员断案时颠倒文句的例子。清朝有一桩著名的文字狱“《字贯》案”，案情是：有个叫王锡侯的文人编了一本简明字典，自序中有些对《康熙字典》不大恭敬的字句，被一个叫王泷南的讼棍告发了，罪名是“狂妄悖逆”，这可是要掉脑袋的罪名。但审案的江西巡抚海成看了《字贯》以后，觉得问题没那么严重，就想给王锡侯开脱一下，于是在给乾隆皇帝的奏折上写了这样一句话：“虽无悖逆之词，隐寓轩轾之意”。意思是《字贯》并没有“悖逆”即反对皇帝的大罪，不过是在字里行间隐含有将《字贯》的一些内容与《康熙字典》比较高下的意思。海成写的这句话，实际用的也是“师爷笔法”中的颠倒文句的笔法。本来，告讦者王泷南的潜台词是：《字贯》“貌似轩轾之意，实为悖逆之词”。若按此句之意，王锡侯必死，但海成将王泷南的潜台词颠倒了过来，原意就变了，把王锡侯的罪过减轻了许多。但是，没想到折子一经“御览”，乾隆大怒，骂海成有眼无珠，连这么明显的大逆不道都看不出来。结果，乾隆不但下令将王锡侯斩立决，连海成也判了个斩监候。

徐凌霄先生在小说《古城返照记》中曾写到这件有名的“《字贯》案”，其中写了这样一句话：“这其间‘虽无悖逆之词，隐有轩轾之意’，乃是官样文章掉笔头要枪花的老套。”他把这句断语目为“官样文章”，目为“老套”，可谓是很有眼力的说法，这说明，他看出了这种笔法乃是清代官场上的一种流行笔法。这种笔法，也就是“师爷笔法”。

文句一颠倒，便产生新的意思，这是中国文字的一个很有趣的现象，似乎也是中国文字的一个特点。绍兴师爷是很熟练地运用这种“颠倒文句”之法的一群人，因为这是他们的职业需要。

但这一文字技巧，却又并非只是绍兴师爷才懂得，许多作家和诗人，由于日日浸淫于诗文，也很明白这当中的道理。例如一位古代诗评家这样评说杜甫的《登楼》诗：

> “花近高楼伤客心，万方多难此登临。”起得沉厚突兀。若倒装一转：“万方多难此登临，花近高楼伤客心。”便是平调。此秘诀也。

这两句诗若是颠倒了次序，确实失去了原来的韵味。原句是多么沉郁、博大，骨力突显，淋漓尽致地表达了诗人的忧患情怀，而若是“倒装一转”，则会变得平淡无奇，不那么沉郁、博大了。

中国文字是能写出许许多多类似《登楼》这样的句子的，这种句子，不像“一碗豆腐，豆腐一碗”那样，怎么颠倒，意思都一样，而是一颠倒，意思就发生了变化。绍兴师爷正是看到了中国文字的这一特点，即那位诗评家所说的“秘诀”，并熟练地利用了这一“秘诀”，从而达到了翻云覆雨，或陷人于罪，或救人于危的目的。

韩家潭的帽影鞭丝

清代官吏病态生活一瞥

晚清时候的清王朝，在政治、军事、经济、社会生活诸多方面的严重腐败中，快速地走向没落。特别是官吏的腐败，又是各类腐败现象中最大的腐败。官吏的腐败表现在很多方面，如贪污、行贿受贿、赌博、狎游、奔竞钻营、互相倾轧，等等。社会舆论，包括各种报章和《官场现形记》《二十年目睹之怪现状》《孽海花》《老残游记》等谴责小说，都对晚清官吏的腐败作了揭露和谴责。

狎游，也称“狎邪游”，是清代官吏病态生活的主要表现之一，对晚清官场风气的恶化和整个社会风气的败坏，起了非常重要的作用。近年来，出版了一些涉及晚清官吏腐败的书籍，但对于官吏的狎游，却很少谈及，特别是对官吏的狎像姑，更未见有人写专门的文章。笔者拟在此谈一下晚清官吏狎游的情况。狎游，具体来说，包括狎像姑与狎妓，其中以狎像姑最为腐朽而妖异。

狎像姑："风气妖邪此为极"

清代诗人蒋士铨在《京师乐府词·戏旦》里描述了官吏狎像姑和像姑待客的景况，并对此狎邪风气痛加讥刺，有云：

> 朝为俳优暮狎客，行酒镫筵逞颜色。
> 士夫嗜好诚未知，风气妖邪此为极。
> 古之嬖幸今主宾，风流相尚如情亲。
> 人前狎昵千万状，一客自持众客嗔。
> 酒阑客散壶签促，笑伴官人花底宿。
> 谁家称贷买珠衫，几处迷留僦金屋。
> 蛄蜣转丸含异香，燕莺蜂蝶争轻狂。
> 金夫作俑愧形秽，儒雅效尤惭色庄。
> 靦然相对生欢喜，江河日下将奚止？
> 不道衣冠乐贵游，官妓居然是男子。

所谓像姑，就是男妓，即蒋诗里所说的"官妓居然是男子"。因为这种男性娼妓皆相貌清秀，酷似姑娘，故被称为像姑。像姑又称"相姑""相公"，谐音之故。像姑还俗称为"兔子"，含轻蔑之意。像姑多是优伶兼职，故狎像姑有时又称狎优、挟优。将士铨乐府词题曰"戏旦"，首句又云"朝为俳优暮狎客"，即谓戏伶兼为像姑这一情况。像姑的年龄多不大，出色者多在二十岁以下，低龄者称为“娈童”。像姑的卖淫处所，称为“像姑堂子”。像姑的待客方式，有侑酒、唱曲、谈诗论画、卖身等，蒋诗所云“行酒镫筵逞颜色”“笑伴官人花底宿”，说的就是像姑侑酒、卖身等待客状态。狎客与像姑的关系，不像君王宠幸嬖臣，而是一种商业关系，故会发生“一客自持众客嗔”的情形，即一个狎客总占着某像姑，便会引发众客的嗔怪。蒋士铨对狎像姑的风气深恶痛绝，讥为“蛣蜣转丸含异香”，意思是狎像姑如同喜爱肮脏的屎壳郎，以丑为美，以臭为香。蒋士铨还认为这种狎像姑的恶习，是江河日下，社会堕落的重要表征。

狎像姑的风气起源很早，兴盛于宋明时代，清代沿之，且更为兴盛。清代法律有一项规定，官吏不许狎妓。如果有官吏暗中召妓侑酒被巡城御史查到，就要受到严厉的处罚；但狎优可以通融，官吏可以招伶人侑酒唱曲等。《二十年目睹之怪现状》曾写到这种厉禁官吏嫖妓而不禁止狎像姑的情况：“这京城里面，逛相公是冠冕堂皇的，甚么王公、贝子、贝勒，都是明目张胆的，不算犯法；惟有妓禁极严，也极易闹事，都老爷查的也最紧。……犯了这件事，做官的照例革职。”一个是厉禁，一个是允许，于是狎像姑之风便在清代官吏中兴盛起来。

狎像姑的风气以京官士大夫麇集的京师为最。京师著名的像姑堂子在韩家潭、樱桃斜街、陕西巷等处，这些地方是京官士大夫经常出没的地方，如《孽海花》写道：京师士大夫“懔于狎妓饮酒的官箴，帽影鞭丝，常出没于韩家潭畔”。所谓“狎妓饮酒的官箴”，就是不许嫖妓，于是官员士大夫便只好出没于韩家潭的像姑堂子了。《官场现形记》写了一个名叫卢朝宾的官员，“一天到晚长在相公堂子里”，所狎的像姑叫奎官，始而狎之，后为其赎身、娶妻。

清代官吏中最有名的像姑狎客，大概要数乾隆朝的大吏毕沅，此人与京师昆曲旦角李桂官昵好，清代史家赵翼、戏剧家袁枚均作有《李郎曲》记二人事。清人陈森写的狭邪小说《品花宝鉴》对此也有描写。在鸦片战争中丧权辱国的奕经，不但是个昏庸无能的官僚，还是个狎像姑的好手。晚清官员潘祖荫任侍郎前，与一个叫朱莲芬的善唱昆曲兼工绘画的像姑关系密切，任侍郎后虽与之渐疏，但仍保持联系，逢年过节朱必叩贺，潘必赠以银券，至老不衰。《孽海花》写了个叫庄立人的官员，“喜欢蓄优童，随侍左右的都是些十五六岁的雏儿，打扮得花枝招展。乍一望，定要错认做成群的莺燕。高兴起来，简直不分主仆，打情骂俏的搅做一团”。据说庄立人是影射光绪时的户部主事张权。

清代官场曾发生过像姑冒籍捐官的事。乾隆末年，有个叫胡公四的雏伶，色艺超群，自幼缠足如女子，有个翰林与胡公四狎，为其“老斗”（意为像姑的老主顾、靠山）。该翰林外放道员，胡辞班随往，其间发了大财，便改为何姓，冒籍顺天，捐了个管盐场的官，后来竟把持两淮盐务。

狎妓："闲来只是逛胡同"

清代对官吏嫖妓，一向有厉禁的法令，咸丰以前贯彻尤为严厉，以至妓馆大量减少。咸丰以后，随着国势衰颓，禁令渐弛，官吏嫖妓之事逐渐多起来，始而不敢公开，后来则堂而皇之，并形成风气，有些地方的官吏甚至酒席间无妓不饮，无妓不欢。光绪中叶以后，禁令更加松弛，这使得官吏嫖妓之风空前兴盛起来，此时的妓馆，高张艳帜，车马盈门，南娼北妓纷纷角逐于官场，一些官吏还公然纳妓做妾。与此同时，狎像姑之风渐趋衰颓。有人作诗咏叹清末北京官吏习于声色，热衷嫖妓云："街头尽是郎员主，谈助无非白发中；除却早衙迟画到，闲来只是逛胡同。""郎员主"，即京官中的员外郎、司员和主事，泛指官吏。"胡同"，指八大胡同，这里是妓馆云集的红灯区。逛妓馆，已成为许多京官的主要娱乐方式之一。李伯元《南亭四话》录有一首《官狎妓》诗，咏天津的候补官狎游之状："帽儿多半珊瑚结，褂子通行海虎绒，谁是官场谁买卖，夜来都打大灯笼。"又云："几人前导轿如飞，不是蓝围便绿围，记得大风倾侧日，何如车马压尘归。"这些候补官弄来了官服，坐起了官轿，长随开路，打着灯笼到妓馆去嫖妓，表现出十足的“官嫖派头”。

晚清许多高官嫖妓，完全不顾自己的身份，往往恣意玩乐，挥霍无度。丁汝昌身为北洋水师提督，一次路过上海，慕当地名妓胡宝玉之名，到其寓所张筵摆酒，由胡宝玉主觞，大肆玩乐一番。端方作为出洋五大臣之一经过上海，将名妓林黛玉招来行辕，一见林便极为喜爱，欲纳为妾，但因旁人极力劝阻，遗憾作罢。农工商部尚书载振去东北办理公务路过天津，酒席上认识了天津名妓杨翠喜，道员段芝贵为了升官，花巨款将杨赎了身，献给了载振，载振欢喜若狂。高官肆意嫖妓，许多下级官员就更是无所顾忌地狂嫖。直隶某县有个县令素喜嫖妓，县境内多数娼妓都被他玩弄过，他甚至暗遣心腹家丁召妓入衙，狂荡无度。

在晚清，官员成了娼妓业的重要客户，许多妓院与官场的关系非常密切，官吏成为她们经常接待的一类嫖客。如名妓赛金花与京师官场的交际相当频密，不但在妓馆里频繁接客，还经常出入官僚王公府第去应酬，有时还要在自己家里接客。她曾这样述说自己的营业状态：“京里在从前是没有南班子（南妓）的，还算由我开的头。我在京里这么一住……每天店门前的车轿，总是拥挤不堪，把走的路都快塞满了。有些官职大的老爷们，觉得这样来去太不方便，便邀我去他们府里。这一来，我越发忙了，夜间在家里陪客见客，一直闹到半夜，白天还要到各府里去应酬，像庄王府、庆王府我都是常去的。”（刘半农、商鸿逵《赛金花本事》）《官场现形记》曾写到有的官吏到赛金花家去“打茶围”。打茶围也叫“打茶会”，就是与妓女一起喝茶、饮酒、吃点心、闲聊，是嫖妓的一种方式。

清王朝统治了中国二百六十多年，是个不算短命的王朝。但“眼看他起朱楼，眼看他宴宾客，眼看他楼塌了”。何以坚固的高楼会塌掉？那是清王朝用自身的腐朽一步步地把它蛀塌的。官员的腐败，乃是蛀塌清王朝高楼的一个极重要的因素。

废除腰斩的故事

鲁迅先生曾言，中国刑戮之残酷，真叫人觉得不像活在人间。我每读中国刑罚史的材料，特别是读到用刑的记录时，确实常有一种毛骨悚然、天愁地惨的感觉，那野蛮，那残酷，那血腥，那哀号，让我刻骨般领略到封建国家机器的野蛮性和非人道的特质。

晚清，有些来华西洋人拍了不少中国风土人情和社会情况的照片，其中有些是刑场杀人的镜头，有砍头，也有凌迟。照片上，被刑者痛苦万状，刽子手神态凶残，民众则熙熙攘攘，如同看戏。这类照片近年来回国不少，多收入“老照片”一类书中，原本难得一见的清代行刑场面，倏然成了人们熟悉的景观。

但这些行刑照片中没有施行腰斩的照片。原因是，在西洋人挎着相机到处拍照的晚清时期，中国已经废除腰斩这个刑种了，早在雍正年间，缘于“俞鸿图一案”，腰斩就被废除了。

腰斩之刑，我幼年时就听人说过，说是有个人被腰斩之后，没有马上死，而是用手指蘸着自己的血连写了三个“惨”字。听着这个情节，我的心被恐怖所笼罩，但也生出一丝疑惑：这是真事吗？

读了晚清小说家李伯元写的《南亭笔记》，我的疑惑开始消散，幼年时听到的那个故事，很可能是真的！《南亭笔记》不是小说，而是一本史料笔记，具有相当的可信性。书中卷四记了这样一件腰斩的事：

雍正年间，学官俞鸿图犯法，被判处了腰斩——

> 刽子手于腰斩之犯，向索规费，得费则可令其速死，不得则故令其迟死。俞既斩为两段，在地乱滚，且以手自染其血，连书七“惨”字，其宛转求死之状，令人目不忍睹。

这条记载，不正是我听到的那个故事的来源吗？只是受刑者写的不是三个“惨”字，而是七个。读着这条笔记，真如身临刑场，闻到了弥漫的血腥气。这条笔记的真实性，我认为是较高的。一则它是李伯元按照记史的方法记录的；二则李伯元本人是清朝人，距此事发生的雍正年间并不遥远，容易记录下真实的历史。

清代法学家沈家本曾考证过腰斩之刑的沿革，谓：此刑源起甚古，《周礼·秋官·掌戮》中已见记载。魏晋后，南朝无腰斩，而元魏尚用之。唐代，“间或行之，非常法也”。辽穆宗年间，除腰斩之刑。（《历代刑法考·刑法分考三·要斩》）宋代以后的情况，沈家本没有述及。似乎再没有腰斩之刑了。但是，若按《南亭笔记》所记，至少到雍正年间，腰斩仍是存在的，只是不知是“常法”，还是间或行之。

《南亭笔记》卷四又记载了废除腰斩的情况：俞鸿图受刑时的惨状，被监斩官邹升恒看到后，“据实奏陈”，雍正帝听了，“为之恻然，遂命封刀”。李伯元据此评论说：“除腰斩之刑，盖自俞始也。”

关于腰斩废除的时间，我曾查过刑罚史文献，没有查到。若按照李伯元的说法，则腰斩之刑，自俞鸿图受刑后，便被废除了。

废除腰斩，是一桩文明之举，监斩官邹升恒和雍正帝都是有功者，青史上应该记上他们一笔。史称雍正其人猜忌多疑、残忍苛酷，但看来他的恻隐之心并未泯灭，做了一件废除腰斩的好事。

关于废除腰斩的史实，《南亭笔记》的材料虽有价值，但毕竟比较薄弱，还是应该做进一步的考证研究，以获得更多的史料和精确的结论。

李伯元是晚清时期思想比较开明进步的小说家，他对腰斩这种极为野蛮的肉刑深恶痛绝，曾评论说：“中国之刑律如此，此所以召野蛮之诮也。”这是说，外国人批评中国的刑律野蛮，批评得对，腰斩不正是绝顶野蛮的刑种吗？

民国以后，按说在这个顶着“文明”标签的国家里不应该再有腰斩了，然而却不。朱德元帅的挚友、革命志士孙炳文便被叛变革命的国民党腰斩于上海龙华监狱，国民党还乡团为报复翻身群众，用过很多酷刑，腰斩即为其一。有材料说，土改时也曾发生过腰斩的事。

腰斩，无论在哪个时代，无论何人所为，都是没有脱离野蛮之风的“人中禽兽”所干的事。反思这野蛮黑暗的一页，有助于中国社会迈向更高的文明境界。

关神的谥号

神，都是人造的。官家造神，民间也造神，皇帝更是领头造神。关羽关老爷这尊神，就是皇帝、官家和民间共同造出的一尊大神。造神的过程，曲曲折折，难以备述，这里只谈关羽造神史上的一件事：乾隆为关羽改谥号。

在古代，皇帝、文臣武将死了，盖棺论定，都要有个谥号，用一两个字，寓褒寓贬，作为评价。关羽死后，他的谥号，陈寿《三国志·蜀书·关羽》载："追谥羽曰壮缪侯。"此后，历晋、隋、唐、宋、元、明，"壮缪侯"一直是官方认可的谥号。南宋高宗建炎二年，关羽被封为"壮缪武安王"，孝宗淳熙十四年，又加封为"壮缪义勇武安王"，在这些封号或曰神号中，皆可见"壮缪"二字。

但到了清朝乾隆时，情况变了。乾隆下了一道谕旨，命令修《四库全书》时，必须把《三国志》里的"壮缪侯"改为"忠义侯"。因为，乾隆觉得"壮缪侯"不是什么好词儿。王先谦《东华录》里记载了这道谕旨：

乾隆四十七年十一月上谕云：关帝当时力扶炎汉，志节凛然，乃史臣所谥，并非佳名，陈寿又于蜀汉有嫌，所撰《三国志》，多有私见，遂亦不为论定，岂得为公？从前世祖章皇帝曾经降旨，封为忠义神武大帝，以褒扬盛烈。朕复于乾隆三十二年降旨加灵佑二字，用示尊崇。夫以神之义烈忠诚，海内咸知敬礼，而正史犹存旧谥，阴寓讥评，非所以传信万世。今当钞录《四库全书》，不可相沿旧习，所有志中关帝之谥，应改为忠义。第本传相沿日久，民间所行必广，自属难于更易，着交武英殿将此旨刊载卷末，用垂久远。其官版及内府陈设书籍，并着改刊此旨，一体增入。钦此。

这道谕旨，实质是一份造神文件，是进一步拔高关羽，将关羽更加神化的最高指示，是关羽造神史上的一个升级步骤。

大约远在南北朝时期，关羽就已经开始被神化了。随着时间的推移，关羽越来越被塑造得神乎其神，封号也越来越多，到了明朝万历年间，关羽的封号已多达十多个字，曰“三界伏魔大帝神威远震天尊关圣大帝真君”，用的都是顶尖字眼，什么“大帝”“神威”“天尊”“真君”之类，都是神界的名称，只有一个“关”字是实在的，是人间的姓氏。这一造神过程，反映了一个造神规律：越造，神性便越大，神号也就越多，越邪乎。现代的从“一个伟大”到“四个伟大”也是这个道理。

为什么说乾隆是造神升级？因为，尽管历代的关羽封号已是叠床架屋，神乎其神，乾隆的祖爷爷世祖章皇帝还把关羽尊为“忠义神武大帝”，但在乾隆看来，《三国志》里的关羽谥号，却有着明显的瑕疵，必须要修理好，否则关大神便不能算完美无缺。这篇《三国志》关羽传，要搁现在，该算是关将军的人事档案，你想想，有多重要！竟有瑕疵，能不改乎？

乾隆在谕旨里说了四层意思，一是说“壮缪”这个谥号“并非佳名”，是“阴寓讥评”，不是好谥号；二是说陈寿写的书“多有私见”，所以这个谥号不能作为定论；三是说《三国志》收入四库时必须改掉这个谥号，要改为“忠义侯”；四是说，民间流传的《三国志》不好改也罢，但官方所印的书必须要改。在乾隆看来，关神的伟大形象是容不得半点不敬的，为了维护这一形象，不惜修改古书，篡改历史，哪怕“壮缪侯”这个谥号自古有之，且是前代诸多皇帝所认可并已沿袭了多年的。

《三国志》所记的“壮缪”之谥，应该说，是一种褒中略带贬义的评价。按照谥法，“武功不成曰缪”。谥以“缪”字，确属对关羽的一点微词。但总体说，“壮缪”这个谥号却是基本准确的。关羽骁勇猛锐过人，确乎壮伟也，谥曰“壮”，合乎实际；但他作战失策，让人取了首级，又确乎“缪”也，谥曰“缪”，也符合事实。陈寿所记的这两字评价，一分为二，还有点三七开的味道，并无什么不妥。

但乾隆为了维护关神的神圣性，竟诬指陈寿因与蜀汉有嫌隙而蓄意贬低关羽。所谓“有嫌”云云，大概是想说，陈寿的父亲做过马谡的参军，街亭失守后也受到惩处，所以陈寿怨恨蜀汉，便出于一己私心而贬损关羽。实际上，陈寿是位正派的史学家，他修史的公正态度，历来为识者所称道；况且，这个谥号也不是陈寿给取的，他只是个记录者。乾隆所言，完全是枉屈陈寿。

当然，乾隆此言，其立意也并非要跟陈寿过不去，而完全是为了造神着想。试想，堂堂关羽大神，哪有“武功不成”之理？哪可能犯过错误？再者说，关老爷都成了神武大帝、天尊、真君了，那本《三国志》里竟还搁着一个“缪”字，怎能不让人恨煞也么哥？必欲速速剜改而后快。但《三国志》是权威的正史，所写的都是史实呀！可这在乾隆眼里，又算得了什么？为了造神，史实也得让步，史书也得改写，服从政治需要嘛。

乾隆为了政治需要而修改古书，并不只剜改《三国志》这一例，整个纂修《四库全书》的过程，这类手段用得多了。乾隆给纂修《四库》定的总方针中有一条：判定所收之书是否有“违碍”情形，务必采取“宁严毋宽”“宁枉毋纵”的方针，用今天的话说，就是“宁左勿右”。于是，收入《四库》的许多古书被删改得不成样子，以致世人有“古书亡矣”之叹。鲁迅曾说，乾隆编《四库》，“于汉人的著作，无不加以取舍”，那策略堪称“博大和恶辣”。乾隆删改“壮缪”二字，用的便是“宁严毋宽”之法——宁改古书，毋损关神。

乾隆对关羽的造神升级，大背景是清初满族八旗兵丁对关羽的狂热崇拜。满人认为，他们之所以能踏破雄关，问鼎中原，全是靠了关羽神力的保佑。因而，他们对关羽的崇拜达到了痴迷程度，远胜于以往历代的关羽崇拜。乾隆本人更是个关粉，于是应和八旗民意，加大造神力度，便想出了以“忠义侯”取代“壮缪侯”这个主意。

乾隆其实也糊涂，关羽本是凡间之人，顶了天就是一员勇将而已，哪有什么神力保佑八旗兵打胜仗？他自己还“走麦城”呢。的确，满人打胜仗，多少受过《三国演义》兵法的启发，但这并不能归为关羽的保佑呀。一切功劳归了关大神，大神便不仅可以在神庙里大享冷猪头，连自己档案里的那点瑕疵，也被修改成锦绣模样了。

狱神考略

从红学“狱神”研究和《苏三起解》说起

小说戏剧里的狱神

关于狱神这个话题，要从古代小说和戏剧说起，从红学之“狱神”研究和京剧《玉堂春》说起。

在红学研究史上，曾有个话题很热闹，就是关于“狱神”的话题。这个话题来源于《红楼梦》的批语。有许多研究者认为，在《红楼梦》前八十回，评点者脂砚斋的评语涉及了“狱神庙”，如评曰：“茜雪至狱神庙方呈正文……余只见有一次誊清时，与（狱神庙慰宝玉）等五六稿被借阅者迷失，叹叹。”又评道：“应了这话固好，批书人焉能不心伤。狱神庙相逢之日，始知遇难成祥，逢凶化吉，实伏线于千里，哀哉伤哉！”研究者认为，这些评语都说明《红楼梦》八十回以后的文字中，有关于狱神庙的情节。对这个语焉不详的狱神庙，一些红学家做过种种推测和考证，以吴世昌先生的论述最有影响，他的结论是：清代狱神庙是设在监狱中的庙宇，在南方称为“萧王殿”，庙中所供奉的塑像是萧何，俗称“萧王老爷”。

与上述论说完全不同，有位研究者蓦然提出一个惊人观点，认为《红楼梦》批语中根本就没有“狱神”二字，那个手写本中的所谓“狱”字，其实是繁体的“岳”字，即繁体的“狱”字上面还有个“山”字，“狱神庙”其实是“岳神庙”，只是因为传抄者的字迹潦草，“岳”字才被误为了“狱”字。照此之说，所谓《红楼梦》里的“狱神”云云，完全是一场文字误会。

对于红学的上述研究情况，我的看法是，无论怎样理解脂砚斋的评语，怎样解释那个字，这场关于“狱神”的讨论都是有一定意义的，它不仅深化了红学研究，还提出了“狱神”的问题，而“狱神”是个很值得研究的神祇。

在元明清时代的小说和戏剧中，狱神是经常出现的一个神祇。比如，关汉卿杂剧《四春园》第二折有云：“令史将这小厮枷锁开了，拿他去狱神庙里歇息。”著名的京剧《玉堂春》有《苏三起解》一折，解差要押送苏三去复审，苏三离开监狱之前，先到“萧王堂”去辞别狱神，唱道：“低头出了虎头牢，狱神庙前忙跪倒。望求爷爷多保佑，佑我三郎早日得荣耀。”接着再唱：“我这里跪庙前重把礼见，尊一声狱神爷细听奴言：保佑奴与三郎重见一面，得生时修庙宇再塑金颜。”

清代著名评话家石玉昆在小说《龙图耳录》里写到了狱神庙：“那知公孙策早已又暗暗的吩咐差役，叫把郭槐搭在狱神庙内，又把提牢叫来，吩咐好些言语。”又道：“且说郭槐到了狱神庙，昏昏沉沉，苏醒了多时，觉得周身疼痛，坐卧难安。”《小五义》里有小侠艾虎求狱神保佑的一段文字，其回目直接标出了“狱神”二字，曰：“艾虎求狱神实有灵应；徐良显手段弄假成真。”

由于《苏三起解》《龙图耳录》等戏剧小说的名气很大，很普及，所以知道“狱神”一词的人不少，但要问狱神究竟是个什么神，知道的人就不多了。

狱神，顾名思义，就是监狱之神。这本是一个在儒佛道三教的神谱上都不见名字，且难觅踪迹的小神，但由于《苏三起解》《龙图耳录》等文艺作品里写到了狱神，特别是红学研究涉及了狱神，这个监狱之神便有了名气，不少人也对狱神发生了兴趣，想对狱神探个究竟：此神何来？谁是狱神？狱神庙是个啥模样？

狱神是狱吏和狱囚共奉的神

我在研究行业神崇拜这一历史现象时，曾对狱神做过考查，大体算是掌握了狱神的面貌，在我的诸神档案里，狱神的来历及所受香火的情况，大体是弄清了的。在我看来，狱神是一个官方造的神，若按行业来说，狱神应算是监狱业之神，应当列入林林总总的行业神谱系。但或许有人会提出疑问：狱神，如果仅仅是苏三之类的犯人所敬拜的神祇，而不为掌管监狱的狱吏狱卒等从业者所供奉，那么狱神也只能算是一个普通的民间神祇，而非行业性的神祇，或者说他只是狱囚之神，而非整个监狱之神。对此疑问，我想，若是这样来认定狱神的神性，似乎说不大通，因为监狱本是关押、惩罚犯人的地方，给犯人预备的是各式刑具和非人的生活，怎么会再给他们专门修建一座保佑他们福祉的狱神庙呢？

合理的解释恐怕应当是：狱神，是掌管整个监狱的神，是与监狱有关者敬奉的神。这些有关者，既有监狱的管理者——古称“提牢”，即狱吏狱卒等从业者；又有犯人，即狱囚。狱神，是掌管着所有这些人的福祸命运的神，既可以保佑这些人，又可以惩罚这些人。因之，监狱管理者和狱囚都是敬奉狱神的。

但是，狱吏和狱囚各自拜求狱神的目的是不同的。狱吏所祈求的是保佑自己看管囚犯、获取口供顺利，以及能多向犯人及亲属索取钱财；狱囚祈求的是少受折磨，少花银钱；死囚则祈求狱神保佑自己能花钱买得刽子手痛快一刀，免除多受痛苦。狱吏狱卒敬奉狱神的目的，是具有行业性的。

关于狱吏奉祀狱神的情况，清代刑部提牢厅主事濮青士在所著《提牢琐记》中记云：“诸神朔望则祀，履任则祀，报赛日则祀，勾决日则祀，必躬亲，香帛虔洁，宜专厥司，庶几覆盆之中，亦有临质。神道设教，用佐官箴。”这是说，狱吏每逢初一、十五要祭狱神，逢报赛日即谢神日要祭狱神，上任时要祭狱神，处决犯人时也要祭狱神。祭狱神时，态度恭敬，仪式肃穆。濮青士认为，祭狱神对于狱吏落实官箴很有好处，还能促使其发现被遮蔽的冤案。

所谓“狱神”，实际是一个总名，具体包括很多名目。濮青士在《提牢琐记》中说：“狱有神，有总司，有分司，统尊之曰狱神。”上引《提牢琐记》说到“诸神朔望则祀”，这“诸神”二字，就表明狱神不是一个神，而是一组神，这组神便“统尊之曰狱神”。在被奉为狱神者中，既有神话传说人物，也有历史人物，皆因与监狱有某种瓜葛而被奉为狱神。

下面着重谈谈汉、宋、明、清几个朝代的监狱供奉皋陶、萧何、曹参、亚獯等几个狱神的情况。

最早的狱神

东汉的监狱奉上古神话传说中的人物皋陶为狱神。《后汉书·范滂传》载：“滂坐系黄门北寺狱。狱吏谓曰：‘凡坐系皆祭皋陶。’滂曰：‘皋陶贤者，古之直臣。知滂无罪，将理之于帝；如其有罪，祭之何益！’”范滂是东汉贤臣，因反对宦官而被捕入狱，狱吏令他祭祀狱神，他没有服从，他认为自己无罪，无须求得狱神保佑。这段记载，是我所见到的最早的一条监狱供奉狱神的史料，可知至晚在东汉，监狱已有了狱神之祀。

宋代，州县监狱普遍建有皋陶庙。这在宋代以来的许多文献中都有记载。宋人方勺《泊宅编》卷中云："今州县狱皆立皋陶庙，以时祠之……皋陶，大理善用刑，故后享之。"又宋人袁文《瓮牖闲评》卷二云："今州县皆立皋陶庙，以时祀之。盖皋陶，理官也，州县狱所当祀者。"可知，宋代州县监狱皆建有皋陶庙，亦即狱神庙，定时祭祀皋陶已成为一种制度。

从《后汉书·范滂传》的记载看，在汉代，皋陶只是被奉为一般的监狱保护神，而难说有祖师神的神性。但降至宋代，狱吏供奉皋陶就已具有了祖师神崇拜的性质。这从《泊宅编》和《瓮牖闲评》对监狱奉祀皋陶的原因的解释中可以看出来。皋陶是尧舜时的刑狱之官，相传"皋陶作刑""皋陶造狱"，皋陶被认为是中国监狱的创始人。《泊宅编》谓皋陶为"大理"，《瓮牖闲评》谓皋陶为"理官"，此大理、理官即刑狱之官。传说皋陶治狱，其罪疑者，令獬豸触之。獬豸乃一角羊，性知有罪，有罪则触，无罪则不触。又传说皋陶是"鸟喙"或"马喙"，表明他至信至诚，决狱明白，察于人情等。因为有了上述种种传说，故皋陶被奉为狱神，且被奉为监狱业的祖师神。

"青面圣者"萧何

宋明以来，萧何逐渐取代皋陶成为主要的狱神，各地监狱普遍建有萧何庙供奉之，其庙宇有萧王殿、萧王堂、萧王庙、萧相国庙、萧老爷庙等称谓。宋人洪迈《夷坚志·支乙》卷九“宜黄青蟆”条云：“宜黄县狱有庙，相传奉事萧相国，不知所起如何也。”萧相国即萧何。洪迈不知道为何把萧何奉为狱神。又清人姚福均《铸鼎余闻》卷三载：“萧王：明姚宗仪《常熟私志》云：邑之土地也，祀于县狱。”萧王，即萧何。此言萧何既被奉为常熟县的土地神，又被奉为县狱的狱神。在大名鼎鼎的山西洪洞县县狱（即“苏三监狱”）里，有一座建于明朝初年的狱神庙，庙很小，墙上神龛中嵌有三尊神，居中老者为狱神。关于此神是谁，历来说法不一。我认为此神极可能是萧何，因为自宋代起，皋陶已“退居二线”，萧何则风头正健，是宋元明清时期最普遍供奉的狱神。

有些萧何庙建在街巷或刑场附近，虽未必是专门的狱神庙，但因奉萧何为狱神的狱吏狱卒将萧何庙作为祭神之所，所以这种萧何庙也就具有了狱神庙的功能。明清杭州的萧何庙可能就具有这种功能。明人田汝成《西湖游览志》卷十六记杭州萧何庙云：“萧相国庙：在粥教坊内，以奉汉酂侯萧何者。”粥教坊，曾是杭州的一处刑场。近人钟毓龙《说杭州》云：“粥教坊：……清康熙时，庄氏史狱行刑处即在其地。”庄氏即清代文字狱受害者庄廷鑨，他因明史案而被斩于粥教坊刑场。这座萧何庙离刑场应是不远的，狱吏狱卒可近便入庙祭拜。清人丁立诚《武林杂事诗·萧王庙排衙》云："红袍监斩人无哗，萧王庙里归排衙。惟神律令佐炎汉，杀人者死罪难逭。若云呼喝除不祥，有冤未白空解禳。律例益繁心益小，黄绸被底放衙好。"排衙指僚属分列大堂两侧，依次参谒主官。从诗里可以看出，掌管刑狱的官员监斩和举行排衙仪式，都与这座萧王庙有关，此庙实际上已具有一定的狱神庙功能。

在旧小说里，也能寻觅到狱吏和狱囚祭祀狱神萧何的踪迹。《水浒传》第三十九回写宋江、戴宗被绑赴法场前，在江州府大牢里被狱吏"驱至青面圣者神案前，各与了一碗长休饭，永别酒"。这是宋、戴二人在向狱神敬拜辞别。《后水浒传》写道，狱吏们先向狱神"青面圣人"敬拜，再叫狱囚小旋风柴进向这位狱神敬拜。柴进向狱神敬拜，大概是狱吏命他感谢狱神的保佑——你没受多大苦，还得感谢狱神呀！青面圣者是谁？清人程穆衡《水浒传注略》云："青面圣者：狱中皆有萧王堂，祀萧王。其青面神，相传萧王判案。"青面圣者即萧王，亦即萧何。

清代嘉庆道光年间，社会上流传着一部弹词小说《果报录》，其中有关于狱神庙萧王殿的描写："行来已到萧王殿，炉内香烟淡淡飘。""狱神端坐位中间，旁边狰狞列鬼判。"从中能约略看出殿内配置情况。萧何是主神，故位在中央，旁边站着的都是阴间的狱卒衙役。

萧何、曹参在历史上并称"萧曹"，但宋代以来监狱所奉的狱神大多只有萧何，没有曹参。东北凤城县监狱所奉的狱神则为萧曹二人。民国十年《凤城县志》载：“狱神：庙设旧监狱，奉萧、曹及胡仙，立木牌。”可知此狱神庙并祀萧何、曹参二人。

萧何被奉为狱神的原因，主要是因他辅佐刘邦建立了汉初法制，制定了汉朝最初也是最重要的一部法典《九章律》，被称为“定律之祖”。清人李兆洛《祭狱神文》云：“维神克载清静，立规世随，辅翼汉高，芟薙秦纲是用。”称颂了萧何定律的功绩。前引《武林杂事诗·萧王庙排衙》所云“惟神律令佐炎汉”，也是这个意思。萧何本人当过沛县小吏，与狱吏是一类职业，故有“萧王判案”之说，这也是他被奉为狱神的主要缘由。晚清姚公鹤《上海闲话》里还说了萧何被奉为狱神的另一个缘由：“萧何以宅地之故，曾系诏狱，数日而出，故监狱中建祀，以作系狱必出之寓意。”这是说萧何因房地产事下了皇帝的监狱，但很快就出狱了，为了讨“入狱必出”的吉利，便奉萧何为狱神。此说较为牵强，姑录之备考。

曹参被奉为狱神，是因为他“秦时为狱掾”（《汉书·萧何曹参传》），即当过小狱官。

从萧何、曹参与法律和监狱的关系来看，狱吏在奉他们为狱神的同时，应该也是把他们作为祖师神来供奉的。

宋代以来的戏剧、小说里，凡是提到狱神又没有实指是谁的时候，大体说来，指的应当就是萧何或萧曹。那么，苏三起解时所敬拜的狱神，大概就是萧老爷了。

纵囚成神的亚㺒

明清时期，除了萧何是主要被供奉的狱神外，亚㺒也是一个有名的狱神。“亚㺒”，读作“阿来”。清康熙时人钮琇在《觚賸·续编》卷二“亚㺒成神”条中，对亚㺒其人及其被奉为狱神的原因和经过有较详的记述，大意是：明朝万历年间，增城县有个叫亚㺒的狱吏，岁末时，见几十名重囚号哭不止，便问其故，重囚说：“过年了，本应家人团聚，我们却因重罪，不能回家，所以悲伤。”亚㺒沉思良久，说道：“我且放你们回家过年，届时回狱，如不回，我必死无疑。”结果，重囚探家后皆返回狱中，不少一人。亚㺒鼓掌大笑，趺坐而死。于是，县衙上报巡按御史，请准为县狱之神。

从这段记载可以看出，亚㺒是明朝末年一些县狱所奉的狱神。此神原是一个狱卒，因为能够既施善举，又维持监狱秩序，故被奉为狱神。

濮青士《提牢琐记》也记了一件监狱纵囚事：“（监狱）南则阿公祠，公讳世图，康熙时官满司狱，以除夕纵囚，元旦囚悉来归，一囚偶后，公惧，竟仰药死。囚踵至，痛公甚，亦触柱死，即今肖像牵马侍公侧者也。”阿公祠即狱神阿公庙，内供阿公神像及配祀者。所记之事与《觚賸》所记当为一事，然言阿公为清康熙时人。阿公名阿世图，实即亚㺒。“亚”读作“阿”，亚㺒亦即阿公。《提牢琐记》晚于《觚剩》，所记内容当由《觚剩》演变而来。

简单的结论

综上所述，可以得出以下结论：一，狱神是个总称，含有多个神祇，具体名目不一。二，最有名的狱神是皋陶和萧何，萧何在宋明以后名气愈来愈大，亚獈是清代有名的狱神。三，明清小说戏剧中的狱神主要指萧何。四，狱神是官方造出的神祇，既是个监狱业的行业神，也是普通犯人崇奉的神。五，狱神庙设置在监狱中，庙中供有狱神像。

衙门胥吏祖师爷小考

胥吏，是旧时官府衙门中官员的属吏，负责办理文书案牍及司法等具体事务，又叫书吏、牍吏、书办、刀笔吏。《水浒传》里任山东郓城县押司的宋江，就是这类人物。胥吏按照任职的地域来区分，包括京吏和外吏两类。京吏，即在京师中央政府的吏、户、礼、兵、刑、工六部及京师地方官署中任职的胥吏；外吏，即在全国各地方衙门中供职的胥吏。宋江在山东郓城县任职，为外吏。清朝的胥吏最著名，因其权势极大。清代名臣郭嵩焘说："元与奸臣番僧共天下，明与宰相太监共天下，本朝则与胥吏共天下。"清朝胥吏的权势简直要占半个天下了。

胥吏作为一种社会职业，与其他各行各业一样，也供奉自己的行业神。据我考查，历史上胥吏一行所奉的神祇有苍（仓）颉、萧何、曹参、毛姓胥吏、三郎之神等。在这些胥吏神中，有的是明确作为祖师神即祖师爷来奉祀的，有的则神性模糊，似乎只是作为单纯保护神来奉祀。由于这些胥吏神多与文墨、案牍有关，所以他们又有"案牍正神"的称谓。本文着重谈一谈胥吏所奉的祖师神。

百司胥吏祭仓颉

关于胥吏业供奉行业神的历史，根据现有材料，可以追溯到宋朝。宋朝的胥吏奉仓颉为祖师，尊称为“仓王”，每年都要举办祭赛祖师的神会。宋人叶梦得《石林燕语》卷五载：“京师百司胥吏，每至秋，必醵钱为赛神会，往往因剧饮终日。苏子美进奏院，会正坐此。余尝问其何神？曰‘仓王’，盖以仓颉造字，故胥吏祖之。”这里所说的祭神者皆为京吏。宋代京师的衙门极多，百司皆有胥吏，由“百司胥吏”参加的仓王神会，一定是非常隆重热闹的。所谓“祖之”，即奉为祖师，理由是“仓颉造字”。

仓颉是古代神话传说人物，一说为黄帝的史官，一说是黄帝之前的另一古帝。相传仓颉是汉字的创始人。东汉许慎《说文解字·叙》云：“黄帝之史仓颉，见鸟兽蹄迒之迹，知分理之可相别异也，初造书契。”仓颉因此被尊为“字祖”，又被敬为“仓神”。有一座仓颉庙的对联写道：“明四目制六书万世文字之祖；运一心赞两仪千古士儒之师。”既为文字之祖，又为士儒之师，上下联的最后一字，恰合为“祖师”。胥吏办理文牍时，时刻离不开文字，其身份又为士儒之末流，故奉仓颉为祖师。

瓣香酹酒祭科神

明清以来，胥吏或奉萧何为祖师，或并祀萧何、曹参二人为祖师。明人张岱《快园道古》卷十四《戏谑部》云："吏部书办设席请萧王。"萧王即萧何，"请萧王"也就是设祭奉祀萧何。于此可知明代胥吏奉萧何为祖师。明代有刑名课本曰《萧曹随笔》（著者题"锦水竹林浪客"），萧曹，即萧何、曹参。这本书应是胥吏、特别是刑部刑房的胥吏所读的一本专业书，如书中教给胥吏怎样给犯人的亲戚冠以恶谥，谓之"孽亲""枭亲""兽亲""鳄亲"等。由此书名可以推测明代胥吏或同时奉萧何、曹参为祖师。

清代，胥吏多并祀萧何、曹参二神，通称"萧曹"。清人纪昀《阅微草堂笔记》卷四谈到诸业各祀一神为祖师时说："胥吏祀萧曹。"清政府所在地的北京，衙门丛集，胥吏为一大行业。京吏供奉萧曹的活动相当兴盛。清人戴璐《藤阴杂记》卷一《典籍厅任事》诗云："北厅章奏南厅案，大库文书小库银。承发散班齐了事，瓣香酹酒祭科神。"原注云："厅供事南北各十四人。五月十三日醵钱事科神，云是萧曹也。"将原诗与注文互参可知，萧何、曹参又有"科神"之称。何以称为"科神"？先要解释一下诗题中的"典籍厅"一词。典籍厅是清廷内阁的秘书机构，分南北二厅，南厅掌关防，收发办理文稿，办理官员考绩事务，管理吏役事务；北厅掌章奏，办理大典事务，用宝洗宝，收藏红本图籍。"厅供事"即典籍厅掌理文书案牍的小吏。科神之"科"，指法律条文、房科之事，“科神”即胥吏之神。萧曹的“科神”之称，由此而来。在京郊妙峰山上，有一座胥吏祖师殿，明确标明为科神殿，这是京师衙门的胥吏朝山进香时供奉科神萧曹的祭所。

清代地方官署的胥吏与京吏一样，也奉萧何、曹参为祖师，并定期举办祖师神会。如清人张集馨《道咸宦海见闻录》曾谈到陕甘总督乐斌署中的书办、隶役于衙署大门之侧祭祀萧曹。民国二十六年《封丘县续志》载：“清时……吏胥有萧曹会。”萧曹会即祭赛萧曹祖师的神会。

清代胥吏供奉萧曹为祖师的情况也反映到清代小说中。清人李绿园《歧路灯》第五回写道：娄潜斋、王中二人来到钱书办的家，“只见客房是两间旧草房儿，上边裱糊顶槅，正面桌上服侍着萧、曹泥塑小像儿，满屋里都是旧文移、旧印结糊的”。这位钱书办的家，用旧公文纸来糊房子，显现出胥吏的生活特点。所谓“萧、曹泥塑小像”，即萧何、曹参的神像。因为萧曹是书办所奉的祖师爷，所以其神像被恭敬地供奉在客房正面的桌子上。文中的“服侍”二字用得非常传神，把钱书办对祖师爷的恭敬表达出来了。这段描写，可以作为清代胥吏在家中奉祀萧曹的史料来读。

民国时胥吏改称秘书、职员，但萧曹之祀仍沿之。如民国年间《新繁县志》《合江县志》皆载：“胥吏祀萧曹。”一篇介绍新疆寺庙的文史资料载：“萧曹庙……供奉的是萧何、曹参，每年三月初第一个星期天为会期，搭台演戏，由省府秘书厅主持筹办。”

萧何、曹参所以被胥吏奉为祖师神，理由是萧何曾经做过刀笔吏，曹参当过狱吏。这些理由，是有据可查的。《史记·萧相国世家》载：“萧相国何于秦时为刀笔吏。”《汉书·萧何曹参传》载：曹参“秦时为狱掾”。这就是胥吏奉祀萧何的根据。

由于萧曹做过刀笔吏、狱吏，又被胥吏奉为祖师，所以萧曹的名字常与胥吏联在一起，甚至成为胥吏的代称。如清人梅成栋《津门诗抄》卷三金瓒《老吏》诗云：“案牍丛书老，谁怜鞅掌劳。读书兼读律，操笔即操刀。景迫求名急，机深断狱高。桑榆叨一命，何敢羡萧曹。”这是在咏叹老书吏的辛劳，咏叹老书吏在谈到读律办案的案牍生涯时，不由得想到了祖师爷萧何、曹参。诗的内容是咏叹胥吏的，自然把萧曹的名字与胥吏连在了一起。又如晚清吾卢孺《京华慷慨竹枝词·各部院录事》云：“辛勤十载弄锥刀，多少萧曹话此朝。莫愿孔方兄不便，年来日日赋离骚。”这是一首咏叹胥吏的竹枝词，表现了书吏对职业生涯的牢骚。萧曹在此诗中成了书吏的代称。

毛姓“主案吏”

清代胥吏除奉萧曹为祖师外，还有奉毛姓胥吏为保护神的。清人俞蛟《梦庵杂著》卷二“毛老相公传”条云：“今京师六部中，亦有毛姓，相传系会稽人，曾为部中主案吏，卒后葬永定门外。凡有年久案牍，卒无可觅者，望空默祷，其应如响。三月某日，为毛君生辰，奉瓣香而称祝者，相望于道。每岁清明，部中从事者，咸携樽挈榼，为之祭扫，如子若孙奉祀其祖、父，不敢懈。”这个毛姓胥吏是个实有人物，浙江会稽人，大概因其生前在胥吏界极有地位和声望——“曾为部中主案吏”，故死后被京师胥吏奉为保护神。胥吏们对此神相当尊崇和迷信，每遇工作难题，便求其保佑顺利，每到此神生日和清明节，便举行隆重的祝寿和祭扫活动。

三郎之神是谁

三郎之神也是胥吏业供奉的行业神。清人翟灏《通俗编》卷十九“三郎”条云：“《史记·秦始皇本纪》：‘以罪过连逮少近三郎官，无得立者。’《索隐》注：‘谓中郎、外郎、议郎。’按：今吏胥家俱奉三郎之神，本此。”翟灏的按语，说明三郎之神也是清代胥吏业供奉的一个行业神。关于此神，翟灏认为本于秦朝的三郎官。此说不妥。秦朝的三郎官为帝王侍从之官，负责护卫陪从，备顾问及差遣，与胥吏的关系不大，至多在备差遣这点上与胥吏相似。因之，说三郎之神本于秦三郎官，是牵强的。

我认为这个三郎之神的来历，有两种可能。

其一，三郎之神可能是“草鞋三郎”盗跖。明人钱希言《狯园》卷十二“草鞋三郎”条云：“杭州府有草鞋三郎庙，颇有灵响，公门伍伯巡逻游徼之属家祭户享，……相传草鞋三郎即古盗跖是也。”祭祀草鞋三郎者皆为公门吏役，可知草鞋三郎为胥吏业之神。这个草鞋三郎，相传即古代著名的大盗盗跖。又，明人田艺蘅《留青日札》卷二十八云：“草野三郎，狱讼所祀者。”奉祀者也为公门吏役。此草野三郎与草鞋三郎当为一神。

将《通俗编》与《狯园》《留青日札》各记载相对照，可以发现，“三郎之神”与“草鞋三郎”“草野三郎”的名称近似，“吏胥家”与“伍伯巡逻游徼”之类公门吏役完全是一类人，所以，翟灏所说的“三郎之神”，实际上就是“草鞋（野）三郎”盗跖。胥吏何以奉盗跖为本业之神？大概胥吏认为盗跖是盗贼们的总头目，能管住盗贼不犯案，所以奉之为本业的保护神。

其二，三郎之神也许是《水浒传》中的孝义黑三郎宋江。宋江是个“刀笔精通、吏道纯熟”的刀笔吏，因此有可能被胥吏视为同业先人即祖师爷，故供奉之。

盗跖与宋江，比较起来，三郎之神是盗跖的可能性更大些。

期期艾艾的掌故

口吃之苦，非正常人所能体会。我微染此疾，得以领略其难以名状之苦。但口吃有个雅致的别名，曰“期期艾艾”，这可是个有典故的别名。而且，口吃的掌故颇多，且与不少名人有关。且听我说些期期艾艾的掌故。

口吃的“补偿反应”

战国思想家韩非，英锐无比，名气甚大，却是个口吃患者。他写了篇雄文《说难》，痛陈游说君王之不易，他这个不易，我想除了说动君王之不易，恐怕还隐含他自己的“口说之难”吧。韩非曾多次游说韩王，然均未成功，焉知口吃不是一个败因呢。“说（shuì）难”“说（shuō）难”，二难齐并也。

在《太史公自序》里，司马迁提出了著名的“发愤著书说”：“昔西伯拘羑里，演《周易》；孔子厄陈蔡，作《春秋》；屈原放逐，著《离骚》；左丘失明，厥有《国语》；孙子膑脚，而论《兵法》；不韦迁蜀，世传《吕览》；韩非囚秦，《说难》《孤愤》；《诗》三百篇，大抵贤圣发愤之所为作也。”人间的百般苦楚，并未使这些贤圣沉沦，反而成为激励他们发愤著书的动力。韩非著书，口吃也应是动力之一。《史记·老子韩非列传》说：“（韩）非为人口吃，不能道说，而善著书”。口说不畅，遂发愤于竹帛，此为另一种动力也。

汉代文学家司马相如和辞赋家、学者扬雄，也都是口吃而擅著书者。《史记·司马相如列传》云：“相如口吃而善著书。”《汉书·扬雄传》云：扬雄“口吃不能剧谈，默而好深湛之思”。他们与韩非一样，也都是“道说”不畅而畅行于竹帛者。清人胡思敬诗云：“口吃由来善著书，子云才调比相如。”（《驴背集》）谓司马相如与扬雄皆口吃，皆才高八斗。

晚近大学者中，也有一些善著书的口吃者。史学家顾颉刚说他上私塾时一背不出诗，戒尺便在头上乱打，威吓使他战栗恐怖，结果被逼成了口吃，“一生永不能在言语中自由发表思想”。于是，顾颉刚只好在无声的笔墨里发愤用功，结果成了大学者。著名哲学家冯友兰、史学家何干之、大诗人柳亚子，也都是口吃而善著书或善写诗者。柳亚子之“亚子”，乃“哑子”谐音，自云乃口吃患者也。

口吃能促人发愤，在心理学上有合理解释。钱锺书说：“夫口吃而善著书，笔札唇舌，若相乘除，心理学谓之‘补偿反应’，如古之音乐师必以蒙瞽为之也。”（《管锥编》第一册）口吃能促人成为文人学者，著书弥补了口吃缺陷，这是一种“补偿反应”。盲人乐师也是如此。西汉时通音律、善辞赋的文学家王褒所作《洞箫赋》云：盲人乐师“生不睹天地之体势，暗于白黑之形貌……寡所舒其思虑兮，专发愤乎音声。”目盲而发愤于音乐，这是盲人乐师的“补偿反应”。口吃著书，目盲听音，其理一也。

口说不畅，普通人可以发愤于笔札，但政治家若口吃，后果便很糟糕，因为顺畅的言语是政治家的“业务工具”，说话都结结巴巴，还谈什么下指示、演说、鼓动呢？

皇帝算是政治家，举个皇帝口吃的例子。明宪宗朱见深从小屡经宫廷变故，心情灰暗压抑，患上口吃。当上皇帝后，问政断事发谕旨，深受口吃之苦。明人沈德符《万历野获编·补遗》卷二“尚书被嘲”条，记了一件宪宗口吃的事：

> 施纯者，顺天东安人，由庶吉士为给事中，选鸿胪少卿。时宪宗因恙口吃，每奏答之际，以舌本出“是”字甚艰，纯乃密奏，请改用“照例”二字，上允之，玉音遂琅然。大喜，立擢侍郎，以至礼部尚书、太子少保，时登第仅十年也。时人为之语曰：“何用万年书，两字做尚书。”

宪宗患口吃，“舌本”（舌根）作怪，无法发出“是”字玉音，急得不得了，大臣施纯奉献了一个小主意，便化解了难题，使“圣意”得以顺畅表达，于是施少卿成了施尚书。由于这个尚书来得太容易，所以有记载说，施纯被讥为“照例尚书”。

嘲笑口吃者不德

自古，口吃者常被刻薄者所耻笑。鲁迅笔下的阿Q欺软怕硬，“口讷的他便骂”，这口讷者中，说不定就有口吃患者。嘲讽口吃者在中国可说是一种源远流长的陋俗，特别是在古代，竟达到一种“艺术化”的程度。

比如，有个叫刘元父的，曾专门作了一篇《嘲吃者》，有云：“本是昌家，又为非类。但有雄声，惟闻艾气。”这是一段立意刻薄、文笔却很巧妙的嘲笑口吃者的文字。

短短十六个字，内容却相当丰富，隐含了四个有名的口吃者，“昌、非、雄、艾”，即周昌、韩非、扬雄和邓艾。周昌，是汉初功臣，曾跟随刘邦起义，入关破秦。《汉书》记其口吃状云：“昌为人吃，又盛怒，曰：‘臣口不能言，然臣期期知其不可……’”此为周昌力陈不赞成汉高帝欲废太子，“期期”，是他因口吃发出的重复字眼。邓艾，三国时魏国大将军，西蜀小朝廷亡于其手。《世说新语》记其口吃状云：“邓艾口吃，语称艾艾。”邓艾本自称“艾”，因口吃便发出重复字眼“艾艾”。周昌说“期期”，邓艾说“艾艾”，“期期艾艾”

便成为口吃的别名。

《嘲吃者》言周昌时，谓之“昌家”，似谐音“娼家”；言韩非，谓之“非类”，似谐音“匪类”；言扬雄，谓之“雄声”，似暗指如雄鸡叫；言邓艾，谓之“艾气”，即香气，似暗指女人气。总之都不是什么好意思，都是羞辱之词。这些谐音暗意是我的猜测，但应大体不错。

从古籍上看，邓艾受人的嘲笑似乎最多。《世说新语》记，他语称“艾艾”，司马昭便戏弄他：“卿云艾艾，定是几艾？”你老兄自称“艾艾”，究竟有多少个“艾”呀？唐代诗人李商隐还将邓艾因口吃被嘲笑入诗：“或谑张飞胡，或笑邓艾吃。”邓艾仿佛成了被嘲笑的倒霉蛋。

清代史学家赵翼注意到了人们爱嘲笑口吃者这一陋俗，在《陔余丛考》里，他专门立了一个条目，曰“口吃诗”，汇集了一些文人所做的嘲笑口吃者的诗作，如一首云：“绿柳龙楼老，林萝岭路凉。露来莲漏冷，两泪落刘郎。”作者为明代文人谢在杭，诗题是《赠口吃孝廉》，显然是嘲笑某个当孝廉（举人）的熟人的。诗句极拗口，孝廉若读了，必窘态毕现。如此游戏文字，拿人打镲也。

中国传统道德提倡仁心、宽厚，以刻薄、无同情心为不德，嘲笑口吃者便是一种不德行为。

起个“颠扑不破的诨名”不容易

鲁迅与绰号

鲁迅与绰号，这是个有意思也有意义的话题。

绰号，也叫诨名、混号、外号，也是一种人名，是一种别名。从民俗学上说，它是一种民俗事象，从文学上说，它可归入俗文学创作。绰号，有高明与不高明之分，善意与恶意之分，褒义与贬义之分，文雅与粗俗之分。绰号是一种值得研究的文化现象。

历史名人的绰号，乃其史迹之一，在某种程度上反映了其性格和风貌的某一侧面。有的历史人物绰号颇多，或是爱给别人起绰号，这就形成了人物与绰号的一些瓜葛。鲁迅就是一位绰号颇多，也爱给别人起绰号的人物。从这些绰号中，颇能看出鲁迅的一些性格、风貌和他与一些人的某种关系。鲁迅是一位很重视绰号的文学价值的作家，他在小说中创作了许多生动有趣、文化内涵丰厚的人物绰号。

鲁迅的绰号

鲁迅一生的名字很多，原名周樟寿，后改为周树人，字豫山，后改为豫才，笔名尤多，“鲁迅”是影响最广泛的笔名；此外，鲁迅还有一些绰号，这算是一种别名。

鲁迅最早的绰号是“胡羊尾巴”。这是他幼年时邻居给起的，意思是矮小灵活，聪明调皮。“胡羊”就是绵羊，绵羊的尾巴短而圆，晃起来很有趣，“胡羊尾巴”是绍兴方言，比喻小孩子聪明、调皮、活泼。有篇回忆文章说，一次大人打牌，拿樟寿（小鲁迅）逗趣，问他：“你愿意谁输谁赢呀？”樟寿应声答道：“我希望大伙一起赢！”引得众人夸赞：“这孩子真是个‘胡羊尾巴’，又聪明又善良。”俗话说，从小看大，从鲁迅小时候这个“胡羊尾巴”绰号，就可以看出他很早就具备善良、智慧和机警等特点。

鲁迅曾被小伙伴取过一个“雨伞”的绰号。鲁迅原本字“豫山”，后改为“豫才”，为什么改？就因为“豫山”被叫成了谐音的“雨伞”。小鲁迅的自尊心很强，不喜欢让人“雨伞”“雨伞”地叫，便向父亲提议将“豫山”改为“豫才”，父亲觉得不错，就改叫“豫才”了。从这件事看出，鲁迅很早就萌生了一种凛然难犯的气质，为了不被人取笑，宁愿改名。

鲁迅有个笔名叫“何家干”，他在《申报》副刊《自由谈》上首次发表的杂文《“逃”的合理化》和《观斗》，用的就是“何家干”。这个笔名大抵脱胎于他小时候的一个绰号。十二三岁的时候，鲁迅在三味书屋随寿镜吾先生读书，同时帮助家里干活，不仅干农活，还去当铺典当物品，帮助病重的父亲买药，同学们见他很顾家很能干，就给他起了个“家干”的绰号。这个绰号虽是调侃，却又以夸赞的成分为多。后来鲁迅成了作家，便取了笔名“何家干”。这是个由绰号演变来的笔名，可能是为了纪念少年时的经历。

鲁迅在江南水师学堂上学时，同学钱玄同给他起了个绰号，叫“猫头鹰”。钱玄同觉得鲁迅平时不修边幅，不爱说笑，常凝寂静坐，像个兀立枝头的猫头鹰，便送给他了这个绰号。当过北平大学校长的沈君默在《忆鲁迅》一文中对这个绰号解释说：“豫才的话不甚多，但是每句都有力量，有时候要笑一两声，他的笑声是很够引人注意的。玄同形容他神似‘猫头鹰’，这正是他不言不笑时凝寂的写真。”看来沈君默认为“猫头鹰”这个绰号对描摹鲁迅的神态还是挺贴切的。猫头鹰在西方文化里象征智慧，智慧女神雅典娜的爱鸟就是一只小猫头鹰，然中国民间却因猫头鹰叫声不好听，且喜夜间活动，而将其视为不祥之鸟。但钱玄同起这个绰号，绝不是将鲁迅视为不祥之人，而大约主要是调侃鲁迅的外表不大合群，有点怪异，或许也夹杂了一点欣赏鲁迅爱思考有智慧的成分。总之这个绰号不是嘲讽鲁迅的。

鲁迅在日本留学期间，得了一个绰号“富士山”。缘起是，鲁迅将成群结队的清国留学生盘着辫子戴学生帽，比喻为一座座行走的富士山（鲁迅在回忆性散文《藤野先生》中写了这个情况），同学王立才觉得这个比喻很形象也很有趣，便把“富士山”作为绰号送给了鲁迅。这个绰号没有贬义，多少还含有夸赞鲁迅有创意的意思。鲁迅的民族意识很强，对“金钱鼠尾”的清朝辫子一向反感，他说清国留学生的脑袋像富士山，实际是在嘲讽清朝的腐朽和清朝子民的愚昧。留日期间，鲁迅毅然剪掉了自己的辫子，以示与清朝决裂。

剪辫回国后，鲁迅又得了一个与剪辫有关的绰号“假辫子”。鲁迅回国后任绍兴中学堂教员兼监学，当时正值清政府捕杀“乱党”，剪了辫子的人会被视为“乱党”，于是鲁迅便弄了条假辫子，再戴上瓜皮帽来遮掩，一些剪了辫子的同学也纷纷仿效，于是鲁迅便有了“假辫子”的绰号。戴假辫子是自我保护，是向清廷斗争的一种方式。“假辫子”这个绰号，既是对鲁迅的赞扬，也含有嘲弄清廷的意味。鲁迅后来在小说和杂文中屡屡提及清末剪辫的事，显然与他自己曾经历过剪辫风波有关。“假辫子”这个绰号，实际上是闪烁着一抹清末民族革命的亮色的。

五四运动前，钱玄同、马幼渔等一些鲁迅的文坛朋友给鲁迅起过一个“方老五”的绰号。起因是刘半农常爱说“见到了鲁迅”云云，朋友们便嘲讽他有点像《儒林外史》里那个有点势利的成老爹总爱说“见到了安徽盐商方老五”云云，于是“方老五”便顺势成了鲁迅的绰号，周作人、周建人也便被连及称为“方老六”“方老七”。鲁迅在文学上卓有成就，刘半农钦敬之，所以在朋友面前说起鲁迅时，便难免流露一点与之相交的荣耀感，这颇似后来的文人们炫耀“我的朋友胡适之”。从“方老五”这个绰号，颇可想见鲁迅当时在文坛上的声望。鲁迅写过一篇短篇小说《端午节》，里面的主人公叫“方玄绰”，是个“披着新衣的旧式文人”。有研究者认为，“方玄绰”之名源于鲁迅的绰号“方老五”。这个说法，似乎多是推想，然可聊备一说。

“白象”，是作家林语堂给鲁迅起的一个绰号。许广平说，鲁迅的老朋友林语堂说鲁迅是“一头令人担忧的白象”；又解释说，大象一般都是灰色的，白象很少见、很特别，所以很可贵，也就令人担忧。这种解释有一定道理。然而林语堂本人并没有对这个绰号做过什么解释。林语堂精通英文，在英文里，“白象”是形容一种昂贵却没有大用途，又不能丢弃，保养又很费劲的物品，这种物品当然是令人担忧的。林语堂起“白象”这个绰号，似有一点英文里的意思，但林的用意肯定不是讥讽，而是一个友好的、暗含着一点替鲁迅担忧的意味。这是个雅致和耐人寻味的绰号。

鲁迅还有个绰号叫“鲁疯子”。这是鲁迅任中山大学文学系主任兼教务主任时，许广平给起的。这在鲁许两人的通信集《两地书》中有记载。表面看，这是一个不雅的绰号，但实则是许广平对鲁迅的昵称。一个“疯”字，也许是嗔怪鲁迅把别人喝咖啡的工夫都用于写作的勤奋劲儿，也许是钦敬鲁迅以笔作枪、与恶势力搏战的奋勇劲儿。对于鲁迅的“疯”，鲁迅家人是了解得最深的。鲁迅长孙孔令飞曾讲过一件鲁迅的“疯事儿”，说鲁迅曾在相思树下思念许广平，忽然来了一头猪吃树叶，打扰了他的思绪，于是鲁迅便与这头猪“搏斗”了一番。鲁迅的所谓“疯”，实际是一种执着、一种韧性、一种刚劲、一种天地不怕的胆量。

鲁迅的老师章太炎也有“疯子”的绰号，人称“章疯子”。在《关于太炎先生的二三事》一文中，鲁迅赞扬章太炎与保皇党的斗争“所向披靡，令人神旺”，这正是在赞扬章太炎勇敢、执着的“疯劲儿”。前有“章疯子”，后有“鲁疯子”，师生二人都是执着、勇敢的革命家。

鲁迅还被人起过一个“拼命三郎”的绰号。1909年，鲁迅在浙江两级师范学堂任教时，因反对学堂监督夏振武的所谓“廉耻教育”而罢教，夏振武等人便给鲁迅起了一个绰号，叫“拼命三郎”。这个绰号并非夸鲁迅是好汉，而是说鲁迅与梁山的匪类一样。鲁迅在一篇杂文中感慨说，旧时锻炼人罪常给人起恶绰号，如讼师要控告张三李四，便称“六臂太岁张三”“白额虎李四”，县官一看，不问事迹，便知是恶棍。（《华盖集·补白》）又说过，“直到后来的讼师，写状之际，还常常给被告加上一个诨名，以见他原是流氓地痞一类”。（《五论“文人相轻”——明术》）鲁迅被夏振武叫作“拼命三郎”，正与恶讼师叫人“六臂太岁”“白额虎”相同，都是用恶绰号罪人。绰号在一定情况下可以变人境遇，这是鲁迅观察社会的一个发现。但鲁迅也认为这个招数效果有限，有时也并不那么灵验。

“绍兴师爷”“刀笔师爷”，是陈西滢、苏雪林等一向与鲁迅不和的文人送给鲁迅的恶名，这个恶名在那些与鲁迅不睦或结仇的人那里，实际上成了一个绰号或准绰号。苏雪林在一篇批评、挖苦鲁迅的长文《我论鲁迅》中说：“鲁迅一辈子运用他那支尖酸刻薄的刀笔，叫别人吃他苦头，我现在也叫这位绍兴师爷吃吃我的苦头。”绍兴师爷，或曰刀笔师爷，在晚清特别是在民国，名声很不好，以致成为以刀笔坑人杀人的坏人的代名词（这个代名词并不准确，对绍兴师爷应做全面分析才对），所以“绍兴师爷”这个绰号，完全是诽谤性的，是一种诬蔑。鲁迅的笔，确实如匕首投枪，但所针对的是恶势力，是国民劣根性，虽然有时也尖刻，也误伤过好人，但绝非什么害人的绍兴师爷的刀笔。鲁迅对于“绍兴师爷”这个恶名恶绰号，当然是极为反感和气愤的，故在一些文章中做了必要的自我辩诬和反击。

鲁迅给人起的绰号

鲁迅给人起过不少绰号。但关于鲁迅是否经常给人起绰号，也有不同的看法。周作人说，“鲁迅不常给人起诨名。但有时也要起一两个”。（《关于鲁迅三数事·诨名》）鲁迅的好友许寿裳说，“鲁迅对人，多喜欢给予绰号，总是很有趣的”。（《亡友鲁迅印象记》）根据我所看到的材料，许寿裳的说法应该更准确。可以说，鲁迅一生都喜欢给别人起绰号。

鲁迅给别人起的绰号，总是事出有因，有“生活出典”的，一般来说充满善意，没有损人挖苦人之意，即使略带调侃，也不让人反感，有的绰号还让人喜欢，但若是嘲讽自己所厌恶的人，起的绰号则比较刻薄。

鲁迅给人起绰号，可以追溯到他的童年。他曾给三弟周建人起过“谗人”和“眼下痣”的绰号，还把好哭鼻子的女生叫“四条”，意思是鼻涕眼泪一块儿流。一次因为吃冰，房客沈四太太阻拦说“吃了要肚子痛”，结果遭到了母亲的责骂，他便给沈四太太起了个“肚子痛”的绰号，抒发了一下小小的不满。

谐谑轻松的绰号，在鲁迅所起的绰号中占相当比例，这类绰号基本就是开玩笑，没有恶意。鲁迅在北京大学讲课时，同事中有位叫川岛的青年教授，留了个学生头，在教授群里挺扎眼，鲁迅就管他叫“一撮毛”，见面时常亲切地叫他“一撮毛哥哥”。钱玄同与鲁迅同门受教于章太炎，鲁迅给他起过一个诙谐的绰号，叫“爬来爬去”。其本事是，钱玄同与鲁迅、周作人、朱蓬仙等在日本听章太炎讲国学课时，钱玄同在课余谈天时说话最多，且常在席上爬来爬去，鲁迅便赠以绰号“爬来爬去”。从这个绰号颇可以想见青年时代的鲁迅和钱玄同等人，同堂听章太炎授课时的风貌。后来，鲁迅把“爬来爬去”简化成了“爬翁”，他在给周作人的一封信里说：“见上海告白，《新青年》二号已出，但我尚未取得，已函爬翁矣。”“爬翁”即钱玄同。海婴是鲁迅的爱子，鲁迅给他起了个绰号，叫“小狗屁”。这个滑稽、戏谑的绰号，浸透了鲁迅的舐犊之爱。

在鲁迅所起的绰号中，有一类可谓之“亦庄亦谐的绰号”，这种绰号多具有某种思想意义，耐人寻味。他给维新人物蒋智由起了一个绰号叫“无威仪”，就是这种亦庄亦谐的绰号。蒋智由原本是主张反清革命的，但后来变了，一次谈服装问题，蒋竟夸赞清朝的红缨帽有威仪，而嫌自己戴的西式礼帽无威仪，后来他又主张君主立宪。鲁迅不满蒋智由的倒退，便把“无威仪”作为绰号送给了他。

鲁迅曾给翻译家严复起过两个绰号，一个是谐谑轻松的，叫“严不佞”，一个是亦庄亦谐的，叫“载飞载鸣”。“不佞”是旧时文人的一种自谦说法，谓自己不才。严复说话写文时总爱说“不佞怎样”，鲁迅便给他起了个“严不佞”的绰号。“载飞载鸣”这个绰号应该与鲁迅和章太炎对严复的译文不满有关。章太炎曾批评严复的译文说：“申夭之态，回复之词，载飞载鸣，情状可见；盖俯仰于桐城之道左，而未趋其庭庑者也。”（《太炎文录·别录》卷二《社会通诠商兑》）这是说严复的译文有八股文气，虽学了些桐城派皮毛却没能登堂入室，“载飞载鸣”四个字是状其文风。鲁迅与太炎师一样，也对严复的文风持批评态度，他写道：“所谓‘桐城谬种’和‘选学妖孽’，是指做‘载飞载鸣’的文章和抱住《文选》寻字汇的人们的。”（《五论“文人相轻”——明术》）“载飞载鸣”，已成了“桐城谬种”的一个符号，鲁迅便把它作为绰号送给了有桐城派遗风的严复。后来，有好事者把鲁迅给钱玄同和严复起的绰号凑在一起做了一副对联，“钱玄同爬来爬去，严几道载飞载鸣”，是很有趣的。严复，字几道。

鲁迅曾给许广平起过两个绰号，一个是谐谑轻松的，叫“小刺猬”，一个是亦庄亦谐的，叫“害马”。“小刺猬”表现了鲁迅与许广平的亲昵。鲁迅平时很喜欢刺猬，在北京时曾买过一个石刻的刺猬，用来镇纸。因为喜欢刺猬，便用作绰号来称呼亲爱的人。“害马”这个绰号，源出女师大风潮。在女师大风潮中，校长杨荫榆在开除许广平等人的布告中说：“即令出校，以免害群。”指斥许广平等人是害群之马。于是，鲁迅索性将“害马”作了许广平的绰号。他在给许广平的一封信里说：“尚希曲予海涵，免施贵骂，勿露‘勃谿’之技，暂羁‘害马’之才……”给母亲写信时说：“母亲放心，害马现在很好……”“害马”这个绰号，既严肃又诙谐，自我调侃中透出对杨荫榆的轻蔑。

鲁迅对自己厌恶的人，有时会用绰号加以挖苦，有的绰号还起得很刻薄，例如给史学家顾颉刚起得绰号就很刻薄。顾颉刚患有红鼻病，鲁迅就给他起了个“鼻公”的绰号，或称“红鼻”“鼻”。在与友人的通信中，鲁迅常以“红鼻”代称顾颉刚，在历史小说《故事新编·理水》里，为影射顾颉刚，塑造了一个鼻子有病的“鸟头先生”。这种用生理缺陷起绰号的方法，当然是不厚道的。

本来，鲁迅一向也是反对用小说搞人身攻击的，但为何对顾颉刚如此挖苦呢？原因是，顾曾说鲁迅的力作《中国小说史略》有抄袭之嫌，鲁迅极为愤恨，与顾结下了死怨，愤然回击，方式也就不那么文雅了。关于《中国小说史略》是否抄袭，胡适曾替鲁迅辩诬，认为此书并非抄袭之作，并评价说，鲁迅的小说史研究“是上等工作”。

今天来看，鲁顾两位大师结怨是一桩很遗憾的事，顾不该那么说，鲁也不该那么起绰号。所幸的是，鲁迅的《中国小说史略》的经典地位，顾颉刚的大史学家的地位，都早已为社会所认可，所推重。

鲁迅小说里的绰号

品读文学作品，不可小看绰号的作用，一个精妙传神的人物绰号，会使这个人物及相关作品长久地活在读者脑海里，如《水浒传》里一百〇八将的绰号，对该书的流传及影响作用巨大。由于绰号对文学的重要性，文学理论中还有了“绰号文学”的名目。

鲁迅作为语言大师和小说家是极看重绰号创作的，他说：“创作难，就是给人起一个称号或诨名也不易。假使有谁能起颠扑不破的诨名的罢，那么，他如作评论，一定也是严肃正确的批评家，倘弄创作，一定也是深刻博大的作者。”（《五论“文人相轻”——明术》）看看，鲁迅是多么重视绰号的创作！他把好的绰号称为“颠扑不破的诨名”，还认为能起佳妙绰号的作者，在评论和创作上也一定是高手。一百〇八将的绰号，正是鲁迅所说的“颠扑不破的诨名”。鲁迅很赞赏这些绰号，曾分析说，“花和尚鲁智深”和“青面兽杨志”的取名着眼在形体，“浪里白跳张顺”和“鼓上蚤时迁”的取名着眼在才能，可知鲁迅曾对《水浒》绰号做过细致的思考。

鲁迅在自己的小说中，也创作了许多颠扑不破的绰号。例如，人们熟知的“孔乙己”“阿Q”“豆腐西施”“假洋鬼子”“九斤老太”等，都是颠扑不破的绰号。一提到这些绰号，仿佛它的主人就会一下子走到你的面前。

《孔乙己》写道：“他对人说话，总是满口之乎者也，叫人半懂不懂的。因为他姓孔，别人便从描红纸上的‘上大人孔乙己’这半懂不懂的话里，替他取下一个绰号，叫作孔乙己。”这个绰号，充满古旧酸腐的气息，对刻画孔乙己这个落魄穷酸的旧式读书人的形象，起了极重要的作用。试问，要想刻画孔乙己其人的风貌，还有比“孔乙己”这个绰号更合适更精妙的名字吗？“阿Q”这个名字，或曰名号，实际也是个绰号，创作它，鲁迅是花了很大心思的。在《阿Q正传》开篇，鲁迅用相当篇幅来解说这个“阿Q”，并借此反映阿Q的社会地位等。“孔乙己”和“阿Q”，皆为中国文学乃至世界文学中的经典人物，之所以能成为经典人物，颠扑不破的绰号起了不小的作用。这样的绰号恐怕也只有深刻博大的鲁迅才能起得出。

鲁迅曾注意到俄罗斯民族有擅长给人起绰号的本领。他在《五论“文人相轻”——明术》一文中说，果戈理曾夸俄国人善于给别人起名号，“名号一出，就是你跑到天涯海角，它也要跟着你走，怎么摆也摆不脱”。《鲁迅全集》的编者在注释此文时抄录了果戈理在《死魂灵》中所说的原话：“俄罗斯国民的表现法，是有一种很强的力量的。对谁一想出一句这样的话，就立刻一传十，十传百；他无论在办事，在退休，到彼得堡，到世界的尽头，总得背在身上走。”原来，俄罗斯人起名号绰号的创造力竟这么强，遗憾的是我没能看到具体的例子。我倒是觉得，若将果戈理的话用于评说鲁迅小说人物的绰号倒是很贴切的，像“孔乙己”“阿Q”“豆腐西施”“假洋鬼子”“九斤老太”这些绰号，都是一传十，十传百的，都是能够流传九州，甚至走向世界的。

余　话

一个小小的绰号，一个取绰号的行为，包含和承载了那么多有意义、有意思的历史信息和文化信息，这恐怕是许多人想不到的。鲁迅作为一个伟大的思想家、文学家和革命家，竟与绰号有那么多的关联，恐怕也是许多人想不到的。在人数众多的现代作家群里，高度重视绰号在创作中的作用，并对绰号做过精辟论说的作家，鲁迅以外，恐怕是不多的。

从“鲁迅与绰号”这个角度观察和了解鲁迅，特别是观察其性格和情趣，颇能看出一些以往被忽略甚至被误解的东西。比如，今人对鲁迅的印象，大多只有严肃、冷峻，“横眉冷对”似乎就是鲁迅的标准像；而实际上，鲁迅是个天性幽默风趣，很爱开玩笑的人，他爱给人起绰号，起诙谐、有趣、轻松的绰号，便是他幽默风趣的天性的表现。

老舍先生笔下的旗人心理

古人的心理，史书多缺而不传

郭沫若先生写历史剧的时候，常感到史上人物的心理很难把握，因此，人物的对话便不好下笔。他在《历史·史剧·现实》一文中说："古人的心理，史书多缺而不传。"道出了难以把握古人心理的原因。的确，中国的史书，能够反映古人心理的文字很少。"燕雀安知鸿鹄之志""天亡我也，非战之罪也"之类能洞见人物心理的文字，司马迁以后越来越少了。虽然在诸如《世说新语》一类杂史笔记中也留下了一些记录人物心理的文字，但总体来说，古籍文献中的人物心理史料是稀缺的。古人的心理，实际上分为两种，一种是具体人物的心理，即郭老所说的古人心理；另一种是古人的群体性心理，即社会心理。不论是哪一种古人心理，若想从古籍文献中觅得，都是不容易的，诚可谓"文献不足征"也。

历史小说在一定程度上可以弥补这种缺憾。陈寅恪先生认为，小说可以证史。这可证之史，当然包括心理史。

就是说，历史小说是可以作为我们考察古人心理的一种史源的，换句话说，历史小说是一种特殊的心理史料。

当然，历史小说有各种各样，在觅知古人心理方面，价值是不同的。一般来说，影响这种价值之高下的因素主要有以下几点：一、如果小说的作者距离所写的时代较近，隔膜就会少些，所写历史人物的心理也便会相对真实些；二、如果作者所描写的人物心理是以相关的史料为基础的，那么这种描写便易于接近实况。三、如果作者对所写时代的世道人情有较深的了解，那么所写的古人心理，也会接近实况。比如，晚清小说家曾朴写的小说《孽海花》，是晚清人写晚清事，所写的人物故事和人物心理，许多是以真实的历史和相关史料为背景为依据的，所以其所描写的人物心理便具有较多的真实性。又如《水浒传》《金瓶梅》一类小说，因作者对所写时代的世道人情有相当深刻的了解，所以书中所呈现的社会心理，多是很接近历史真实的。

清末旗人心理史

老舍先生写的历史小说《正红旗下》，有大量关于清末旗人心理的描写，这些描写具有相当的历史真实性，甚至可以作为清末旗人的心理史来读。

这种历史真实性的形成，与老舍的历史意识及生平经历有很大关系。老舍虽然不是历史学家，但历史意识很强，特别是对本民族满族的历史，更有一种强烈的寻根、考察意识和加以描述的愿望，对晚清旗人的没落史更抱有一种自觉的反省态度。他写作《正红旗下》，就是他的浓厚的历史意识的体现。老舍生于清末，本人是旗人（正红旗），是清末民初旗人历史的亲历亲见亲闻者，他对清末社会有直接感受，对清末旗人的生活和心理有较多的体察。《正红旗下》虽是小说，却属家传性质，可谓家传性历史小说。小说中的人物和故事，多有历史原型，这些原型既是小说素材，更是历史原貌和珍贵史源。老舍根据这些历史原型和自己的亲身感受写出的《正红旗下》，必然具有相当的历史真实性。老舍又是极善于描摹人物心理的作家，这使他对清末旗人心理的描述相当真切。那些在《清史稿》中看不到，在《上谕八旗》《八旗通志》等八旗文献中也看不到的旗人心理状况，被老舍的"史笔"复原出来了。《正红旗下》可谓一部清末旗人的心理史。

清末旗人的心理状态，与清初旗人已有很大不同。清初，八旗军队威武彪悍，八旗子弟生活富足，那时旗人的心理和精神状态，可用"刚健骄横、踌躇满志、怡然自得"这些词来形容。到了清末，大清已处于"残灯末庙"的境地，旗人的心理和精神状态便转为颓唐堕落。他们不再好好训练骑射，也无其他谋生之计，只靠着"铁杆庄稼"（钱粮）混日子，提笼架鸟、斗蛐蛐、泡茶馆、吸鸦片、游逛惹事，成了他们的生活常态。这时的旗人心理，已完全是病态的了。《正红旗下》所描述的旗人心理正是这种病态心理。

旗人的阿Q心理

清末旗人的病态心理，与鲁迅笔下的阿Q心理有颇强的相似性。

阿Q自认“门第高”“先前阔”，名言是“我们先前比你阔多啦！你算是什么东西？”处于败落状态，生计日窘的清末旗人，也有很强的这种阿Q心理。旗人的想法是，“我们祖宗当年入关，比你们厉害多啦！”《正红旗下》写了个满翰林，就有浓厚的“门第高”“先前阔”的心理，这个“满翰林是个矮胖子，他的祖先曾征服了全中国，而他自己又吸收了那么多的汉族文化，以至当上翰林，所以不像汉翰林那么拘束。他觉得自己是天之骄子，他的才华足以应付一切人，一切事”。这个满翰林之所以底气十足，就因为他觉得旗人“门第高”“先前阔”。自己的祖先征服了全中国，自己又那么有才华，所以一切人和事都不放在他眼里。

《正红旗下》主人公的大姐婆婆，也是个满脑子“门第高”“先前阔”的旗人。债主来讨债，她总是慷慨激昂地交代自己是子爵的女儿，佐领的太太，有铁杆庄稼，误不了还债，她“这几句豪迈有力的话语，不难令人想起二百多年前清兵入关时的威风，因而往往足以把债主子打退四十里”。其实，清兵入关都二百多年了，她还仗着当年清兵的威风和债主说话。

吹嘘“先前阔”，本是一种破落户心理。郑板桥在一封家书里说：“失路名家，落魄贵胄，借祖宗以欺人，述先代而自大。”（《郑板桥集》）只有破落了，才需要吹嘘以往，吹嘘祖宗。清末旗人正是如此。他们没有别的资本，只好吹嘘清兵二百年前的威风。

阿Q自认“门第高”，旗人也认为自己“比别的民族都高着一等”。（《正红旗下》）所以，旗人的优越感很强。《正红旗下》里有个人物叫多老大，此人每逢想起“敬”烟之类的规矩，便油然从心底涌起一股优越感：“是呀，这一条，和类似的多少条规矩，无论怎么说，也不能不算旗人们的创造。在他信教以后，他甚至这么想过：上帝创造了北京人，北京的旗人创造了一切规矩。”看看，他的优越感有多强，旗人的本事有多大。云亭大舅也是个旗人高明论者：“遇到大事，像满汉应否通婚，大清国的人应否信洋教，他就觉得旗人应该比汉人高明，心中有个准数儿，不会先犯错误。”他觉得，旗人当然要比汉人聪明，是一定要管国家大事的。

虚荣护短、夸饰逞强，这是阿Q心理，也是清末旗人的心理。阿Q明明长着癞疮疤，却极尽掩饰，讳言一切近于“癞”字的音，连“光”“亮”也不许别人说。清末旗人明明经济拮据，却偏要“耗财买脸，傲里夺尊”，以求“誉满九城”。（《正红旗下》）《正红旗下》写旗人家庭遇上婚丧大典，连胯骨上的亲友也一定邀来贺喜吊丧，否则就觉得脸上无光，死了也欠光荣，结果，红白喜事虽然办妥了，自己却几近倾家荡产。

欠债，本不是光彩的事，但有些旗人却以欠债多来显示自己有身份、够派头。《正红旗下》里的定大爷就是这路旗人。定大爷手下的管事对王掌柜说：“你想想吧，若是一节只欠你一两银子，我怎么向大爷报账呢？大爷会说：怎么，凭我的身份就欠他一两？没有的事！不还！告诉你，老掌柜，至少开十两，才像个样子！”虚荣逞强，以至于此。

阿Q的精神胜利法不知啥时候被旗人学到了手，旗人常用此法“化解”经济窘境。清末，旗人债台高筑是常态，这使得往昔敬畏他们的汉人商铺老板开始对他们大不敬。《正红旗下》写道：“连油盐店的山东人和钱铺的山西人，也对旗籍主顾们越来越不客气了。他们竟敢瞪着包子大的眼睛挖苦、笑骂吃了东西不还钱的旗人。”那旗人咋办呢？“大姐说的好：反正钱粮下来就还钱，一点不丢人！”于是，“领到饷银，便去还债。还了债，所余无几，就再去赊”，赊得面子过不去了，就再用“一点不丢人”宽慰自己。他们想，别看我欠钱，老子是享受钱粮的天潢贵胄，总有钱还的！别看你们把眼睛鼓得像包子一样，实际上你们汉人比我们旗人低一辈儿呢！一想到这儿，他们的心理就平衡了。

清末旗人的麻木心理，也颇像阿Q。阿Q挨了揍便很快忘记，被判了死刑还为画圈不圆而遗憾，浑浑噩噩，荣辱颠倒，可谓麻木至极。从《正红旗下》可以看出，清末旗人的麻木心理也相当严重，老舍的点睛之笔是：“二百多年积下的历史尘垢，使一般的旗人既忘了自遣，也忘了自励。他们创造了一种独具风格的生活方式：有钱的真讲究，没钱的穷讲究。生命就这么沉浮在有讲究的一汪死水里。”自遣、自励都忘了，心灵已经麻木。他们不论有钱没钱，都要讲究生活乐子，天下事全然不管，他们生活在一汪死水里，却浑然不觉。

旗人对生活的讲究，特别表现在吃喝玩乐上。《正红旗下》里的多甫大姐自豪地说：“咱们旗人，别的不行，要讲吃喝玩乐，你记住吧，天下第一！”怎么个讲究吃喝玩乐呢？老舍写道，他们“把毕生的精力都花费在如何使小罐小铲，咳嗽与发笑都含有高度的艺术性，从而随时沉醉在小刺激与小趣味里”，“他们在蛐蛐罐子、鸽铃、干炸丸子……等等上提高了文化，可是对天下大事一无所知。他们的一生像做着个细巧的、明白而又有点糊涂的梦。”他们讲究的都是些小趣味，寻求的都是小刺激，天下大事是不往他们心里装的。他们的头脑是糊涂的，灵魂是苍白的，但他们自我感觉良好。

面对变法的旗人心理

旗人的政治地位比民人（汉人等非旗人）高一等，经济上享受官家钱粮，所以他们先天不愿意变革。他们虽也不满现实，有时还满腹牢骚，但却反对朝廷变法。《正红旗下》对此有不少描写。

大舅、大姐的公公和丈夫，“都激烈地反对变法，大舅的理由很简单，最有说服力：祖宗定的法不许变！大姐公公说不出更好的道理来，只好补充了一句：要变就不行！事实上，这两位官儿都不大知道要变的是哪一些法，而只听说：一变法，旗人就须自力更生，朝廷不再发给钱粮了”。大姐公公还愤愤地说：“出那样主意（指变法）的人该剐！”总之，变法就像挖了他们的祖坟，谁变他们就反对谁。

旗人对于清王朝的态度，可以用“爱惜”二字概括。他们觉得自己是皇帝的“嫡系”，大清朝是自己的“衣食父母”和靠山，所以，谁想与清朝为难，他们绝不答应。他们的心理是：一有什么风吹草动，“旗人应当向着朝廷”。（《正红旗下》）所以，旗人中造反的很少。

《正红旗下》有个旗人福海，虽信仰一向被朝廷视为有邪气的白莲教，但“他没有造反、推翻皇朝的意思，一点也没有。他只是为坚守不动烟酒的约束，而入了‘理门’。”理门是倡导戒烟酒的组织，属于白莲教系统。福海看到旗人王十成参加了造反活动，便告诫自己："不管怎样，一个旗兵不该支持造反的人。"在旗人中，不造反的福海比造反的王十成多多了。老舍对旗人的政治要求有个总结：在那年月，旗人希望永远做旗人，千秋万代。

旗人的奴性心理一向比较重，这应是他们反对变革的原因之一。鲁迅说："满洲人自己，就严分着主奴，大臣奏事，必称'奴才'，而汉人却称'臣'就好。这并非因为是'炎黄之胄'，特地优待，锡以嘉名的，其实是所以别于满人的'奴才'，其地位还下于'奴才'数等。"（《且介亭杂文·隔膜》）满人、旗人是很珍视自己的"奴才"地位的，他们以当"奴才"为荣耀。变革，就要推翻他们的主子，改变他们的"奴才"地位，那还了得，绝不能答应！满族进入封建制较晚，入关前还有奴隶制残余，这应是旗人奴性较重的总根源。

"从心儿里烂掉"的重要指标

老舍写《正红旗下》的立意，老舍夫人胡絜青曾这样解释："老舍通过各色各样的人物形象，要告诉读者：清朝是怎样'从心儿里烂掉的'。"我觉得，旗人的病态心理，是清朝从"心儿里烂掉"的一个极重要指标。因为，心理是深层的东西，病态心理是社会病态的深层表现。老舍写旗人的病态心理，就是从深层揭示清朝是怎样从"心儿里烂掉"的。

老舍不仅在《正红旗下》里写了旗人的病态心理，在《四世同堂》《二马》等作品中，还写了一般国人的病态心理。比较起来，《正红旗下》写的稍远一点，揭示的是一个特殊群体的心理，而且写得最生动、最深刻。

老舍揭示旗人的病态心理，与鲁迅揭示国民劣根性是相通的，因之，他们的作品便有了某些相通之处，老舍笔下的旗人心理有点像阿Q心理，也就不奇怪了。

儒化的人名

传统文化流派中，哪家对中国人的影响最深广？无疑是儒家。有一证明方法，简单，直观，且可靠，即考察一下中国人的名字与儒典的联系。试考之。

取自《论语》的名字，如毛泽东的女儿李敏、李讷，取自《论语·里仁》“君子欲讷于言而敏于行”。安史之乱祸首之一史思明、清代藏书家胡思敬、音乐家马思聪，取自《论语·季氏》“孔子曰：‘君子有九思：视思明，听思聪，色思温，貌思恭，言思忠，事思敬，疑思问，忿思难，见得思义。’”李宗仁，字德邻，取自《论语·里仁》“德不孤，必有邻。”国军将领孙立人、史学家孙达人，取自《论语·雍也》“夫仁者，己欲立而立人，己欲达而达人”。古建筑学家陈从周，取自《论语·八佾》“郁郁乎文哉，吾从周。”数学家陈省身，取自《论语·学而》“吾日三省吾身。”

取自《诗经》的名字，如秦邦宪，即博古，取自《诗经·小雅·六月》“文武吉甫，万邦为宪。”张闻大，取自《诗经·小雅·鹤鸣》“鹤鸣于九皋，声闻于天。”

革命家冯白驹、理论家邢贲思，取自《诗经·小雅·白驹》“皎皎白驹，贲然来思”。胡乔木和夫人谷羽，取自《诗经·小雅·伐木》“出自幽谷，迁于乔木”。中组部副部长陈野苹、科学家屠呦呦，取自《诗经·小雅·鹿鸣》“呦呦鹿鸣，食野之苹”。钱其琛，取自《诗经·鲁颂·泮水》“憬彼淮夷，来献其琛。”琼瑶，取自《诗经·卫风·木瓜》“投我以木桃，报之以琼瑶。”

取自《易经》的名字，如唐人骆宾王，字观光，取自《易经·观卦》“观国之光，利用宾于王。”茶圣陆羽，字鸿渐，取自《易经·渐卦》“鸿渐于陆，其羽可用为仪”。国军将领陈诚，字辞修，取自《易经·乾卦》：“修辞立其诚，所以居业也。”军事家蒋百里，字方震，取自《易经·震卦》：“震惊百里，不丧匕鬯”。

取自《周礼》的名字，如公安部部长赵苍璧，取自《周礼·春官·大宗伯》“以玉作六器，以礼天地四方，以苍璧礼天，以黄琮礼地。”苍璧，是中国古代最隆重的礼器。

取自《尚书》的名字，如北洋政府国务院代总理、伪北平市长江朝宗，取自《尚书·禹贡》“江汉朝宗于海。”

以上诸例，可证儒家文化对中国人取名的深刻影响。儒外各家及外来文化，也对中国人取名风习有影响，如庄梦蝶、林秋水取自《庄子》，马约翰、周方舟取自《圣经》等。然其影响力都远弱于儒家。这足可说明一般民众最看重儒家文化，儒家文化占据了中国人意识的主要地盘。批林批孔时，有激进分子欲与儒家划清界限，竟妄改父母给自己取的儒化嘉名，但很快便懊悔不已。

儒家文化具有强势影响力，并非偶然。“独尊儒术”固为重要原因，儒家文化的自身魅力则更为重要。“富贵不能淫，贫贱不能移，威武不能屈，此之谓大丈夫”，具有何等的气魄和高贵；“自强不息，厚德载物”，具有何等的感召力和凝聚力。当然，儒家文化也有糟粕，如“礼教杀人”。

从中国人取名的实际情况看，从儒典中取的名字，不仅文辞美好，也多蕴含有益的思想。这是个明智的取名方法。

“黄狸黑狸，得鼠者雄”

小平同志在总结刘邓大军打仗经验时说：“刘伯承同志经常讲一句四川话：‘黄猫、黑猫，只要捉住老鼠就是好猫。’这是说的打仗。我们之所以能够打败蒋介石，就是不讲老规矩，不按老路子打，一切看情况，打赢算数。”这是小平在表达一种军事辩证法思想，即要想打胜仗，必须“一切从实际出发”。

“黄猫黑猫”这句俗话，渊源颇为古老，清代小说家蒲松龄所写《聊斋志异》卷四《驱怪》一文的末尾，有句评语：“异史氏曰：‘黄狸黑狸，得鼠者雄。’此非空言也。”

异史氏，是蒲松龄的自称。把“黄狸黑狸，得鼠者雄”翻译成白话，就是“不管黄猫黑猫，捉住老鼠就是好猫”。“狸”，严格说来，指野猫、狸猫。《说文解字》注云：“狸，谓善伏之兽，即俗所谓野猫。”但在此俗语中，泛指猫类。雄，是雄杰。所谓“此非空言也”，是蒲松龄在夸赞“黄狸黑狸，得鼠者雄”是一句大实话。蒲松龄所引的这句俗语中，猫的颜色是黄与黑，此为这句俗语的原版或清代版，刘帅和小平引用这句俗语时，说的也是“黄猫黑猫”，他们是沿用了清代的版本。

这句俗语最早产生于何时？蒲松龄是清代顺治康熙时人，他的《聊斋志异》里有此俗语，说明此语最晚在清初就已经产生了。有《聊斋志异》注本说，此俗语源出《黄帝阴符经》。相传《黄帝阴符经》出自唐代李筌之手，宋代朱熹作过《考异》。若按此说法，这句俗语的源头就可上推到唐宋时代了。

人们常说这句俗语是四川方言，这当然不错，但实际上流行的范围估计要大得多。蒲松龄是山东人，《聊斋志异》里有“黄狸黑狸，得鼠者雄”，这说明这句俗语已流行于山东。蒲氏写《聊斋志异》时，宅门外总设一茶座，谁说了新鲜故事便可免掉茶钱，他再将故事加工成《聊斋志异》文字。或许是某位茶客将这句俗语告诉了蒲松龄，蒲便将其记入了《聊斋志异》中。此俗语流行于山东，那么说它是山东方言也是可以的。

这句俗语不仅流行广泛，使用频度也很可观。清末有一位在华的美国传教士叫亚瑟·亨·史密斯，他在光绪二十年出版的《中国人的气质》一书中写道：“在中国，‘捉住老鼠，就是好猫’，成功就是一切。”虽然只引了俗语的后半句，但看得出他是熟知这句俗语的。一个外国人，倘若不是耳朵里经常灌入这句俗语，他是不会熟悉这句俗语并写进书里的，由此可以推知这句俗语在社会上的应用频度。

为什么从古到今大家都爱说这句俗语？诚如蒲松龄所言，“此非空言”也；因它是一句大实话也。这样一句精彩、实用的大实话，怎能不被频频使用呢？

从张打油说到胡钉铰

张打油、胡钉铰，在古代诗坛，他们只能算是与诗搭了点边的边缘人物，但要说写打油诗，他们则是最著名的人物。史书上当然没有他们的位置，但野乘杂钞里却留下了他们的逸事和传说。他们虽不入流，却毕竟与文化史有关。所以，考查一下他们的事迹，还是有意义的。

大家都知道，打油诗之“打油”二字，出自人名张打油。张打油确有其人，有学者认为他是唐朝人（但证据不够结实），也有的历史材料说他是元朝人，并说他曾在河南开封做过官。相传张打油擅作诙谐通俗的诗，其代表作是《雪诗》：“江上一笼统，井上黑窟窿。黄狗身上白，白狗身上肿。”观察得很细致，用语也很巧妙，老妪也能看懂，看后还要哈哈大笑。张打油虽然有大名，但他的诗留传下来的却不多。没有人，当然也没有办法为他编诗集，他的那些打油诗只是散见在一些笔记杂著中。

偶翻《中国古典戏曲论著集成》，见到所收入的明人李开先写的《词谑》，记下了一段关于张打油的掌故，其中提到了张打油写的一首诗。这段掌故，这首诗，皆甚有趣，但知道的人不多，这里抄录下来，与读者共赏之。

> （开封）参知政事，厅后作一粉壁。雪中升厅，见有题诗于壁上者："六出飘飘降九霄，街前街后尽琼瑶。有朝一日天晴了，使扫帚的使扫帚，使锹的使锹。"参政大怒，曰："何人大胆，敢污吾壁？"左右以张打油对。答以："某虽不才，素颇知诗，岂至如此乱道？如不信，试别命一题如何？"时南阳被围，请禁兵出救，即以为题。打油应声曰："天兵百万下南阳。"参政曰："有气概！壁上定非汝作。"急令成下三句，云："也无援救也无粮。有朝一日城破了，哭爷的哭爷，哭娘的哭娘。"依然前作腔范。参政大笑而舍之。以是远迩闻名。

第一首诗中，"六出"一词，是雪花的别称。花分瓣叫"出"，雪花六角，故称"六出"。张打油写的这两首题壁诗，都是前面两句既庄且雅，后面两句则谐趣而通俗，令人忍俊不禁，难怪参政大人"笑而舍之"，不再追究张打油在官厅上题壁的行为。张打油就是靠了这种通俗诙谐的打油诗而远近闻名的，而他本人的名字也最终成了打油诗的标识。

但打油诗的标识性人物，却并不只张打油一人，还有一个叫胡钉铰的。在明清时候，文人论诗，当提及打油诗人时，常常是张打油、胡钉铰二人并提。例如，明代大诗人杨升庵评论张祜的诗时说："张祜诗虽佳，而结句'终日醉醺醺'，已入'张打油、胡钉铰'矣。"又在评论韦应物的诗时说：'吴中盛文史，群彦今汪洋。方知大藩地，岂曰财赋强。'乃类张打油、胡钉铰之语。"清代文人林昌彝写有一本《射鹰楼诗话》，评论诗人赵翼说："赵诗品格浅俗，如打油、钉铰，此调断不可学。"从杨升庵和林昌彝的诗评中可以看出，胡钉铰也是一位很有名的打油诗人，有名到了堪与张打油齐名的程度。钱锺书先生曾称胡钉铰为"张打油之流亚"。据说钱先生曾给擅诗的吴忠匡教授写信，赞其诗曰："尊诗贤于赵钉铰、郭打油远矣。"赵指赵朴初，郭指郭沫若，所含典故即张打油、胡钉铰事。

对于张打油其人其诗，懂一点打油诗掌故的人大都知道一点，但对于胡钉铰，恐怕人们就很陌生了。

关于胡钉铰其人，《辞源》上有几句简单的介绍："唐贞和元和间人，名本能。以钉铰为业。能诗，不废钉铰之业，远近号为胡钉铰，其本名转不著。"一说其本名叫胡令能。看来，胡钉铰也是个史上人物，他这个"钉铰"之名，实际也是一个绰号，得自于他从事的钉铰之业——拾掇、修补器具之类。胡钉铰既能写诗，又不废钉铰之业，看来是个"文武兼备"，带着一点儒者气息的体力劳动者。

胡钉铰的事迹和传说，唐人范摅所著《云溪友议》卷九记载最详：

> 里有胡生者，家贫，少为洗镜铰钉之业。倏遇甘果、名茶、美酝，辄祭于列御寇之祠垄，以求聪慧，而思学道。历稔，忽梦一人，刀划其腹开，以一卷书置之于心腑，及觉，而吟咏之句，皆绮美之词，所得不由于师友也。既成卷轴，尚不弃猥琐之艺，真得隐者之风，远近号为胡钉铰。

这真是一个存心向学，努力上进的青年。家贫而不废求学之念，干着钉铰的猥琐手艺，却仍想着学道。这样的青年，在那个时代，委实是难得的，若是在今天，恐怕就是那种虽家贫却能考入北大清华的学子了。但此君颇有些迷信思想，为求聪慧，竟祭拜先秦道家名人列御寇，以求佑助，又因为总想着迅速成才，竟产生了破腹置书的梦境。

胡钉铰写的诗，《全唐诗》竟收了四首，可见他写过一些不错的诗。代表作据说是《小儿垂钓》："蓬头稚子学垂纶，侧坐莓苔草映身。路人借问遥招手，怕得鱼惊不应人。"写小儿垂钓时的天真、童趣，蛮有诗意，绝不像"黄狗身上白，白狗身上肿"那样俗白。但他之所以能与张打油齐名，肯定是因他曾写过不少类似"黄狗白狗"之类的打油诗，只是那些诗没流传下来罢了。

这个胡钉铰，后来被神仙化了。在通俗演义小说《三宝太监西洋记通俗演义》中，他成了一个颇具神通，类似于鲁班爷那样的能工巧匠。此书第十七回“宝船厂鲁班助力，铁锚厂真人施能”写道，有个叫胡定教的真人，本是天上的左金童，后来化身为钉碗的，自称是山东莱州府蓬莱县人氏，自幼会钳各色杂扇的钉角儿，故人称“葫芦钉角”。又写道，在郑和的宝船厂中，他大显神通，铸造铁锚，使郑和能够顺利地乘船下了西洋。这个小说里的胡定教，其实就是胡钉铰，在这里，胡钉铰已被神化成了真人、金童，成了无所不能的神仙。

这个胡钉铰，除在杨升庵等文人眼里被视为打油诗的代表人物之外，在民间，他还被金匠、银匠、铜匠、铁匠、锡匠和小炉匠奉为祖师爷。如民间俗典《玉匣记》上说：“铜匠、锡匠、银匠，俱胡锭角祖师。”胡锭角，即胡钉铰。这些工匠之所以奉胡钉铰为祖师爷，显然是因为胡钉铰曾“为洗镜铰钉之业”，是自己的“行业祖先”，而那些神化、仙化胡钉铰的传说故事，则更加强化了他们奉胡钉铰为祖师爷的信念。

关于《三宝太监西洋记通俗演义》中的“葫芦钉角”之类故事的来源，我没有考证过，但我想，那些崇奉胡钉铰为祖师爷的工匠，应当是这些传说故事的重要创造者，他们既参加了神化祖师爷的过程，又对神化之后的祖师爷深怀着笃信和崇敬。

照见人物心态的镜子

陆侃如、冯沅君在研究唐代诗人王维时，有个发现，就是王维在诗中“最爱用‘静’字”。陆、冯二位先生认为这个“静”字是“开发王维的诗的钥匙”。我想，这把钥匙所能开发的，不仅包括王维的诗的艺术，还应包括他作诗及不作诗时的心态。譬如，由王维“晚年惟好静，万事不关心”一类言及“静”字的诗，可以窥见他淡然恬然、闲适安宁、喜好静穆的心态。

由诗人喜用某字而窥见其心，可说是读诗知人的一个妙法。前辈学人偶用此法，便有重要发现；然似尚未作为一种读诗方法总结过。我姑名之为“因字见心法”，并试举前辈学人用此法读诗的几个例子，以彰明此法。

社会学家潘光旦在研究古代妇女心理时，发现她们作诗极爱使用表现消极情绪的字眼，潘先生对一部收录清代女词人作品的《销魂词》做了个统计，结果有了惊人发现：在二百三十多首词中，“意义消极之字”竟在1600个以上。这些消极字眼即“愁”“啼”“病”“瘦”“怜”“憔悴”“断肠”“销魂”之类。（潘光旦《冯小青——一件影恋之研究》）潘光旦由此得出结论：中国女子因为受压迫，发生精神郁结是普遍的现象。

从消极类字眼，看出精神郁结状态，从女词人笔下消极类字眼的频繁出现，看出旧时代中国妇女精神郁结状态之普遍，是潘光旦的一个重要发现。

画家丰子恺在谈到中国人普遍具有爱乡心理时，也是借助古诗词中的用字来分析的。他在《故乡》一文中说："在古人的诗词中，可以看见'归''乡''家''故乡''故园''作客''羁旅'等字屡屡出现，因此可以推想古人对于故乡是何等地亲爱、渴望，而对于离乡作客是何等地嫌恶的。"丰子恺因字见心，推想完全在理。当我们读到那些频频出现"故园""羁旅"一类字眼的诗词时，确能深切地感受到作者浓烈的乡情乡愁。

丰子恺还有一个发现，就是在古人的诗词集子里，几乎没有一页没有"花"字、"月"字、"酒"字。据此，丰子恺认为，对花，邀月，饮酒，是古人企望和追求的极大乐事。这一发现，对于洞见古人的人生观和精神生活很有帮助。

毛泽东诗词写得好，鉴赏者也多，冰心写过一篇鉴赏文章，方法也是因字见心。她在《毛泽东诗词鉴赏一得》中写道：汉字里有一个字最有力量，就是"万"字，这个字能表达浩大的气势和雄伟的气魄，毛泽东的诗词就常用"万"字，如"看万山红遍""寥廓江天万里霜""万木霜天红烂漫”等等，表达了作者的胸怀和气魄。冰心的分析确有道理，这个“万”字能给人一种宏大感和强力感，翻一翻毛泽东诗词集，可以找出许多个“万”字，这个“万”字在毛诗中确实起到了很强的表现“气势”的作用。从毛喜用这个字，也能看出他具有常人不及的气魄和胸襟。

细读毛泽东诗词，还可发现他喜用“大”字和“风雷”一词。如“大雨落幽燕”“风卷红旗过大关”“百万雄师过大江”，如“风雷磅礴”“风雷动，旌旗奋，是人寰”“五洲震荡风雷激”等。毛泽东气魄雄健，喜讲斗争哲学，斗志从未衰竭，这从他写诗词爱用“大”和“风雷”等字词中也能看出来。

因字见心，不仅读诗可用此法，读文章也然。郭沫若对“韩非刑名法术之学与黄老之道的关系”的研究（《十批判书·韩非子的批判），便在一定程度上也得益于因字见心之法。郭老说，韩非在文章里很爱用“诡”字，这个“诡”字，实即“大智若愚”之意，即舍去外在的智，运用心里的智。郭老又认为，这个“诡”字与老子的“先予后取”之术是一脉相承的。司马迁认为韩非的刑名法术之学“归本于黄老”，郭老对韩非文章喜用“诡”字的分析，佐证了司马迁的看法。

诗文是思维、心态的外壳，一个诗人、作家，写作时爱用什么字，常用什么字，确实能反映出他的心态，反映出他的性情志趣。因之，要想了解某个诗人、作家的内心，不妨留心一下他写作时爱用什么字，常用哪些字，这有可能会发现他的精神世界的“新大陆”。可以说，这个方法是一面能够照见人物心态的镜子。

日寇暴行让纳粹震惊

德日法西斯都是法西斯，但要比谁更残忍，日寇明显要胜过纳粹。日寇的暴行甚至让纳粹震惊。

美国人雷蒙德·戴维斯将军和丹·温法官写过一本书《进攻日本——日军暴行及美军投掷原子弹的真相》，披露了南京大屠杀中许多令人发指的日寇暴行，并感叹暴行的狂暴程度甚至让时在南京的纳粹分子也深感震惊。

书里写道："南京大屠杀所呈现的残暴和惨烈的程度，已达到令人费解的顶峰。一位目击惨状的美国传教士说，这简直是人间地狱。妇女被强奸后再被钉在墙上，或加以刺穿，或钉在木板上并让坦克车碾过。男人则被用铁钩穿舌，然后挂起来，或是下半身被埋在土里，让上身被德国狼犬撕碎。婴儿也不能幸免，或是被抛上去，下面用刺刀迎个正着，或是被丢入滚热的水锅。日军各种暴行的残忍程度让城内的德国纳粹都极为震惊。"

要说纳粹的残暴，已是举世闻名，但日寇的残暴程度却让纳粹也自叹弗如。论杀人手段，纳粹基本以常见的枪杀、绞刑、毒气、火烧、活埋为多，其他匪夷所思的花样较少，而日寇的杀人手段则不仅花样翻新，而且极其残忍，其丧心病狂的程度远在纳粹之上。

何以德日法西斯都极为残暴？何以日寇的残暴又在纳粹之上？这应作为一个课题由历史学家、社会学家和心理学家来研究。

我只想到两点：一，野蛮、残忍之性，历来与封建性相连，德日两国虽已进入资本主义社会，但封建传统很强，反文明的思想和风习甚多，其中尤以日本的封建性更强。封建性加法西斯，其野蛮、残忍可知。二，日本谚云：“日本刀，大和魂。”这是个崇尚杀伐暴力的民族，武士道精神已渗透到日本人的性格中。日寇还有一个极端邪恶的观念，认为你弱小，就该杀，你是劣等民族，就该像牲畜一样被宰杀。纳粹也有这种观念，但不如日寇强。

蒋介石应读过《论持久战》

抗日战争必须打持久战才能胜利，关于这个战略思想的发明权，近年有不少说法，如说军事理论家蒋百里先生就曾谈过持久战问题，等等。但是，要说最系统、最专门、最清晰、最高屋建瓴地论述持久战问题，且影响力最强的书，还是应该推毛泽东的《论持久战》。这部书无论从军事学术上，还是指导抗战的实用性上，都堪称伟著。

蒋介石读过毛泽东这部书吗?

蒋是中国战区最高统帅，要想统帅得好，必须具备正确的战略思想，所以多读一些论述战略问题的书籍是有益的，而毛泽东的《论持久战》正是论述抗战战略问题的优秀之作，若从道理上讲，蒋介石是应该读读这本书的。但是，目前好像还没有发现能够证明蒋介石曾读过毛的《论持久战》的直接材料。

但我看到了一条能够间接证明蒋读过毛此书的史料。周恩来的秘书童小鹏在《在周恩来身边四十年》一书中披露，1938年11月25日至28日，蒋介石在南岳召开有三百多位高级将领参加的军事会议，讨论抗战新阶段的战略方针，在会上，白崇禧把毛泽东的《论持久战》介绍给了蒋介石。

童小鹏这里所说的“介绍”，恐怕不仅仅是把书递给了蒋了事，而应是说过“此书可以看看”、“书里有些东西值得看看”之类的话。白崇禧是国军著名的“小诸葛”，颇具战略头脑，打仗相当不简单，他的介绍，实际也是推荐，料想蒋是会重视的。从这条史料来看，蒋介石很可能读过毛泽东的《论持久战》。我估计还不是随手翻翻了事。

因为，第一，当时的军事会议正研讨抗战的战略问题，作为最高统帅的蒋介石总要看一看共产党方面怎么说，而出自共产党最懂军事战略的毛泽东之手的书，最能代表共产党的看法。第二，对于毛泽东的军事才能，蒋还是认可的。有个演长征的电视剧，蒋有句台词说：“这个毛泽东看着像个文人，实际上脑子里总在琢磨怎么打仗。”这是有现实根据的合理创作。长征中蒋介石一路围追堵截也没消灭红军，毛的本领蒋是领教过的，所以看一看这个会打仗、懂战略的昔日对头怎么讲抗战战略，还是有必要的。第三，毛泽东这本书确实有相当价值，对制定抗战方针很有参考意义，蒋介石本人是军事家，也是战略家，他还是“识货”的，估计他一拿起来还放不下呢。

所以我说，蒋介石应该读过毛泽东的《论持久战》。

宋美龄答希特勒密使问

抗战中，宋美龄位居权力中枢，对抗战所做的贡献较大。1988年，为缓和海峡两岸关系，邓颖超致信宋美龄，有言："回首当年，国难方殷，夫人致力全民抗战，促成国内团结，争取国际援助，弘扬抗日民气，救助难童伤兵，厥功至伟。……夫人谋国之忠，诚如令姊孙夫人所言，我极为钦佩！"这不是客套话，是真诚的肯定。

对于宋美龄的抗战事功，如促成西安事变的和平解决、亲赴美国争取抗战援助等，人们多有了解，然对她关于抗战的见解和言论，人们则闻知很少。兹举二例。

一、邓颖超所说的"促成国内团结"之功，首先指宋美龄在西安事变中的表现。事变发生后，宋飞抵西安，蒋让宋美龄、宋子文与张杨、周恩来谈判，宋美龄明确表示赞成停止内战，并说："我等皆为黄帝裔胄，断不应自相残杀，凡内政问题，都应在政治上求解决，不应动用武力。"西安事变得以和平解决，宋美龄的态度和表现起了重要作用。

二、抗战中，希特勒派密使劝蒋介石与日本媾和，蒋让宋美龄见密使。密使说，希望中日关系恢复到七七事变前的状况——实质是让中国成为日本的附庸国。宋美龄听后说，我不爱用外交辞令，要实话直说，请你回禀元首时不要修饰、美化我的话。然后，铿然答曰：“敝国领袖蒋中正，我本人，敝国的全体政府官员，全体将军、军官、士兵，以及全国国民，万众一心，誓与日本侵略者血战到底，一定要把侵略者全部赶出中国国土。现在、将来，都绝不和侵略者——日本强盗讲和。”密使问，你们靠什么打赢这场战争？宋美龄答道：“我们靠自己，靠全国上下精诚团结，同仇敌忾！”密使又问，你们不考虑共产党这个心腹之患吗？这时宋美龄睁大眼睛答道：“我们中国有一句奉行了几千年的成语——‘兄弟阋于墙，外御其侮’！说的是，两弟兄在家院里斗殴得很厉害，可是外面来了强盗，弟兄立刻停止斗殴，同心协力，去抵御强盗。今天，日本侵略者乃一江洋大盗，要亡吾人之国家，灭吾人之种族，我中华之全体国民，包括本党与中共，除了弘扬弟兄手足之情，同心同德，共御日寇之外，别无选择！”（张紫葛《在宋美龄身边的日子》）宋美龄答话的基本精神，就是八个字：国共合作，抗战到底。

抗战之后，宋美龄转为反共，因协助蒋介石打内战，被列为战犯之一。1948年12月25日，新华社发布了国民党战犯名单，共四十三名，宋美龄列为第二十三号。但是，对于她在抗战中的爱国表现和贡献，共产党和人民没有忘记，始终是肯定的。她终生反对台独，也值得肯定和赞誉。对于宋美龄的评价，应该实事求是，美化和抹黑都是不对的。

重庆谈判珍闻一则

毛泽东在重庆谈判期间是否喊过“蒋介石万岁”，是个近年来报刊网络上常提及且争论不休的问题。长期在周恩来身边工作的童小鹏同志作为目击者，披露了当时的真实情况。

童小鹏在回忆录里说，国庆日蒋介石在国民政府举行鸡尾酒会，毛泽东出席，当时，自己带着相机想给蒋介石照相，但因戒备森严没照成。在酒会上，毛泽东向蒋介石祝酒，毛泽东说：“蒋主席万岁！”引起全场中外人士的瞩目。[①]这段记述虽不长，但明确记下了毛喊蒋万岁的情节。童小鹏是在现场亲耳听到的，所记无疑是信史，人们对此问题的争执可以打住了。

毛喊蒋万岁，其实一点也不值得惊奇。在重庆谈判中，中共为满足人民和平建国的愿望，为争取政治主动和合法地位，不惜做出许多重大让步，尽最大的努力争取蒋，在此谈判氛围中，毛豁达大度地喊个万岁并没有什么了不得。但蒋没有尊重民意和中共诚意，悍然发动内战，结果自取败亡。

① 童小鹏：《在周恩来身边四十年》，华文出版社2015年版。

军统局局歌

在军统局一些仪式上，戴笠领头高唱《军统局局歌》：

革命的青年，快准备，智仁勇都健全！掌握着现阶段的动脉，站在大时代的前面！贫贱不能移，威武不能屈，维护我们领袖的安全，保卫国家领土和主权！须应当，刚强沉着，整齐严肃，刻苦耐劳，齐心奋斗！国家长城，民族先锋，是我们！革命青年，快准备，智仁勇都健全！[①]

歌的全称是《国民政府军事委员会调查统计局局歌》，简称《局歌》。军统局成立于1938年，背景是抗战军兴。军统局隶属于军委会，为国民革命军之一部，故按军队编制，戴笠为少将军衔。局歌实也为军歌。歌的主旨乃倡扬爱国、爱领袖，爱领袖又为主旨之核心。领袖者，蒋介石也。因抗战，故歌有“保卫国家领土和主权”之词。因忠于领袖乃军统之魂，故歌有“维护我们领袖的安

① 少华：《张国焘的这一生》，湖北人民出版社2010年版，第480页。

全”之词。军统所谓维护领袖安全，骨子里实为“领袖至上”之独裁思想，亦即维护蒋总裁至上，维护蒋介石独裁一切也。

“智仁勇”，“威武不能屈”云云，皆儒家之思想材料，意在激励特工效忠党国及发愤抗战。“智仁勇”等实亦为特工职业所必需。军统动辄所言“杀身成仁”“不成功便成仁”，其思想材料源自《论语》“杀身以成仁”及《孟子》“舍生而取义”。然究竟何为仁义，则人自有解，党自有解。以抗战为仁义，则抗战；以反共为仁义，则反共。蒋发动内战后，军统行动之内容变质，“智仁勇”也随之变味，恶化，演为疯狂搜捕共产党。抗战，军统有一定功劳，史册当记。反共，军统罪大恶极，终至溃灭。《局歌》乃军统史料，惜不知词作者及曲调。

工程师节：将传说坐实为真史一例

读《顾颉刚自述》，知道民国有个工程师节。其立意当与今天的教师节类似，表尊重与鼓励之意也。但这个节日的来历颇有些奇葩，乃将神话传说坐实为真史而来。

《顾颉刚自述》记，时任教育部政务次长的顾毓琇往访顾颉刚，闲谈时提及大禹的生日可否考得出来，答曰禹为神话人物，有无其人尚不能定，何从考出其生日？接着又道，不过川西羌人习惯以六月六日为禹之生日，祭赛甚热闹，方志记之。顾毓琇走后数天，报载，国家定六月六日为工程师节。陈立夫云，大禹治水为工程史上的大事，顾教授已考出禹王生日为六月六日。至此，顾颉刚方知顾次长的来意。

顾颉刚先生的答词本无误，却被善意地扭曲利用，一个羌人根据历史传说确定的禹王生日，就这样囫囵地被坐实了。立节固为嘉事，但立节过程却有些草率，根据也苍白。

学界有传言云，“尧是土堆，舜是草，禹是虫”；顾颉刚《古史辨》引《说文》“禹，虫也”，疑禹者或为上古社会的图腾。这一推测不无合理因素，却备受讥笑，盖人心不愿祖宗是一条虫也。立工程师节，又令世人更曲解顾先生——禹既为神话传说人物，岂可凿实其诞日，莫名其妙也。顾颉刚冤哉。顾毓琇，大教育家、科学家，江泽民、朱镕基的老师，无锡其宅第巍峨堂皇，已作为文物精心保护。惜今日工程师无节矣。

千灵山石塔与永清白塔

携妻游京西南之千灵山。孙膑洞有一村妇守洞，言山间动乱掌故。十八壮汉欲推倒观音洞侧之石塔，竟岿然未动。村妇释为塔有灵性。有山僧数名曾被缚于山间饿毙，余问追究否，曰彼时混人受赞，不了了之。山僧自何来，言近有戒台寺。询村妇常出山否，去过天安门否，答皆未也。知其为浑朴山民，所言乃极狭地域发生之真史。

登山观塔，塔乃绝品，明嘉靖年间制。雕刻之佛面多凿损，料是壮汉撼塔未果而迁怒于佛面。珍奇之物，竟遭此毁损。“宗教乃人民之鸦片”，谬解此语，害何大焉。苍山无语，佛塔兀立，荒唐史页，人鲜知晓，故记之。

河北永清县白塔寺，坐落于田亩中，庙貌巍然，乃一香火甚旺之巨刹。然半新不古，难称古刹，盖“文革”间，庙宇毁于灭佛洪流，今庙乃晚近新构耳。所幸白塔犹存，为旧庙仅存之遗物。塔高二丈，塔身洁白，浮雕灿然，唯塔尖无存。

余游塔前，一老尼姑告曰：造反乡民驱大马五匹，欲拉倒白塔，然难撼其一分，遂以为神，相顾曰，再拉则出大事，遂罢手。因古塔存，旧庙得以重光。老尼姑又告，塔尖被一老乡所据，庙方欲购之，价昂，未果。

论曰：文物或毁于乱，或毁于愚，或愚乱交加而毁灭。“文革”既乱且愚，文物在劫难逃，千灵山石塔、永清白塔寺，亦自在劫中矣。

向游民气俯首

元代“九儒十丐”之儒，位卑极矣，“文革”时演变为“臭老九”。“臭老九”若想在三教九流包围中觅得生存位置，必屈己自贬，谦卑事人方可。古典文学家木斋先生忆知青生涯，归纳生活准则及体会多条，谓：坚决不要读书，不要戴眼镜，不要学生腔；要给书记买烟，和书记拍肩膀，称兄道弟。又谓，知识分子最易遭到市井恶棍仇视，倘若不与之闹酒搓麻，把臂入林，便会被视为异类。（木斋《恍若隔世》）“文革”中，我虽难称“臭老九”，却有小知青身份，入工厂八年，耳闻目睹身历，深以木斋所言为然。

胡绳谓，“党内一直有游民习气”。揆诸源头，乃市井乡野间之游民气、江湖气、帮会气。党内尚有之，更浸染于知青。知青卑微无助，只好在游民气前俯首认栽，脱胎换骨。此即“再教育”之成果乎？

将军们的壮思

我党生命力极顽强，原因之一是每当我党危难之际，党内总会有正义耿直之士挺身而出，力挽狂澜。如毛泽东、张闻天等主张正确路线的领导人挽救了红军，彭德怀在庐山为民请命，华国锋、叶剑英等抓捕“四人帮”。

再举“四人帮”倒台前的几例。1975年，邓小平被停职。王震将军与叶飞、李强、王诤等老同志聚谈时，怒目奋臂曰：“我要上山打游击，你们敢不敢跟我去？”又曰：“你们能带多少队伍？能带多少支枪？”又曰：“我要到天安门广场先发表讲话，然后自杀！”[①]大有当年续范亭中山陵剖腹自杀以警醒国人的气概。王将军还找到叶帅，建议把江青等四人“抓起来”。据目前史料看，王震应是第一个提出抓捕“四人帮”的人。

1976年天安门事件后，福州军区司令员皮定均将军曾向下属说：“现在形势很严峻，我是做了充分准备的，如

① 吴东峰：《他们是这样一群人：开国战将经典史记》，国防大学出版社2015年版。

果形势继续恶化，我就上山打游击！”[1]当时，伤腿的罗瑞卿正在福州治病，皮将军又对罗说：“罗总长你腿不好，我们抬着你，你告诉我们怎么打，我们就怎么打。”（据罗原口述，见《文史参考》2010年第14期）皮将军与王震等将军的想法不谋而合。他们都做了最坏的打算，下了死战的决心。

1976年夏，毛泽东病重，邓小平下落不明。宋时轮将军忧心如焚，与军队诸将领商讨局势时，扼腕奋臂曰：“万不得已时，我们要实行兵谏！”[2]真是一语惊天地！宋将军的想法，也与王震等将军相同，都是想使用武力解决“四人帮”。有人疑惑，宋将军真讲过那句话吗？我看，不可轻易否定。当时的局势那样恶劣，有“兵谏”的想法不奇怪。但此所谓“兵谏”，我想也就是指武力抓捕“四人帮”。

王皮宋三将军所言，产生于当时的历史条件下，烙着时代的印痕，虽然都未曾实行，但他们为了民族最高利益的赤心和壮思，足可光耀千秋。后来，“四人帮”被抓捕，王皮宋等将军的想法得以实现。

---

① 宋清渭：《岁月纪实——宋清渭回忆录》，解放军出版社2009年版。

② 吴东峰：《开国将军轶事》，解放军出版社2007年版。

辑三　有所辨

“影射”辨

“影射”这个词，多年来名声不大好。大概是因为“四人帮”搞过“影射史学”，还有些心术不正者拿影射当工具，搞些歪曲、诬陷、攻讦、反国家之类的事。看来，“影射”的名声不好事出有因。但若冷静地考量，历史地全面地看“影射”，便会发现“影射”也有另一面。

还原“影射”一词的原貌，其实它偏于中性词，不过是“借此说彼，暗指某人某事”之意，并非天生的贬义词。影射，乃是一种手法，既可用来伸张正义，也可用来调侃、嘲讽，还可成为作恶之具。关键要看用者的居心和目的。为何有话不直说而影射？大多囿于情势也。

清代谴责小说是以“影射”著称的，鲁迅在《中国小说史略》中评曰：“书中人物，几无不有所影射。”影射谁呢？大抵是晚清社会和官场中形形色色的负面人物，其中不少是政界人物，且多是非贪即庸者。这类谴责小说的作者都痛恨社会黑暗，但又不能大张挞伐，只好借小说而影射之。他们的文心和日的，是谴责黑暗，激浊扬清，唤起民众。这种影射，并无不好，而是挺好。

《官场现形记》是谴责小说代表作之一，除起过帮助民众认识晚清社会之黑暗真相的作用外，还曾对清廷惩办贪官庸吏起过一点信息作用。史学家顾颉刚说，他曾受胡适之托访寻《官场现形记》作者李伯元的事迹，正巧他的朋友赵某是李伯元的内侄婿，赵某告诉了他一个史实："《现形记》一书流行甚广，慈禧太后索阅是书，按名调查，官吏有因以获咎者，致是书名大震，销路愈广。"由于《官场现形记》多影射实人实事，所以书中的信息便很快传到了慈禧耳朵里。慈禧很重视书里的影射材料，便以此为线索查办起贪官庸吏来了。如此来看，《官场现形记》的影射还是贪官倒台的催化剂呢。

中国传统史法中，有一种"春秋笔法"，用笔曲折，暗寓褒贬，委婉迂回地表达倾向，其中就含有影射笔法。这种写史方法不同于"崔杼弑其君"那种秉笔直书。郭沫若在《十批判书》中批判秦王政，用的就是影射笔法，实际是影射蒋介石的专制主义。它写的《屈原》等剧作，在相当程度上也是影射作品，对鼓舞抗战士气、反对国民党弊政起过不小作用。郭老之所以采用影射笔法写这些作品，是囿于当时的情势，许多话不能直说。郭老既想批评蒋介石和国民党的错误政策，又不适宜再写《请看今日之蒋介石》那样的文字，于是只好采用"春秋笔法"，写影射文字。当代史学是提倡秉笔直书的，一般不再使用"春秋笔法"。

抗战时期，身在沦陷区北平的史学家陈垣，创立了有名的“抗战史学”。他选择有利于抗日救亡的史料，加以宣传、弘扬，他把这些史料称之为“托词”，即托意于宣传抗日救亡的史料。这些“托词”，或隐喻，或影射，表达了对古代民族志士的褒扬和对汉奸丑类的贬斥。

他在给友人的信里说：“北京沦陷后，北方士气萎靡，乃讲全谢山之学以振之。……所著已刊者数十万言，言道、言僧、言史、言考据，皆托词，其实斥汉奸、斥日寇、责当局耳。”全谢山是清代大史学家，民族意识极强，曾作南明人物传，表彰气节，极具感染力。陈垣选编了他的《鲒埼亭集》作教材，谓宗旨为“正人心，端士习”，实质是为了鼓舞民族意识。名为谈道士，谈和尚，谈考据，谈历史，实则这些都是“托词”，是用来影射日寇、汉奸和庸陋的当局的。

邓拓的《燕山夜话》里有一些借古喻今看似影射的文字，如借为明代直臣李三才辩护而实为蒙冤的彭德怀元帅辩护等。这种弘扬正气的文字，竟被指为反党。邓拓何以要用这种笔法谈政治？舍此无他法也。

从文学创作上说，影射是一种文学笔法。用得好，作品会含蓄有味，增添意趣，但有时也会伤人。

鲁迅是大文豪，颇喜用影射笔法。如他的《故事新编》，影射文字触目皆是。小说《理水》中有个滑稽可笑的人物，鲁迅取名“鸟头先生”，明眼人一看便知是在影射史学家顾颉刚。这篇小说还影射了潘光旦、林语堂、杜衡、陈西滢等。在另一小说《采薇》中又影射了徐志摩："他喜欢弄文学，村中都是文盲，不懂得文学概论，气闷已久，便叫家丁打轿，找那两个老头子，谈谈文学去了；尤其是诗歌，因为他也是诗人，已经做好一本诗集子。"鲁迅这些影射笔法，巧妙自然，增添了小说的魅力，但也获罪于人，给自己招来了"刻薄"之讥。

鲁迅也常被别人影射。钱锺书曾在《灵感》里写道：某作家"平时备下的告别人世的一篇演说，此刻记不全也说不清。好容易挣扎出：'我的作品……将来不要编全集……因为……'"这分明是在影射鲁迅。

沈从文写作时也偶用过影射笔法。他看不惯青岛大学校长杨振声和闻一多等八位教授的绅士作风，便写了篇影射小说《八骏图》，嘲讽这些教授醉生梦死，心理扭曲，结果八教授与他反目，闻一多尤为气愤。沈从文后来承认《八骏图》"损害了他人的尊严"。

这些文人之间的影射，大多缘于彼此不睦，闹意气，或文人相轻，而很少政治攻讦，有的闹一闹就和好了，如沈从文和闻一多后来在西南联大时就重归于好。但有的文人的影射过于刻薄，令人难以释怀。如陈西滢总爱拿"贵乡的刀笔师爷"来影射鲁迅，这使鲁迅非常不快，加深了对陈西滢的憎恶。

不良的政治影射是最害人的。我所知道的最恶劣的政治影射，是“四人帮”假借批孔子和宋江来影射周恩来。他们说，孔子是复辟倒退势力，孔子走路时总抬着一只手，这分明是在影射周恩来，而所谓孔子抬着手走路完全是杜撰。他们批宋江是投降派也是影射周恩来，以致周进手术室前高声抗议：“我不是投降派！”可见“四人帮”的影射对周恩来的伤害之深。

总之，对于历史上发生过的影射事实的好与坏，不应一概而论，而应做具体分析。正义的影射应当得到正面评价，如上举郭老、陈垣、邓拓之例。非正义的影射必须否定，如“四人帮”之例。作为文学笔法的影射，要根据作品的文心和效果来评断。

老子是一条低调的强龙

对老子，有人尊敬，有人贬损，几十年前，好像贬损的多些。一些学者著文，把老子说成是个非常消极、灰暗的人，不但不干实事、徒作大言，还是个阴谋家，跟奴隶主还有点瓜葛，又喜欢为小生产者做代言，他向往一种鸡犬之声相闻而人却不相往来的闭塞生活，鲁迅在小说里曾讥他为“一段呆木头”。我起初受这些观点的影响，对老子的印象并不佳。但后来明白了，我的那点印象其实多属误读误解，相当肤浅，实在是小看了老子的价值。真实的老子是一位了不起的大哲。我现在想用一句形象的话做个比喻：老子是一条低调的强龙。

老庄研究家陈鼓应先生曾借用德国哲学家尼采的话来形容《老子》的价值，说《老子》“就像一个永不枯竭的井泉，满载宝藏，放下汲桶，唾手可得”。细读《老子》，确实如此。

从古以来，人们从《老子》中汲取了大量生动而隽永的词语。“天长地久”“出生入死”“大器晚成”“福祸相倚”“金玉满堂”“天网恢恢，疏而不漏”“千里之行，始于足下”，这些一般人已不知其来历的词语，其实都出自《老子》。

历代人们取名，更是常从《老子》中摭词取义。三国人物刘备，字玄德，《老子》曰：“玄德深矣，远矣，与物反矣，然后乃至大顺。”近代思想家严复，字几道，《老子》曰：“水善利万物而不争，处众人之所恶，故几于道。”叶挺将军，字希夷，《老子》曰：“视之不见，名曰‘夷’；听之不闻，名曰‘希’。”国民党空军司令周至柔，《老子》曰：“天下之至柔，驰骋天下之至坚。”文学家钱玄同，《老子》曰：“挫其锐，解其纷，和其光，同其尘，是谓‘玄同’。”哲学家王若水，《老子》曰：“上善若水。”老北京有个孔德中学，“孔德”二字，取自《老子》：“孔德之容，惟道是从。”

历代文人写诗作文，更常从《老子》中摭拾词句。赵朴初《八声甘州·咏梅》词，开头一句是：“对飘风骤雨乱群山，仰首看梅花。”“飘风骤雨”一词，出自《老子》的“故飘风不终朝，骤雨不终日”。张中行著文，爱用“损之又损”一语，出自《老子》的“损之又损，以至于无为”。每当看到各种报刊常引用《老子》词语时，感觉老子仿佛还活着。

《老子》的价值当然主要不在语言，而在其思想学说，在它那些永远不会过时的，总会有用武之地的，既抽象却又能落到实处的理念、方略。

曾国藩深通《老子》三昧，在晚清政界，虽有震主之功却未被主子猜忌，史家究其因，谓其甚得益于老子的“处下”“不争”之道，从而善行韬晦隐身之术。曾国藩极推崇老子的“天下大事，必作于细”的思想，写家书，几乎是一件小事一件小事地叮嘱家人；带湘军，为给属下做表率，更是亲自去看操，点名，站墙子。他在一封信里说：“军中阅历有年，益知天下事当于大处着眼，小处下手。”诚可谓老子的曾氏版。

毛泽东也喜读《老子》，出行有时也要带上它。对于《老子》提出的难易、有无、高下、刚柔、祸福、智愚、进退、静躁、巧拙等一系列对立统一的概念，毛泽东尤感兴趣；对《老子》强调的“以退为进”“以静制动”“以柔克刚”“以弱胜强”等矛盾转化思想，也极为重视。他的策略思想也甚得益于《老子》，《老子》云，“将欲废之，必固兴之；将欲取之，必固予之”，毛在阐述战略退却等不少问题时都曾用《老子》这些话来说明。

“治大国若烹小鲜”是《老子》提出的一个治国理念，实际是一种政治哲学。自古以来，学者重之，高明的政治家更是推重并实行之。《韩非子·解老》发挥其义说：“藏大器而数徙之，则多败伤”，“事大众而数摇之，则少成功”，“治大国而数变法，则民苦之”。我国曾政治运动不断，搞得民疲国弱，正应了韩非解老之说。

粉碎“四人帮”后，我党决定不再搞政治运动，前几年又提出“不折腾”的方略，从哲理层面上说，这与《老子》“治大国若烹小鲜”之义是相通的。据说美国前总统里根也很推崇老子的这一政治哲学，曾倾心践行之且获得一定实效。

老子的学说也是双刃剑，恶人采之，也会产生负能量。明清之际大思想家王船山在论及唐武宗宦官之祸时，曾用《老子》学说解释之：“老氏曰：‘天下之至柔，驰骋天下之至坚。’此女子小人滔天之恶，所挟以为藏身之固者也。唐之宦官，其势十倍于汉、宋。……及观仇士良教其党曰：‘天子不可令闲，日以奢靡娱其耳目，无暇更及他事。’然后知其所以驱中材之主，入于其阱而不得出者，惟以至柔之道縻系之，因而驰骋之，蔑不胜矣。”仇士良是唐代著名大宦官，曾杀二王、一妃、四宰相，贪酷二十余年。王船山认为，唐代宦官之所以能成气候，为祸甚烈，一个重要原因是他们擅用老子的以柔克刚之术。一个至高无上的堂堂天子，竟被身为“半个女人”的太监以“至柔之道”弄得服服帖帖，这老子之术确实厉害得很呀。

看似潜于渊，实则可腾天，老子实为一条低调的强龙。

为孔子一辩

几十年前批孔，说孔子及弟子完全是一群不懂农事，五谷不分的蠢材。这实际是借古喻今批现代知识分子。

批孔者常举两个孔子的故事做证据。一是《论语·子路》里的一段话："樊迟请学稼，子曰：'吾不如老农。'请学为圃，曰：'吾不如老圃。'"以此证明孔子是个不懂种粮种菜且歧视劳动的人。二是《论语·微子》记，孔子的学生子路遇到荷蓧丈人，问见到孔子没有，荷蓧丈人答："四体不勤，五谷不分，孰为夫子？"当年流行的解释是："你们这些人四体不勤，五谷不分，管你老师是谁？"以此证明孔门弟子甚至包括孔子，都是些不劳动、不辨菽麦的傻蛋。"四人帮"借这两个故事比附知识分子，说知识分子都是些四体不勤，五谷不分，只会吃饭，不会种田的蠢材，应该下乡改造，"滚一身泥巴"。

拿这两个故事批孔，实在没有道理。一是孔子未必完全不懂农事；二是子路是否真的五谷不分也不好说；三是即使孔子及弟子不谙农事，也实在算不上什么过错；四是从故事中看不出孔子歧视劳动；五是批孔子及弟子不参加劳动也不对，孔子搞教育就是劳动，脑力劳动，而其弟子听课受教育也是正当的行为。

试看孔子是怎样回答樊迟的。他只是说自己“不如”老农老圃，也就是说自己不像、不同于、比不上老农老圃，但并没有说自己完全不知稼穑。试想，若是全然不懂，樊迟干吗要向孔子请教呢？樊迟是孔门七十二贤弟子之一，应该是很了解老师的。孔子说自己在农事上不如老农老圃，只是一种客观陈述，很实事求是，老农老圃是种粮种菜专家，而孔子不是，所以他就老老实实地说“不如”。

《论语·子罕》实际上透露出了孔子并非完全不懂农事的信息。孔子说，自己“少也贱，故多能鄙事”。“贱”，就是社会地位卑下，生活艰辛。“鄙事”，在当时的农业社会，应指一些与农村农事有关的粗活。也就是说，苦少年孔丘“多能”的“鄙事”，应该是包括一些农事的。因之，推断孔子多少懂些农事，应该是不成问题的。《史记·孔子世家》也说到“孔子贫且贱”。

关于子路们是不是真的“五谷不分”，没见过确切的记载，但即使真的“五谷不分”，实在也正常，他们不是种田人，而是学生嘛。至于说子路们“四体不勤”，也算不上什么过错，他们正专心念书，还没参加工作嘛。

把“五谷不分”说成是个很大的问题，甚至是一种罪过，把不懂农事的读书人说成蠢材，乃是一种目光狭隘的偏见。要知道，在农业社会，七十二行能工巧匠也可能分不清农作物，但他们绝不是蠢材。在分工细密的工业社会，产业工人和知识分子若是对某些庄稼蔬菜的品种分不大清，更不能说是愚蠢。因为他们有自己的专业工作，并不务农，而且，农作物的分类很细致，要想都区分得清清楚楚并不那么容易，特别是当你站在农田里的时候。我未成年时即进工厂做工，当了八年工人阶级，虽然成天吃各色农产品，但真让我站在田地里把农作物一一辨清，我还真做不到。我这样的工人群众太多了。能说工人愚蠢吗？不能。我们聪明得很，我们懂得机器操作呀。反过来说，农民虽能辨菽麦、分五谷，但不懂机器操作，更不懂科学技术，能说农民愚蠢吗？不能的。这是社会分工所致。再说，即使是农民，南方的农民不懂种麦，北方的农民不懂种稻，都是很正常的。

把“五谷不分”与愚蠢画等号，暗含的前提是，你吃了饭就必须会辨五谷，知农事。照此逻辑，农民坐了车，难道就必须会造车吗？爱迪生、比尔·盖茨、乔布斯大概都是只会吃面包，不懂农事的，这有什么奇怪，很正常嘛。吃粮食就非得懂种粮食，这分明是“自给自足的自然经济”的逻辑嘛。这种逻辑被“四人帮”所利用，从而造成打击知识分子的广泛社会基础。例如一些种过田的“左爷”就常以“五谷不分”教训知识分子，知识分子也因自己“五谷不分”抬不起头来。直到改革开放，这“五谷不分”才与愚蠢二字脱钩，知识分子才去掉了自卑，挺直了腰杆。

试解“无韵之《离骚》”

鲁迅对《史记》有两句赞誉的评语，尽人皆知，就是：“史家之绝唱，无韵之《离骚》。”第一句是说，《史记》之后的史书皆难与之相匹。对于第二句，今人的解释一般是：这是在夸赞《史记》富于文学性，可与《离骚》相比。

对这第二句的解释，我觉得有点肤浅，觉得还可以做进一步的解读。比如，若论文学性，诗三百篇也堪称精品，但鲁迅却未言“无韵之《诗经》”。这当然不是随意的选择，而是自有原因。

鲁迅何以评《史记》为“无韵之《离骚》”？我想，可以从三个方面来理解。

一、鲁迅认为司马迁和屈原皆受过大磨难，同为牢骚忧愤之人，屈原写《离骚》以抒愤懑，司马迁著《史记》寄托忧思，故《史记》同于《离骚》，是没有韵辙的《离骚》。

姑引鲁迅言“无韵之《离骚》”那段原文来看：

> （司马迁）恨为弄臣，寄心楮墨，感身世之戮辱，传畸人于千秋，虽背《春秋》之义，固不失为史家之绝唱，无韵之《离骚》矣。（《汉文学史纲要·司马相如与司马迁》）

所说“恨为弄臣”，是说司马迁对于自己所处的“主上所戏弄，倡优畜之，流俗之所轻”（《报任少卿书》）的地位深为不满；“感身世之戮辱”，是说司马迁痛心于自己遭受宫刑的奇耻大辱。这些，都成了司马迁发愤著书，完成《史记》的重要动因。

屈原的身世，与司马迁很相似。史载其“事怀王为左徒”，“左徒”者，或曰史官，或曰巫官，或曰外交官，或曰行政高官，然无论做的何官，都是任由怀王摆弄的臣子，本质上也是“主上所戏弄”之人。屈原之被谗放逐，怀石投江，更是与司马迁遭受的磨难屈辱相似。

屈原为抒愤懑，遣牢骚，遂做《离骚》。所谓“离骚”，即牢骚、愁思也。司马迁对屈原有深切的了解，他在《屈原贾生列传》中写道：“信而见疑，忠而被谤，能无怨乎？屈平之作《离骚》，盖自怨生也。”司马迁深知，《离骚》之作，乃源于怨愤牢骚，而他自己也正复如此。司马迁与屈原的心是相通的。正是因为二人身世相近，心境相通，也就都“寄心楮墨”，发为千古雄文。司马迁可谓汉代的屈原，《史记》也就是汉代的《离骚》。《史记》确不失为“无韵之《离骚》”。

实际上，鲁迅本人也是牢骚忧愤之人，同心相知，他便对屈原和司马迁的心境，知会尤深。也正因此，他才能将《史记》深刻地解读为“无韵之《离骚》”。

二、鲁迅评《史记》为“无韵之《离骚》”，与他对《离骚》、对楚辞的推重和偏爱很有关系。

鲁迅对《离骚》的评价非常高，他在《汉文学史纲要·屈原与宋玉》中写道：

> 战国之世……在韵言则有屈原起于楚，被谗放逐，乃作《离骚》。逸响伟辞，卓绝一世。后人惊其文采，相率仿效，以原楚产，故称“楚辞”。较之于《诗》，则其言甚长，其思甚幻，其文甚丽，其旨甚明，凭心而言，不遵矩度。故后儒之服膺诗教者，或訾而绌之，然其影响于后来之文章，乃甚或在三百篇以上。

鲁迅认为，《离骚》“逸响伟辞，卓绝一世”，对后世文学产生过莫大影响，与《诗经》相比较，《离骚》在文学特质上有许多超拔之处，因而影响往往超过了《诗经》。

鲁迅深爱楚辞的文字之美、寓意之深，每每在自己的诗文中借用和征引《离骚》的文辞和典故。“泽畔有人吟不得，秋波渺渺失《离骚》”（《无题》），“高丘寂寞竦中夜，芳荃零落无余春”（《湘灵歌》），从这些鲁迅诗中，可以看到《离骚》的气质和影子。

鲁迅曾集《离骚》句为对联，并请人写成条幅，集句为“望崦嵫而勿迫，恐鹈鴂之先鸣”。北京鲁迅故居“老虎尾巴”的墙上，至今还悬挂着这幅字。鲁迅还曾亲自书写此集句赠友人。

三、在写作心态和方法上，《史记》与《离骚》有重要的共同点，这也可能是鲁迅评《史记》为“无韵之《离骚》”的一个原因。

鲁迅说，《离骚》的写法是“凭心而言，不遵矩度”。也就是“我写我心”，表现的是真性情。《史记》的写法，鲁迅谓之“不拘于史法，不囿于字句，发于情，肆于心而为文”。（《汉文学史纲要·司马相如与司马迁》）就是说，《史记》也是“凭心而言，不遵矩度”，写真性情的作品。我想，仅就这一点来说，评《史记》为“无韵之《离骚》”，也是不错的。

《离骚》那种“凭心而言，不遵矩度”的创作心态和写法，曾对后世诗文家发生过重大影响，无数作家、作品深受其惠，提升了思想和艺术境界。《史记》实际也受过《离骚》的深刻影响。

鲁迅对《史记》的评价，准确而精辟。《史记》确不愧是“史家之绝唱，无韵之《离骚》”。

孙膑的膝盖骨被剔掉了吗

战国时代的军事家孙膑，因庞涓陷害，受了膑刑，被剔去了膝盖骨，他名字中的“膑”字，就源于受膑刑——许多学术著作、辞书及各种普及读物，都是这样写的。受此影响，多少年来，我的印象也是：膑刑，就是剔去膝盖骨，孙膑受刑后，膝盖骨没了；孙膑之名，标志着他是一个没了膝盖骨的人。

孙膑的膝盖骨果真被剔掉了吗？他受的刑，果真就是剔掉膝盖骨的刑吗？近来我发现，不是那么回事。疑点起自读司马迁的《史记·太史公自序》和《报任少卿书》。《太史公自序》云：“孙子膑脚，而论兵法。”《报任少卿书》云：“孙子膑脚，兵法修列。”孙子，即孙膑；兵法，指《孙膑兵法》；“膑脚”之“膑”，是肉刑之名；脚，应指走路的脚；“膑脚”，是指对脚用刑。这里明明写的是脚，怎么会是剔掉膝盖骨呢？但后来查字书，知道“脚”的本义指胫，即小腿，后来指双足；那么即使膑脚是对小腿施以刑罚，与膝盖也没关系呀？

此疑一生，便再去细读司马迁的书。在《报任少卿书》和《史记·孙子吴起列传》里，我看到了司马迁对“孙子膑脚”的明确说明。在《报任少卿书》里，他写道：“……乃如左丘无目，孙子断足，终不可用，退而论书策，以舒其愤，思垂空文以自见。”其中的“孙子断足”四字，明明白白地说明了孙膑受的不是剔掉膝盖骨的刑，而是断足之刑，亦即把脚砍掉。《史记·孙子吴起列传》也有关于孙膑断足的明确记述：孙膑至魏国后，“庞涓恐其贤于己，疾之，则以法刑断其两足而黥之，欲隐勿见”。所云“断其两足”，不也明白地说明了孙膑受的是断足之刑吗？此外，即使字书上说“脚”的本义是小腿，那么砍掉小腿，不也就砍掉了脚吗？

司马迁的记述，足以证明孙膑并没有被剔去膝盖骨，他的膝盖还是好好的；他受的是断足之刑。

那么，是什么原因，使司马迁说得很明白的“孙子断足”的史实，被误认为是剔掉膝盖骨呢？

我想，这主要是对膑刑的变迁不够了解。从“膑”字的本义说，确实是指膝盖骨（一说也指胫骨）。膑刑，是周代以前的一种刑罚，也确实是剔掉膝盖骨。清代法学家沈家本说：“唐、虞、夏刑用膑，去其膝头骨也。周用跀，断足也。”（《历代刑法考·刑法分考六》）上古有五刑，膑、宫、劓、墨、死，膑刑为其中之一。但到了周代，膑刑便改成了跀刑。“跀”字又借作“刖”；刖刑，即断足之刑。刖刑较膑刑为轻，施膑刑后，膝盖骨丧失，人不能行；受刖刑，则脚虽失去，但安上踊（专为受刖刑者做的鞋，或称“义足”），仍可行走。孙膑受的就是刖刑。东汉王符《潜夫论·贤难》云：“孙膑修能于楚，庞涓自魏变色，诱以刖之。”“刖之”二字，准确地说明了孙膑受的是刖刑。刖刑，分单足刖和双足刖，《史记·孙子吴起列传》谓“断其两足”，可知孙膑受的是双足刖刑。

由于膑刑与刖刑有源流关系，所以古人在提到刖刑时，有时也沿用”膑“字。沈家本说：“周用跀，断足。凡于周言膑者，举本名也。”（《历代刑法考·刑法分考六》）本名，即古膑刑之“膑”。沈家本的意思是，周代虽然已改膑为刖，但在称谓上有时仍叫“膑”。我认为，司马迁说的“孙子膑脚”，就当属此种情况。

膑刑变迁的情况大体如上。由此变迁，可以看出人们将刖刑误为夏代及以前“原生态膑刑”的一些缘由。正是因为“膑”字的本义是指膝盖骨，古膑刑本身也是剔掉膝盖骨，而膑刑改为刖刑后，古人又时常“举本名”，所以，孙膑所受的刑，便很容易让人误解为是剔掉膝盖骨了。此外，孙膑的名字也是容易致误的一个原因。孙膑本名失考，世人是以他所受之刑的名称来称呼他的。这就使人往往望文生义：既然“膑”字是指膝盖骨，那么他叫孙膑，便一定是被剔去膝盖骨了。

秦始皇“护国”但不“护民”

秦始皇的确有功，但也不能捧得太过。更不能认为欲诛杀秦王者便为逆潮流。最近读到几篇文章，都把荆轲说成了恐怖分子，把燕太子丹说成了本·拉丹（拉登），而秦王则被说成了恐怖主义的受害者，俨然成了正义的化身。电影《英雄》当然自有优点，但末尾字幕却高抬了秦始皇，把他说成一个矢志“护国护民”（字幕原文）的伟大君王。

荆轲，其实决非恐怖分子。杂文家章明在一篇文章中概括了今天所说的恐怖分子的两个特征：一是在非交战情况下，以敌方的平民为屠杀对象；二是其屠杀、暗杀具有疯狂性，动辄杀人数十、数百，乃至数千。荆轲不是这样。他是在战争状态下由一国派出的刺客，他刺杀的目标也非平民，而是敌国之酋。荆轲不是恐怖分子，秦王自然也不是恐怖主义的受害者，当然更不会因遭到荆轲谋刺便成了正义的化身。

说秦始皇有功，这当然不假，但必须作恰当分析。他最大的功劳是统一中国。但统一中国本是不可逆的时代潮流，是历史已走到了这一步，此君顺之，也推进之，便暴得了大名。然而其他六国君主，哪一个不想统一中国呢？车同轨，书同文，统一度量衡，这很好，但诚如清代大思想家王船山所说，这是上天假秦王的私心实现了大公。

说秦始皇是“护民”的伟人，那可就是天大的笑话了。秦始皇是空前残暴的专制君王，你不论从字面还是从字缝去看《秦始皇本纪》，都必能看出满纸写的都是“吃人”二字。史学家范文澜对秦朝的事功，筑长城、治驰道之类这样评论：“短短十五年的秦朝，把全国人力财力，榨取尽了。无数血汗生命，造成了许多事功。”秦始皇就是这样用榨取血汗、剥夺生命的方式“护民”的。

秦始皇还是焚书坑儒这一虐政的发明家。他这一烧一埋，断送了五百年百家争鸣的清朗局面，开启了后世暴君大兴文字狱的先河。西汉政论家贾谊评论秦始皇是“禁文书而酷刑法”，“以暴虐为天下始”。

李卓吾说秦始皇是“千古一帝”，意思是他在历代皇帝里边是拔头筹的，不得了。这要看怎么说。始之皇嘛，他第一，这没错；统一中国，他第一，也没错。但要说暴虐，他是不是也是“千古一帝”呢？

我看，秦始皇的暴虐，在历代帝王中恐怕要数第一。他绝非只是略输文采而已，更输的是人道。宫刑是多么残酷的一种刑罚呀，类似阉猪骟狗，全无人性，但这位始皇帝却偏偏爱好对人民使用此州。他盖阿房宫和修长城，动用的宫刑犯人高达数万，可知当时受宫刑者之多，直割得老百姓大势去矣，最终秦朝天下也大势去矣。要说恐怖分子，我看秦始皇在残暴这方面，倒可以算是一个“古代的恐怖分子”，若不这样叫也可叫“恐怖帝王”，他大规模地阉割去势，多么的恐怖啊！

陈胜、吴广为啥造反？陈胜自己说得分明：“天下苦秦久矣。”（《史记·陈涉世家》）秦有始皇、二世两个皇帝，天下所苦之“秦”指谁？始皇在位十一年，二世在位才三年，陈吴造反之时是二世元年，这“苦秦久矣”，不分明是苦于秦始皇么？

秦始皇在世时，陈胜就立下了造反之志，说是要当鸿鹄，项籍更是直言要“取而代之”，自做皇帝。这都表明秦始皇时期导致人民革命的社会危机已经成熟。若说秦始皇是“护民”的伟人，那么，何来人民苦秦久矣？陈胜、吴广又何必铤而走险，揭竿而起？

须知，如果说哪一个帝王“护国”，完全是可以说得通的，因为国乃“君国”，是他们家的，护国就是护自己。唯“护民”二字，岂可轻言之！遍数历朝历代，哪个皇帝是真正“护民”的？更何况榨干了人民血汗，剥夺了无数生命的暴虐的秦始皇了。

但话还得说回来，秦始皇对于中国的确有功劳，而且功劳很大，我们至今还享受着他的功劳。但这不能抵消他深重的罪孽。评价他还是应该实事求是，不应捧得太高。

阿 Q 的祖宗

虽说小尼姑骂了阿Q断子绝孙，但实际上，阿Q的子嗣极多，血脉甚是绵长。我在《瓜葛——红卫兵的“革命”史》一文里，就曾考证出红卫兵是阿Q的遗族。近来，我不再查考阿Q的子嗣了，而是查考起阿Q的祖宗来了。

阿Q自称姓赵，又自称是赵太爷的本家，我便想，若往远了追，他或许与稍逊风骚的宋太祖有些瓜葛，但终于很失望，没啥关系。其实这倒也自然，赵太爷连阿Q姓赵都不认可，更甭想赵皇帝是他祖宗了。但是，我却发现，阿Q与朱洪武大有关系。我怀疑，洪武爷朱元璋才是他的本家，是他的嫡祖，虽然洪武爷姓朱。

我有重要的证据这么说。

先要读一读《阿Q正传》第二章《优胜记略》。文中，鲁迅是这样介绍阿Q的：

> 阿Q“先前阔”，见识高，而且“真能做”，本来几乎是一个“完人”了，但可惜他体质上还有一些缺点。最恼人的是在他头皮上，颇有几处不知起于何时的癞疮疤。这虽然

也在他身上，而看阿 Q 的意思，倒也似乎以为不足贵的，因为他讳说“癞”以及一切近于“癞”的音，后来推而广之，“光”也讳，“亮”也讳，再后来，连“灯”“烛”都讳了。一犯讳，不问有心与无心，阿 Q 便全疤通红的发起怒来，估量了对手，口讷的他便骂，气力小的他便打……

对于这段介绍，决不可走马观花，必须细细来读；读了以后，再去对照一下朱元璋的“行状”，便立马可以发现：这个阿Q太像朱元璋了，或是反过来说，那位朱皇帝又太像阿Q了。

对照阿Q，朱元璋也是“见识高，真能做”。他驱逐鞑虏，恢复中华，给汉族人挣足了面子，建立起了明朝大帝国，就像阿Q那样，他也“几乎是一个完人”了。此其一。其二，阿Q与朱元璋都有或曾有过一个颇顶的观瞻问题。阿Q的头皮上有几处恼人的癞疮疤，上面无发，发光。朱元璋也曾有过一个无发、发光的脑袋——他微时做过和尚。本来，朱元璋若是终生为僧也便罢了，但他后来造反发了家，当了皇帝，这曾经的秃头便成了心病，因为在一般平民眼里，光溜溜的脑袋总是不大好看的。

朱元璋与阿Q二人的相似之处，不只这两点，还有更重要的，这就是，他们两人都极端地讳“光”讳“亮”，虚荣，护短；而且，谁若是犯了他们的讳，必遭惩罚——阿Q是非打即骂，朱元璋是让你脑袋搬家。

请看朱元璋是怎样讳“光”讳“亮”，并杀掉犯了他的讳的倒霉蛋的。

明人徐祯卿在《翦胜野闻》中写道：

> 太祖多疑，每虑人侮己。杭州儒学教授徐一夔尝作贺表上，其词有云“光天之下”，又云“天生圣人，为世作则”。帝览之，大怒，曰：“腐儒乃如是侮我耶！‘生’者，僧也，以我尝从释也。‘光’，则摩发之谓也。‘则’字近贼，罪坐不敬。”命收斩之。礼臣大惧，因请曰：“愚蒙不识忌讳，乞降表式。”帝因自为文式布天下。

这个“太祖”，就是明太祖朱元璋。杭州府学的教授徐一夔，本来做的是马屁文章，一片好意，但不承想犯了朱元璋的讳，竟遭到了杀身之祸。朱元璋杀人的理由和逻辑是：徐一夔，你说的那个“生”字，是“僧”字的谐音，僧也就是和尚，你这是在讥笑我当过和尚；你说的那个“光”字，是笑话我的和尚头又光又亮，是羞辱我；“则”字，乃是用谐音骂我是贼。如此这般地辱我骂我，岂不正犯了“大不敬”之罪，能不杀你！

天子雷霆一怒，百官瑟缩，鉴于前车之覆，礼部大臣赶紧请示避讳条例。这位朱皇帝也真是把这事儿看得天一样大，竟亲自撰写了避讳条文，对哪些字眼是自己所讨厌的，一一做出了规定，然后传布天下执行。

因犯了朱元璋的秃头之讳而掉了脑袋的，除了徐一夔，还有几个倒霉蛋。清初人陈田在《明诗纪事·甲签》卷六中，记录了多条明朝文人因著文写诗犯讳而被杀的事，其中就有三人是由于犯了朱元璋的秃头之讳。

一个是常州府学训导蒋镇，他在为本府所做的贺正旦表中，写了“睿性生知”一句话，不想犯了忌，被杀头，因为“生知”音近“僧知”，僧即和尚。

第二个是祥符县学训导贾翥，他在为本县作贺正旦表时，写了“取法象魏”一句，被杀，因为“取法”音近“去发”，去发就是剃头当和尚。

第三个是尉氏县学教谕许元，他在为本县作贺万寿表时，写了一句“体乾法坤，藻饰太平”，被杀，因为“法坤”近于“发髡”，而“发髡”就是剃光头。

总起来说，这三人被杀，都是因为犯了朱元璋怕听和尚、秃头一类词的忌。其中那位许元先生，似乎又最冤枉，因为他本是好心给朱元璋祝寿的，在贺万寿表里，他写的肯定都是些“敬祝圣上万寿无疆”之类的拍马文字，但没想到却被马蹄子踢死了。

在官场中，官吏之间发生倾轧，本是再寻常不过的事，但当事者中若有当过和尚的官员，情况就不同了。在朱元璋的眼里，如果哪个人骂了当过和尚的官员，那他一定是在与自己作对，于是骂人者就要倒大霉。清人钱谦益在《列朝诗集·甲集》卷十三《张孟兼传》中，记下了这样一件事：

> 孟兼出为山西副使。布政使吴印，钟山僧也。孟兼负气凌之，数与之争。上曰："是乃欲与我抗耶？"逮赴京，捶之至死。

文中的"上"，即朱元璋。这是说，当过和尚的布政使吴印，与副使张孟兼屡次发生争执，朱元璋不问是非，便疑心张孟兼是在欺辱吴印，进而又认为张孟兼的矛头是冲着自己来的，张孟兼因此死于乱棍之下。

经过若干次的"言秃必杀"的教育，大臣们都被训练得像绵羊一样，因此总是战战兢兢地设法避开那类字眼，但是，也有不小心失口误说的时候。《明史·郭兴传》记了这样一件事：大将郭兴的弟弟郭德成一次侍宴酒醉，脱帽谢恩时，朱元璋看到他的头发又短又少，便说："你这个醉疯汉，头发这样少，是喝酒喝的吧？"郭德成答道："臣也很讨厌这样的头发，剃了它就痛快了。"朱元璋听后默然不语。郭德成酒醒后，猛然醒悟到失言了——说了个"剃"字，他非常害怕，于是"佯狂自放，剃发，衣僧衣，唱佛不已"。朱元璋知道后说："原以为他说的是戏言，没想到真的把头剃了，真是个疯汉。"由这件事可以看出，在朱元璋的忌讳和淫威之下，大臣们是怎样战战兢兢地活着。

从上面这些例子可以看出来，朱元璋真是太在意自己当和尚的那段经历了，他极为自卑地把那段经历当成了自己的“历史问题”，因之几乎患上了“讳僧症”。据我考量，在与秃头有关的字眼中，朱元璋对“僧”、“生”、“光”、“髡”这几个字眼最为敏感，几乎达到了神经质的程度。而他这种近乎神经质的“讳僧症”，竟成了他大兴文字狱的原因之一。

据有个叫陈学霖的美籍华裔学者说，野史稗乘里所记的朱元璋“讳僧”的事儿都不可信，太祖还是堂堂正正地承认自己当过和尚的，所以太祖不会因“讳僧”兴文字狱。对此辩称，我不信服。野史稗乘就不可信吗？退一步说，即使朱元璋自己承认当过和尚，也并不等于允许别人暗地里嘲讽他啊。

对比一下朱元璋与阿Q二人的“讳秃”史，还可以得到一个有趣的发现：二人不但在所讳的字眼上相似，就是在“讳秃”的过程上，也极为相似，即他们的避讳，都是从少数字眼往多数字眼发展的。阿Q本来是只讳说“癞”字的，但后来“光”也讳，“亮”也讳，再后来连“灯”“烛”都讳了。朱元璋也与阿Q相同，开始，大抵也只是讳“僧”，进而便讳“生”，再后来连“光”、“发”、“髡”也讳了。二人竟像是从一个模子里铸造出来的。看官，您说说，这阿Q的祖宗，不是朱元璋又是谁？

除了讳秃头，朱元璋与阿Q还有不少地方相似。比如，阿Q梦想中的革命，是乱杀一气，不仅杀赵太爷、秀才、假洋鬼子，连与他同阶级的小D、王胡也杀。朱元璋则是在倒元革命中杀鞑子，倒元成功后又杀与他同阶级的革命功臣。又如，阿Q梦想革命成功后，就往自己住的土谷祠里搬运赵太爷家的各种财宝，自己也当财主。朱元璋则是革命后当上了口含天宪的洪武爷，威福、子女、玉帛一样不少，整个天下都归了自己。朱元璋与阿Q这种种酷似之处，都是朱元璋乃阿Q的祖宗之证明。

阿Q与朱元璋，二人竟如此之像，使我油然生出一种推测：鲁迅先生熟读明史，他在写《阿Q正传》时，脑际中恐怕是常晃动着朱元璋的影子的，也许就是把朱元璋做了原型之一的。这也就是说，发现朱元璋是阿Q的祖宗的，鲁迅先生应该是第一人。

关于《蜀碧》

《蜀碧》这本书

《蜀碧》这书名我很喜欢，简括、古意盎然，还有几分神秘。但闻其名久矣而总未睹其貌，只听说这是一本写张献忠杀人的书，杀得妇女的小脚都堆成了小丘，也不知是真是伪。川中友人寄来《张献忠剿四川实录》一书，内收《蜀碧》全文。这是我第一次读到《蜀碧》，也知道了书名的取意源自苌弘之血三年化碧之典。

《蜀碧》这书字数很少，印成单行本大概只有薄薄的一册。但由于详记了张献忠杀人的行迹而成为名著。许多近现代文化人都很看重这本书，认为史料可贵。作家许钦文曾携这本书去看望鲁迅先生，鲁迅也于病中细读过此书，且觉得有味道，并在多篇文章中加以引用。川哲李劼人先生在《二千余年成都大城史的衍变》中认为，要了解成都的历史，需读坊间流布的数种野史，《蜀碧》是其中一种。

《蜀碧》的作者是清康乾时期的一个文人，名叫彭遵泗，字磬泉，别号丹溪生，四川丹棱人。此人做过翰林院庶吉士，又当过兵部主事，文笔不错，大概还略通军事。他在《蜀碧》书序中介绍说：“《蜀碧》者，哭蜀也。”意为这是一本记录兵燹祸蜀的史书，一本四川痛史。

翻开《蜀碧》，确可以看到大量张献忠屠川杀人的记录，杀人之多，情状之惨，正如野史所谓“骨山血海”，令人毛发倒竖。但这些记录是否真实呢？是基本可信，还是基本不可信呢？若干年前，许多史学家基本否定《蜀碧》的可信性，说它记录的张献忠的残暴，多是夸大捏造，荒诞难信，是诬词，是谤语。权威的《鲁迅全集》注释，对《蜀碧》的可信性也表示过否定，其《蜀碧》注文曰：“内容系记述张献忠在四川时的事迹，特别夸张了他杀人的事。”即认为《蜀碧》对张献忠杀人的记录是大大夸张了的，难以置信。

对于这些认为《蜀碧》基本不可信的看法，我总抱有几分疑惑。说《蜀碧》的记载是“特别夸张”“荒诞难信”，何以见得呢？有多少史料反证呢？做过逐条驳斥《蜀碧》的切实考据吗？如果确有史料反证，确有能驳倒彭遵泗的史料考据，那无疑应当把《蜀碧》这个“诬告案”翻过来，把扣在张献忠头上的一切诬蔑不实之词推倒。但如果没有，或只是某些零碎的、个别的反证性史料，就不能断定《蜀碧》是夸大捏造，荒诞难信。其实，一本野史，由于史料来源复杂，所记内容有失真夸大之处是完全可能的，但基本的主要史实不错，就应该承认它是基本可信的。《蜀碧》就是这样一本书。

据彭遵泗自己说，这本书是他“儿时稔闻遗老聚谈”，长大后又“博采群书”而写成的。也就是说《蜀碧》是民间传闻和文献记录相结合的产物。这个成书过程决定了《蜀碧》既是基本可信的，同时又必有失真处。但我觉得，它的失真处绝不至到了“特别夸张”乃至“荒诞难信”的程度。实际上，一本野史的若干失真，不仅会表现为对史实的某种夸大，也可能表现为对史实的缩小。《蜀碧》对张献忠杀人的记录就完全可能存在缩小的情况。这是因为，一本书所记的见闻毕竟有限，许多残酷杀人的具体事实更不可能在一本书中全都记录下来。

《蜀碧》对于张献忠杀人的记录，不论是夸张，抑或缩小，其失真的确切程度，实际上都已经无法考明了。因为，那时没有录像，没有记者，也没有统计局，留下的历史资料也很有限。但这是否妨碍我们确认《蜀碧》的可信性呢？是否妨碍我们对张献忠杀人的状况有个基本的估计呢？我想，不妨碍。如果我们不拘泥于《蜀碧》记录的某些细节，就应该承认，《蜀碧》基本上是真实可信的。有《蜀碧》这本书在，还有不少类似《蜀碧》内容的野史、笔记、志书在，那就应该承认，张献忠确实曾屠川杀人，而且相当残暴，“骨山血海”之说，不为虚也。当然，野史笔记所用的“骨山血海”这四个字，只是一种概括性的形容，并非真是说人骨堆成了高山，人血汇成了大海。若是谁真那样认为，进而斥为“夸大的记载”，就委实有些迂阔了。

鲁迅读《蜀碧》

鲁迅先生读过《蜀碧》，先生对这本书是怎样看的呢？请看：

> 《蜀碧》一类的书，记张献忠杀人的事颇详细，但也颇散漫，令人看去仿佛他是像“为艺术而艺术”的一样，专在“为杀人而杀人”了。他其实是别有目的的。他开初并不很杀人，他何尝不想做皇帝。后来知道李自成进了北京，接着是清兵入关，自己只剩了没落这一条路，于是就开手杀，杀……他分明的感到，天下已没有自己的东西，现在是在毁坏别人的东西了，这和有些末代的风雅皇帝，在死前烧掉了祖宗或自己所搜集的书籍古董宝贝之类的心情，完全一样。他还有兵，而没有古董之类，所以就杀，杀，杀人，杀……
>
> 但他还要维持兵，这实在不过是维持杀。他杀得没有平民了，就派许多较为心腹的人到兵们中间去，设法窃听，偶有怨言，即跃出执之，戮其全家（他的兵像是有家眷的，也许就是掳来的妇女）。以杀治兵，用兵来杀，自己是完了，但要这样的达到一同灭亡的末路。我们对于别人的或公共的东西，不是也不很爱惜的么？

这两段话见于他写的《晨凉漫记》一文。可以看出，鲁迅是相信《蜀碧》一类书的记载的，相信张献忠在四川曾大杀特杀，他没有质疑《蜀碧》的记载，没有责之为“特别夸张”；而是在《晨凉漫记》里又特别说了一句：“张献忠的举动，一看虽然似乎古怪，其实是极平常的。”进一步确认了张屠川的史实。

鲁迅确信张献忠曾滥杀，还可以从他的《病后杂谈》一文中看出来。文中在谈到中国的剥皮史时，特别列出了“张献忠式”，即张献忠剥人皮时所采用的具体方法，所举的史证也是《蜀碧》：

> 又，剥皮者，从头至尻，一缕裂之，张于前，如鸟展翅，率逾日始绝。有即毙者，行刑之人坐死。

刽子手就像庖丁解牛一样剥下了人皮，那技术之高超，就像深通现代解剖学一样。但若是刽子手不小心没剥好，让受刑者一下子毙命（本应“逾日始绝”），那他自己就要被处死。鲁迅在《病后杂谈》里还说过，“大明一朝，以剥皮始，以剥皮终，可谓始终不变”。所谓“以剥皮终”，说的就是张献忠的剥皮，以及张献忠的养子兼部将孙可望的孙式剥皮。

鲁迅读明末清初的野史，读得很多，他对晚明史的了解和评论，大都离不开这些野史。以《蜀碧》论张献忠杀人即是。鲁迅对这些野史的可信性有较高的估计。他认为，野史与正史比较起来，有时要可信得多，野史不摆史官架子，就像月光透过繁密的树叶照在莓苔之上，能够反映出许多当日的事实。

总之，鲁迅依据《蜀碧》一类野史笔记对张献忠屠川杀人的史实的认定和评论，很值得我们重视。

对于明末清初野史笔记中关于张献忠杀人的记载，不少史学家曾对其真伪做过考证，订正过其中的某些舛误。例如，顾诚先生曾根据翔实可靠的史料，考证出清初人毛奇龄对张献忠杀人数字的记录是夸大的。（顾诚《明末农民战争史》）这种具体的切实的考据，较之笼统地说"野史对张献忠杀人的记载，是特别夸张的，是荒诞难信的"，要有说服力得多。的确，毛奇龄所说的杀人数字实在太离谱了，实际上没那么多。但没那么多，不等于不多，张献忠杀的人还是相当多的。"湖广填四川"，为啥"填"？人快杀没了。谁杀的？有官军，有农民军。张献忠是几路杀人元凶之一。

但为什么过去一些史学家比较喜欢做笼统否定《蜀碧》一类野史的真实性的结论呢？我揣度，这大概与在"以阶级斗争为纲"的年代所形成的极端性思维和论史习惯有关。这种思维和习惯就是：先认定写野史笔记的人是封建文人，而封建文人又依附于封建统治阶级，必与农民对立，因之他们所写的野史笔记也就必说农民的坏话，必然恶毒攻击农民起义。因此，他们的每一句话都值得怀疑，或者干脆全然不可信。

这种思维和习惯，其实有很大的荒谬性。首先，照此逻辑，封建社会的文人哪个不是封建文人呢？范仲淹、辛弃疾不是？蒲松龄、郑板桥不是？如果是文人即所谓封建文人写的东西就不可信，那么到哪儿去找不是封建文人写的东西呢？又到哪儿去找能著文写史只为农民说话的农民兄弟呢？其次，难道只要是文人，就一定会站在封建当局一方去编排农民的不是，去给农民起义造谣吗？恐怕不能做这种绝对化的阶级分析。当然，某些文人的阶级偏见会对其笔下的文字发生影响，所以文人们所记的，并非可以尽信。但造成一种记载不可尽信的原因很复杂，绝不能单纯归因于作者是所谓封建文人。

怎样认识农民军的军纪

在看待《蜀碧》一类野史的史料价值这个问题上，鲁迅头脑中没有那种绝对化的阶级分析法，他用的是实事求是的眼光。他没有因为这些野史的作者是所谓封建文人就先入为主地满腹狐疑，断为伪史。在对待这类资料的问题上，鲁迅的态度如此，马克思的态度也是如此。

马克思在1862年写的《中国纪事》中，摘引了驻宁波的英国领事写给驻京英国公使的信，对太平军进入宁波后的暴行表示了极大愤慨，指出：“他们的全部使命好像仅仅是用丑恶万状的破坏来与停滞腐朽对立。”（《马克思恩格斯全集》第十五卷）又说：“显然，太平军就是中国人的幻想所描绘的那个魔鬼的in persona（化身）。但是，只有在中国才能有这类魔鬼，这类魔鬼是停滞的社会生活的产物。”可以看出，马克思对太平军的暴行的谴责是相当严厉的，措辞十分尖锐。而这种谴责所依据的材料，是英国驻华外交官之间的通信。

这些驻华外交官是什么性质的人呢？无疑，都是资产阶级分子。他们对太平天国的看法往往带有很深的偏见。但他们对太平军暴行的记录是否就不可信呢？不是的。马克思就没有否定英国领事信件的真实性。书信，在各种史料中是可信度很高的一种，因为它是私人交流的工具，粉饰少，真话多。马克思对英国领事的信件取相信态度，完全是有道理的。他并没有因为这是资产阶级分子之间的通信，就否定其内容的真实性。

但有位马恩著作的中文译者却认为马克思批评太平军的话不对，认为马克思受了英国领事信件的骗。这很像《鲁迅全集》注释者认为《蜀碧》不可信。这位中文译者在《中国纪事》注释中写道：“信的内容与事实不符。”[1]意思是，马克思所摘引的英国领事的信是造谣，是对太平军的污蔑，是英国领事自己编造出来的，总之认为

① 叶凡：《〈怀旧〉随笔》，《鲁迅研究月刊》2002年第12期。

马克思谴责太平军所依据的材料是不可靠的。

我想，这位中文译者在写这条注释时，其思想逻辑大概出于一种僵化的阶级分析法，他想：英国领事是资产阶级分子，资产阶级分子必对农民军有偏见，因而必说太平军的坏话，因而信件材料必不可信。所以，即便是马克思摘引了信中的材料，肯定了材料的可信性，也不行。为了维护太平军的声誉，为了使农民阶级的伟大形象不受玷污，管他马克思说了什么。说来也好笑，马克思是阶级分析法的老祖宗，他引用英国领事的信，能不懂阶级分析法吗？还劳驾我们去告诉他？还有，译者说信的内容“与事实不符”，那么你研究过事实啦？

对于历史上农民运动中发生的暴行，以往史学界实际上存在着一种“两个凡是”的观念：“凡是史料中对农民军有异议的文字，必可疑，必不可信”；“凡是历史上的农民运动，即便是胡乱杀人，也不能称为暴行”。马克思是没有这种僵化观念的，他是唯物辩证法大师，一切从事实出发。

实际上，在农民运动中出现滥杀现象本不奇怪，农民阶级是有着较强的自私性、狭隘性和散漫性的阶级，其领袖要建立的是自己一家一姓的王朝，这些都是他们滥杀的原因。鲁迅分析张献忠滥杀的原因时，就特别指出了张的自私性、狭隘性，说他“开初并不很杀人，……后来知道李自成进了北京，接着是清兵入关，自己只剩了没落这一条路，于是就开手杀，杀……他分明的感到，天下已没有自己的东西，现在是在毁坏别人的东西了”。历史上的农民军是比不得共产党领导的人民军队的，他们哪懂得“三大纪律八项注意”？对于农民军的军纪，本来就不应该期望过高。

但也应当看到，农民军绝非都是一贯滥杀的，更绝非都像张献忠那样胡乱杀人，而是也有军纪严明、秋毫无犯的时候。大体说来，在起义初期，在发展壮大时期，农民军的军纪比较严明，如李自成在起义初曾提过“杀一人如杀我父，淫一妇如淫我母”的口号，李自成的谋士李岩也提出：“取天下首先要得民心，请勿杀人，收天下心。”若比较张献忠和李自成这两支农民军，总体说来，李自成比张献忠要文明得多。

一旦农民军到了腐化之期，滥杀现象便随之出现。张献忠的滥杀，就与他的大西政权的腐化变质有极大关系。张献忠入成都后，生活很快帝王化，仅后妃就多达三百余人（《圣教入川记》），与此相连，太监自然不会少，张献忠还把封建帝王一贯采用的恭避御讳的做法学了去，不准人们使用“献”、“忠”二字，犯者严惩。（清陈祥裔辑《蜀都碎事》卷三）作为农民领袖的张献忠一腐败，手下军队的军纪可想而知，昔日规矩的士兵也就蜕化成乱兵、兵痞了。

太平军在发展初期，纪律还是严明的，但到了腐化期，到了天京事变之后，到了天国诸王穷奢极欲之时，太平军也就逐渐变质了，一些原本纪律严明、爱护老百姓的部队，变成了胡作非为、滥杀无辜的部队。马克思所谴责的那支在宁波滥杀的太平军，据考就是太平天国已进入腐化期的部队。这支部队是从石达开西征的部队中分化出来的，由吉庆元、朱衣点等将领率领，军纪荡然无存，到处杀人掳掠，是一支名声很坏的太平军。

四川汤锅与张献忠

看过一个电影《双雄会》，是演李自成和张献忠的，对李，我有些敬重，但对张则总敬佩不起来，因为我知道此人虽也算农民军头领，却是个嗜杀的屠夫。鲁迅有文章认定张献忠曾屠蜀，说他“杀杀杀，杀个没完”。但有些论客说，农民英雄哪可能搞屠杀？屠蜀事肯定是明军清军干的。这些论客没看过史料，更不研究明清史，脑子里就一根筋，认准了一条：贫下中农的部队，就是好，就是好。我曾到张献忠家乡定边县开过张的研讨会，与乡人说了鲁迅对张的评价，但他们不大信。

闻一多也说过张献忠曾屠蜀。史学家何炳棣在《读史阅世六十年》中回忆，自己曾问闻一多川中名菜“原锅子汤”是否源自湖北？闻一多答曰：很可能，“因为明末张献忠屠蜀后，江西人入湖北、湖南，两湖人实四川，把大锅汤菜传统带进四川”。这“原锅子汤”，是火锅的一种，用料主要是肘子、猪心和莲花白。何炳棣这样问，因为闻一多是湖北人，料想他晓得家乡美食的历史。闻一多的答语明确说张献忠曾屠蜀。闻一多曾在西南联大任教授，“原锅子汤”是吃过的，对巴蜀掌故自然也会留心，对张献忠屠蜀这件大事，估计他是看过一些史料的。

一句明代俗语，一件清代史实

2007年4月2日《北京日报》“读书版”，刊登了止庵先生的一篇小文《历史上的官员出书现象》，文章从时下的“官员出书热”说起，回溯了历史上官员出书的种种现象，很有意思，也很有意义，是一篇不错的历史小品。但文中所谈的史实也有不够清晰和不正确的地方。笔者拟作一些补正，并由此话题，谈一点相邻的历史知识。

明代俗语“改个号，刻个稿，讨个小”

止庵说：“在我国古代有个时期，官员中曾流行着这样一句俗语：‘讨个小（讨小老婆），刻个稿（出本书）’，可见，官员出书是官员们热衷于做的两件事之一。”

那么，这句俗语究竟流行于古代哪个时期呢？据我所看到的史料，应是流行于明代，主要是晚明时期。在明朝人写的野史笔记中，我看到过这句俗语，还见过这句俗语的变体，即其他版本。但究竟在哪本书上见到的，已记不得了。现在所能查到的，只是作家孙犁在《关于散文创作

的答问》一文中转述的一个版本，即“刻一部稿，娶一房小，念一句佛，叫一声天如。”（《孙犁文集续编二》）

俗语在流传中往往会发生变形，孙犁所记的这个版本与止庵所引的那句就多有不同。这个版本在刻稿、娶小之外又加了念佛、叫天如两项。“念佛”一句字面好懂，可能是说当时文人有学佛风气，“叫一声天如”就颇费解了。对“天如”二字，孙犁未曾解释，姑推测如下。“天如”，应是人名。元代和尚惟则，号天如，倡言“禅净一致”，是临济宗虎丘派传人，叫“天如”若是叫此人，大概是说文人念佛时，也要念叨这个天如和尚。又，晚明文学家、权威评论家、复社领袖张溥，字天如，如果叫“天如”说的是张溥，大概是说刻了稿的士人希望张溥能为自己的书说些好话。不知何为实情，录以备考。止庵和孙犁所引的这两句俗语，都带有调侃、讽刺意味，意思大致都是调侃当时的士人追逐名利，追求新欢。

晚明还有一句与“讨个小，刻个稿”相近的俗语，叫“改个号，娶个小”。杜文澜《古谣谚》卷五十二所引的《冬夜笺记》中记录了这句俗语。文中说，崇祯年间，士人中盛行登第以后便改名号并娶妾的风气，故时人有“改个号，娶个小”之谚。

将这句俗谚与“讨个小，刻个稿”对比来看，可以发现二者的内容有重叠，都有讨小，二者的句式和韵脚也都一样，又都流行于晚明时期。我猜测，这两句俗语可能有时是连着说的，即说“改个号，刻个稿，讨个小”。这三条，都是当时士人所孜孜追求的东西，所以，很可能被人们连在一起加以调侃。

曾国藩的奏折是谁起草的

止庵说：“清朝时，官员都有幕僚，他们可能会替官员代笔写点什么。但像曾国藩、左宗棠这样的大官，好像没听说过他们的奏折是由别人代写的。”这段话，第一层意思是对的。清朝的官员，主要是地方官员，确实都有幕僚。幕僚的主要工作之一，便是“替官员代笔写点什么”，包括写奏折、布告、判牍、书信等。这些幕僚习惯上被称为幕客、幕友、师爷。幕僚是有高低之别的，在总督、巡抚的幕府中工作的，是高级幕僚；在中下级衙门中工作的，是一般的绍兴师爷。

止庵所说的第二层意思就不对了。曾国藩、左宗棠的奏折，并不是不由别人代写，而应当说主要是由别人代为起草的。这个“别人”，就是曾左这类大官所聘用的幕僚。实际上，像曾左这类大官，当然也会起草必须由自己亲笔起草的奏折，但一般来说，由于衙署的公事繁剧、复杂等原因，更多的情形恐怕还是由幕僚来替这些大官起草奏折。起草时，这些大官要先向幕僚授意，或是先与幕僚共同商定主旨，然后再由幕僚执笔起草。奏折，是官员向皇帝报告情况的重要文书，是官场文字中最重要的一种，关乎着上奏官员的升黜命运，所以最为官员们所重视。因之，官员对于负责起草奏折的幕僚的选聘，都是非常严格的，而能够胜任起草奏折的幕僚，自然也都是些头脑清楚、熟于政情、善于揣测皇帝心理、文笔老到的幕僚。

下面谈谈曾国藩幕府中起草奏折的一些情况。曾国藩任两江总督时，延揽聘用了一大批幕僚，多达百人左右，史家称之为“曾国藩幕府”。曾国藩幕府是晚清著名的幕府，其幕僚与一般中下级衙门所聘用的绍兴师爷有很大不同，这些幕僚所擅长和职司的，不是刑名钱谷之事，而是帮助曾国藩策划、办理军政要务，起草章奏文书等。

民国年间，有位李鼎芳先生编写了一本《曾国藩及其幕府人物》，对曾国藩幕府中的情况做了详细的记述。在第四章中，作者写道，幕僚“入幕后，其所司之事，当以治文书章奏、司粮饷军需及领水陆兵勇为三大要端”。这表明，替曾国藩写奏章，乃是曾氏幕府之幕僚最重要的职责之一。作者又写道，为曾国藩工作的幕僚，可以分为六大类，其中一类是“治文书章奏者”。这说明，在曾国藩幕府中，有一批幕僚是专门为曾国藩起草奏折等文书的。

对这些专门为曾国藩起草文书章奏的幕僚，《曾国藩及其幕府人物》专列了一节加以介绍。如记李鸿章，说他深得曾国藩的赏识，曾国藩曾夸奖他说：“少荃天资于公牍最相近，所拟奏咨，皆大过人处。”又记李元度：“元度与国藩同住一舟，司奏折信缄等。”记程鸿诏：“曾国藩驻军祁门，闻鸿诏名，聘入幕府，主章奏，甚见优礼。”记钱应溥：“国藩督两江，有大兴革，上奏时皆嘱应溥属草。”记吴汝纶：“时中外大政，常决于曾、李二人，其奏疏多出汝纶手。”从这些记载可以清楚地看出，曾国藩在上奏折这件事上，是极为倚重幕僚的，同时显而易见的是，曾国藩所上的奏折，实际上大量的是出自幕僚之手的。

从曾国藩的两江总督府上呈的奏折，几乎都关乎当时国家军政要务的核心内容，故这些奏折有“天下第一奏折”之称。这些奏折的数量惊人，据统计仅现存的就多达二千多份。这些奏折的“著作权”，显然不能只归于曾国藩一人，而是也要归于李鸿章、吴汝纶等“治文书章奏”的幕僚。

清朝的幕僚，即师爷，本身并不是官，而是受聘于主官的宾师，他们与主官的关系不是上下级关系，而是宾与主的关系。所以，他们对主官无须低眉俯首，百依百顺，相反，他们却总能力陈己见，劝谏主官，甚至固执地与主官争执，不惜为坚持己见而辞掉幕职。

一个典型的例子，是李鸿章、曾国藩宾主之间为起草奏折而发生的一次争执。清人薛福成在《庸庵笔记》卷一“李傅相入曾文正公幕府”条中，记载了曾李二人当时的对话。

李：果必奏劾，门生不敢拟稿。

曾：我自属稿。

李：若此，则门生亦将告辞，不能留侍矣！

曾：听君之便。

发生这次争执的原因，是湘军在徽州战役中失败后，曾国藩拟向皇帝上奏，追究领军者的责任，李鸿章以为不妥，于是起而争之，拒绝起草奏折，终至辞职而去。这是一段很有名的清史掌故，史家每谈起清代的幕僚制度，总是常提起这段掌故。这段掌故，既可以证明清代衙门中的主官与幕僚之间是一种平等的宾主关系，又可以证明像曾国藩、李鸿章这一类大官，确实是有幕僚在帮助他们起草奏折。

有清一代，幕僚替主官起草文书，已是官场的惯习。其流风余韵，延及民国，亦影响当代。如今，大小干部写个什么呈文、报告之类，常常是让秘书代笔的。应该说，秘书为官员代笔，也属情理中事，不足为怪的。可怪的是有的官员不细看秘书代写的稿子，讲话时把“接下页”也念了出来，这就成了“新官场现形记”了。

“区域毗邻亦异音”

明清北京话谈屑

历史上，由于我国幅员辽阔、山川阻隔、交通不便、人们固守乡土等原因，各地形成许多方言，其数量之多，种类之细，令人称奇。方言的繁细，给人们的交流带来很大不便。为促进各地人民语言交流的方便，促进经济发展和社会进步，我国实行了推广普通话政策。

元代音韵学家周德清在所著《中原音韵》中写过两句诗：“方言岂特分南北，区域毗邻亦异音。”清朝文人莎彝尊所著《正音咀华》中有一首歌诀道：“乡谈岂但分南北，每郡相邻便不同。”我国的方言之繁之细，正可用“区域毗邻亦异音”“每郡相邻便不同”这两句诗来状写。毗邻也异音，就是说即使在同一个方言区内，两个相邻毗连的地方仍有语言差异，各自说着自己狭小区域的地方话。这种用途很窄的地方话，我称它为“微方言”。在古代，“微方言”尤多。

北京话本身是一种方言，但明清北京话内部仍有细微的差别。其表现，一是北京内城中的东城、西城之间的语言有差别，二是北京的内城与外城之间的语言有差别。这种差别，就是一种“微方言”现象。

关于北京内城中东西城之间的语言差别，《满族社会历史调查报告》下册有这样的记述：清代光绪年间，居住在隶属于大兴县的东城的旗人，与居住在隶属于宛平县的西城的旗人，他们所说的北京话（乾隆以后，旗人逐渐都讲汉语），在用字和发音上，有许多差别。

这些差别起于何时？故老相传，至晚在明代，这种差别就有了。比如，那时东城人管水桶叫“水桶”，西城人则叫“水筲”。明代做过宛平县知县的沈榜写过一本记录北京历史风土的书《宛署杂记》，在第十七卷《民风·方言》中有这样的记录：“水桶曰稍”。“稍”，大概本应写作“筲”，筲是竹器，是竹片做的水桶，将“筲”写成“稍”，当是沈榜只记准了音，未写准字。“水桶曰稍”这四个字可以证明，隶属于宛平县的西城肯定是把水桶称为“水筲”的，因为沈榜是宛平县知县，西城正是他办公和生活的地方。

沈榜又在《民风·方言》里说：“辇毂上民声音可入律吕，第民杂五方，里巷中言语亦有不可晓者……”沈榜是湖广临湘人，他把水筲的“筲”写成“稍”，大概就是因他对京城里巷中的方言还没完全熟悉。

当代学者启功先生在给学生讲课时，也曾说到昔时北京东西城之间的语音有差别的情况。他说，同是“茶叶”

一词，东城人把两个字都读成重音，而西城人的口语习惯则是把“叶”字轻读，如西城有一条胡同叫茶叶胡同，没有一个西城人说“茶叶胡同”时把重音放在“叶”字上，而是把重音放在“茶”字上，“叶”是轻音。（《启功讲学录·论古籍整理》）

对于清代北京内城与外城之间语言有差别的情况，一位叫孙宝瑄的清朝官员在《忘山庐日记》里留下了记录。光绪十八年十月七日这天的日记写道：“余生长燕京，所操语皆京语也。然与内城旗籍人语微异。”清代北京城分为内城和外城，内外城之间以正阳门、崇文门、宣武门一线城墙为界。旗籍人都住在内城，外城为民人（非旗籍人，汉人为主）居住。孙宝瑄是汉人，住在外城。他发现，自己虽然和内城的旗籍人说的都是北京话，但仍存在“微异”之处。这种“微异”是何情形？孙宝瑄没细说，也就不得而知了。

北京话内部竟有“毗邻亦异音”的现象，说来有点匪夷所思，但弄清原因也就不奇怪了。原因大致有三个。

其一，东城、西城分属大兴县和宛平县管辖，其间交通不便，居民的走动往来受到一定阻隔，这会影响到语言的一致性。当时，东西城之间并不像现在这样，一条长安街畅通无阻，那时，天安门前是禁区，不许穿行，因而东西城之间没有一条直通的道路供居民行走。要想在东西城之间探亲访友，只能南绕东西交民巷（江米巷）走大清门前的棋盘街，或是往北绕行地安门外。这样，在东西城之间往返一趟，就需要大约半天时间乃至更多的时间，甚为不便，为此，有的居民上路时甚至带上了行李。

其二，八旗驻防制度造成了东西城之间旗人交往的稀疏，也会轻微地影响到语言。清廷在北京实行八旗驻防制度，规定八旗官兵必须固定驻防在北京内城的某一区界内，家属随之居住。这样，旗人在区界之间的活动就会受到不少限制，加之东西城交通不便，东西城旗人之间的往来就会更加稀疏，交往的稀疏是会多少影响到语言的。

其三，造成内城和外城之间语言微异的原因是，由于清廷实行了旗民分城居住制度，即旗人居内城，民人居外城，使旗人与民人的居住状态产生了较少流动的固化性，加上内外城之间只有几个城门定时启闭，往来相当不便，这就在一定程度上影响到了语言，使内城的旗籍人更易于保留自己的满语成分和语言习惯。

回眸明清时代的北京话，考查一下那时北京话内部的“微方言”现象，使我们更加体会到语言统一的不易，更加认识到推广普通话是历史的必然。

这个老印象要改改

一提起八旗子弟，老印象，无非是提笼架鸟，吃喝玩乐，不务正业。这个印象事出有因，大体是不错的。老舍先生《正红旗下》里就有这种八旗子弟的写真。周恩来总理曾教育干部子弟说，“不要做八旗子弟”，指的也是这种八旗子弟。

但要说八旗子弟全然这副模样，则绝对化了。因为这种提笼架鸟的八旗子弟实际主要是清朝中晚期的八旗子弟，而且，即使是那时的八旗子弟，也并非都这模样。试举二例。

一、八旗子弟在反侵略战争中立过战功。满族学者瀛生《燕情艮意》一书写道：“在这反侵略斗争中，满族也不例外，在1840年到1842年的鸦片战争中，恒福佐领率领数百名八旗战士在乍浦抗击英国侵略者，血战至最后一兵，全军壮烈牺牲在阵地上。海龄副都统坚守镇江，以土枪土炮、刀矛弓弩抗击以洋枪洋炮武装的英国侵略者，大创敌寇，最后全体壮烈牺牲。”这些八旗子弟，都是抗英烈士。

革命导师恩格斯在《英人对华的新远征》一文中，提到过中国旗人在一次抗英战斗中的英雄气概：“驻防旗兵虽然不通兵法，可是绝不缺少勇气和锐气，这些驻防旗兵总共1500人，但却殊死奋战，直到最后一人……如果这些侵略者到处都遭到同样的抵抗，他们绝对到不了南京。”评价相当高，赞佩之意洋溢纸上。

庚子之变，京城八旗兵奋力抗击八国联军，付出了巨大牺牲。《清史稿》列出了众多牺牲于此役的八旗烈士名字。但这只是烈士之一部，全体烈士决不仅这些人。老舍的父亲是一名八旗护军，死于抗击八国联军的巷战。瀛生先生说他童年时认识几位抗击过八国联军的八旗战士，有位旗人打仗时腿炸断了，大喊一声：“咱们都是大清国的旗人，死就死在城墙上，不能给祖宗丢脸！”

《人民英雄纪念碑碑文》所认定的人民英雄，包括自鸦片战争以来牺牲的所有英雄烈士，这当中无疑也包括为抗击外国侵略者而死难的八旗子弟。八旗子弟的抗战，与国共将士的抗战同样光荣，都是反对外来侵略的壮举。

二、八旗子弟中文化人才辈出。八旗统治者马上得天下后，对汉文化表现出浓厚的兴趣。满族官宦、八旗贵族几乎家家聘用汉族塾师教子弟读书。塾师多为南方人，而中华文化的顶尖水平在南方读书人中。北京八旗大宅门有所谓“天棚鱼缸石榴树，先生肥狗胖丫头”的景象，这个“先生”，即指多由南方读书人担任的塾师。当年的八旗子弟是那样彪悍，但在汉文化的熏陶下逐渐变得文雅柔和，特别是出了不少高水平的文化人，曹雪芹、纳兰性德、老舍、启功，都是。

说八旗子弟只会提笼架鸟，这个老印象恐怕要改改了。

“挺经”蠡测

曾国藩的好友欧阳兆熊，写过一部有名的笔记，叫《水窗春呓》，里面写了不少关于曾国藩的史事。在“一生三变”这条笔记里，有这样一句话：“（曾国藩）尝自称欲著‘挺经’，言其刚也。”关于曾国藩的“挺经”，曾国藩的孙婿吴永在所著笔记《庚子西狩丛谈》卷四中也曾谈及，他记李鸿章曾对他说：“我老师的秘传心法，有十八条‘挺经’，这真是精通造化、守身用世的宝诀。”（下引此书时皆见卷四）李鸿章所说的老师，就是曾国藩。

曾国藩是否确曾著过“挺经”呢？从上面所举出的两条笔记看，似有两种可能：一是著过；一是仅仅有腹稿。若是著过，大概也只是自藏本，因为从未见过有《挺经》流传。但曾国藩有“挺经”心法，则当是确实的。因为上举两条笔记，都是出自与曾国藩极接近之人的手笔。

“挺经”的内容是什么呢？李鸿章说有十八条。但他只举出了一条，即吴永在《庚子西狩丛谈》里所记的李鸿章亲口向他讲的一条。李鸿章说道：

我试讲一条与你听：一家子，有老翁请了贵客，要留他在家午餐。早间就吩咐儿子，前往市上备办肴蔬果品，日已过巳，尚未还家。老翁心慌意急，亲至村口看望，见离家不远，儿子挑着菜担，在水塍上与一个京货担子对着，彼此皆不肯让，就钉住不得过。老翁赶上前婉语曰：“老哥，我家中有客，待此具餐。请你往水田里稍避一步，待他过来，你老哥也可过去，岂不是两便么？”其人曰：“你叫我下水，怎么他下不得呢？”老翁曰：“他身子矮小，水田里恐怕担子浸着湿，坏了食物；你老哥身子高长些，可以不至于沾水。因为这个理由，所以请你避让的。”其人曰：“你这担内，不过是菜蔬果品，就是浸湿，也还可将就用的；我担中都是京广贵货，万一着水，便是一文不值。这担子身份不同，安能叫我让避？”老翁见抵说不过，乃挺身就近曰：“来来，然则如此办理：待我老头儿下了水田，你老哥将货担交付与我，我顶在头上，请你空身从我儿旁边岔过，再将担子奉还。何如？”当即俯身解袜脱履。其人见老翁如此，作意不过，曰：“既老丈如此费事，我就下了水田，让尔担过去。”当即下田避让。他只挺了一挺，一场争竞就此消解。这便是“挺经”中开宗明义的第一条。

曾国藩的这一条“挺经”，是李鸿章转述的，是通过一个故事来表达的。这条“挺经”的含义是什么呢？颇有些费解。吴永虽是当面听李鸿章讲的，但他也觉得“意用何在，亦殊不甚明白”。经过一番推敲琢磨，他推测这条“挺经”的意思是：“大抵谓天下事在局外呐喊议论，总是无益，必须躬自入局，挺膺负责，乃有成事之可冀。”（《庚子西狩丛谈》）这个推测，很难说准确，因为从故事里很难明确看出这层意思。吴永自己就说他这个看法是“臆度之词”。但是，也很难说就没有吴永推测的这层意思。因为这条“挺经”虽然说的是一个具体故事，实际含义却很抽象，所以似乎做什么样的解释都有些道理。

今人黄裳对这条“挺经”也做了些解释，主要是强调它表达了一种“将欲取之，必固与之”的策略，认为从中可以看出曾国藩是一个“得心应手地运用黄老之道的高手”。（《妆台杂记·关于挺经》）

我觉得，欲解“挺经”，不可拘泥于李鸿章转述的这个故事，而是需从更广的范围来考察。

先说“挺经”二字。“挺经”，意即言“挺”之经。“挺”，是所言的内容；经，指关于“挺”的原则、经验、秘诀。何谓“挺”？我认为“挺”是指一种立身状态、处世态度，即李鸿章所言的“守身用世”的态度。具体说，“挺”就是指刚烈强硬、坚劲挺拔这样一种立身处世的态度。本文开头所引的欧阳兆熊的话里，有“言其刚”三字，这“刚”字，应该说是对“挺”字的确诂。同时，“言其刚”三字也是对整个“挺经”内容的解说和概括。"挺"者，刚也；"挺经"者，刚之经也。这个精简的解释，大抵是近乎曾国藩的原意的。

李鸿章对"挺经"的运用，更可以清楚地说明"挺经"是一种以刚劲强硬为特征的处世哲学。李鸿章与翁同龢闹矛盾时曾运用过"挺经"。吴永在《庚子西狩丛谈》中对此做了记述。李鸿章做直隶总督时，与翁同龢相互排挤，对翁"怨之颇切"。一次，袁世凯作为翁同龢的说客来劝李鸿章乞休开缺，以使翁同龢能顺利顶补，做成协办大学士。《庚子西狩丛谈》记道，李鸿章对袁世凯说：

他想补我的缺，万万不能！武侯言"鞠躬尽瘁，死而后已"，这两句话我也还配说。我一息尚存，决不无故告退，决不奏请开缺。

袁世凯走后，李鸿章又对吴永说：

袁世凯，尔不知耶？这真是小人！他巴结翁叔平，来为他做说客，说得天花乱坠，要我乞休开缺，为叔平做成一个协办大学士。我偏不告退，教他想死！我老师的"挺经"，正用得着，我是要传他衣钵的，我决计与他挺着，看他们如何摆布？

从李鸿章的话里可以清楚地看出，他对付翁同龢及袁世凯的强硬态度，是以曾国藩的“挺经”为指针的。“与他挺着”，就是以坚劲强硬的态度与翁同龢相抗衡。李鸿章对“挺经”的具体运用，可以说是对“挺经”含义的极好注释。李鸿章自谓是要传曾国藩“挺经”的衣钵的，想必他对“挺经”内涵的理解，会比其他人要准确得多。

“挺经”是一种以刚劲强硬为特征的处世哲学，还可以曾国藩一贯的处世哲学为佐证。姑举曾国藩的几段家书，以见其一贯的处世哲学。

其一，同治五年（1866）十二月十八日致沅弟信：

> 李申夫尝谓余怄气从不说出，一味忍耐，徐图自强，因引谚曰：“好汉打脱牙，和血吞。”此二语是余生平咬牙立志之诀，不料被申夫看破。余……打脱牙之时多矣，无一次不和血吞之。弟此次郭军之败，三县之失，亦颇有打脱门牙之象。来信每怪运气不好，便不似好汉声口。惟有一字不说，咬定牙根，徐图自强而已。

其二，同治六年（1867）三月初二致沅弟信：

> 然事已如此，亦只有逆来顺受之法，仍不外“悔”字诀、“硬”字诀而已。

其三，同治六年三月初七致澄弟信：

余意此时名望大损，断无遽退之理；必须忍辱负重，咬牙做去……（以上三信见《曾国藩与弟书》）

从这三封家书中，足可领略曾国藩平时的处世哲学。这种以刚劲强硬和坚忍为特色的处世哲学，与“挺经”完全是一致的。所云“打脱牙，和血吞”，“咬定牙根”，“咬牙做去”，“硬字诀”等，可以说就是“挺经”的注脚。家书里的这些话，其实既是曾国藩的处世哲学，也是曾国藩的性格的直接反映。曾国藩的性格，是“挺经”产生的主要渊源之一。

曾国藩发明“挺经”，又与他实行“法申韩”的治术有关。申韩，申不害、韩非也，法家代表人物。“法申韩”，即尊奉申韩法家烈日秋霜的治国治军治民之术。“挺经”之“挺”（刚劲强硬），与法家的烈日秋霜是相通的。曾国藩发明“挺经”，大概是深受了申韩法家的影响。

欧阳兆熊说曾国藩一生三变：做京官时讲理学；办理团练军务时讲申韩；做了大官后学老庄。（《水窗春呓·一生三变》）如此看来，曾国藩发明“挺经”之时，或是“挺经”臻于成熟之时，很可能是在他办理团练军务那一段时间。

曾国藩“法申韩”的治术，可于以下两封书信中大略见之。

其一，致徐玉山太守信：

> 但求于孱弱之百姓，少得安帖，即吾身得“武健严酷”之名，或“有损于阴骘慈祥”之说，亦不敢辞。（谢兴尧《堪隐斋随笔·谈曾国藩》）

谓为了百姓安宁，不怕别人说自己严酷。

其二，致沅季两弟信：

> 既已带兵，自以杀贼为志，何必以多杀为悔。（《曾文正公家书》卷七《与沅季两弟书》）

谓既然带兵杀贼，就不怕多杀人。

曾国藩如此“法申韩”，便得了个“曾剃头”的绰号。曾国藩大剃人头，大概既是孕育他发明“挺经”的酵母，也是他发明“挺经”后对“挺经”的实践。

回过头来，再来诠解李鸿章具体举出的那条“挺经”事例。这条“挺经”，其基本思想，其骨子里，无疑是“挺”，即刚劲强硬。从故事表面看，似乎老翁让了一步，但实质上，老翁的精神是刚劲强硬的，是在困难面前不退缩，是用“挺”的精神来克服困难。故事里说，老翁“挺身就近曰”，老翁“只挺了一挺，一场争竞就此消解”，都透露出老翁是以“挺”的精神，即刚劲强硬的精神，来化解这场争竞的。

但是，从具体战术上说，老翁又有一点灵活性，讲了一点策略，结果是“退一步，进两步”，目的达到了。这个策略，就是黄裳所谈到的“将欲取之，必固与之”。从这一点来看，“挺经”是掺杂了一点黄老之道或老庄哲学的色彩的，是刚中有柔的，或者说是“以刚为本，兼有柔术”。

欧阳兆熊说曾国藩“一生三变”，先理学，后申韩，再后老庄，似乎奉申韩与奉老庄是截然分开的，是先刚而后柔的。实际上，曾国藩的所谓“一生三变”只是主要倾向，他在奉申韩时，未必完全不要老庄；奉老庄时，也未必完全不要申韩。刚与柔，并不是截然分开的，而往往是一个为主，另一个为辅的。

从两个“暴豪之徒”说到侠客

司马迁称暴徒豪强、流氓匪类为“暴豪之徒”，本文就说说两个明清时代的“暴豪之徒”。此二人，一个叫李三，一个叫牛二。但此李三并非清代的燕子李三，而是明末清初北京的流氓盗匪头目黄膘李三；此牛二，也不是《水浒传》里的泼皮牛二，乃是晚明北京有名的流氓“十虎”之一。他们都不是小说戏剧中的虚构人物，而是历史上的实有人物。流氓与侠客，多少有些关联，某些地方还近似，但流氓匪类绝非侠客。燕子李三多少有点侠气，但泼皮牛二、黄膘李三和“十虎”之一的牛二，则都是地道的流氓匪类。

历史上的流氓匪类，古籍中常有记载。战国时的《周礼》就有关于流氓的记载，那时的流氓叫“惰民”。《史记·游侠列传》也记有流氓史迹，“暴豪之徒”就是司马迁在传中对这些流氓匪类的称谓。明清时代的皇帝《实录》中，关于流氓的记录颇为不少。明清野史笔记中所记的流氓史迹，就更多更杂了。但一般来说，古籍对流氓匪类的记载比较笼统，细节不多，有姓名者就更少。黄膘李三和“十虎”之牛二，则是古籍中留下姓名的两个著名流氓，他们的活动也被比较清晰地记录了下来。

李三、牛二的犯罪记录

黄膘李三是明末清初人，是一个蜚声明清北京城的流氓匪类。缪荃孙《艺风堂杂钞》《艺风堂别钞》和周寿昌的《思益堂日札》中，都有关于他的记载。缪荃孙是清代同光年间的著名学者，周寿昌是清代内阁学士兼礼部侍郎。黄膘李三竟被两位学者、官员不惜笔墨地记下，可见此人是个很不一般的流氓匪类。

据缪氏记，黄膘李三原名李应试，行三，别号黄膘，原籍通州，后居京城。此人原以卖菜为生，后入“响马”盗伙，因其行抢的“谋略技艺”高人一筹，遂成为北方盗匪巨魁，“凡北五省之盗，皆出其门下”。

对黄膘李三的犯罪行径，缪氏记云，此黄膘李三，“明作威福，暗操生杀”，无论朝廷官吏，还是平民百姓，皆在其劫掠抢杀之列。其麾下，各路匪类劫掠一方，尔后向其献纳赃物。慑于其淫威，京城各商家铺户都要向其致送“常例钱”。

缪氏还写了黄膘李三与官家的关系：“结交官吏，打点衙门，包揽不公不法之事”，倘有人告，定遭暗算，以致被害之家不敢报案，朝廷官吏不敢上奏。

缪氏又记，相传最后是由顺治帝亲自查访才将黄膘李三拿获的。李三被擒后，“举国官民人等，皆言其罪当死”，顺治遂下令将其“枭斩”。

周寿昌在记述黄膘李三时，还记了另一流氓匪类潘文学。记云：

> 我朝顺治九年，名捕（按：通缉之意。）京师大猾李应试、潘文学二人正法。应试混名黄膘李三，元本前明重犯，漏网出狱，专养强盗，交结官司，役使衙蠹，盗贼竞输重贿，铺户亦出常例。崇文门税务，自立规条，擅抽课钱。
>
> 潘文学自充马贩，潜通贼线，挑聚壮马，接济盗贼，文武官多有与投刺、会饮者。住居外城，多造房屋，分照六部，外来人有事某部，即投某部房内。
>
> 后拿获时，审讯恶迹，宁完我、陈之遴皆默无一语。郑亲王诘之，对曰：“李三巨恶，诛之则已，若不正法，之遴必被其害。”时完我、之遴皆为大学士，其畏之且如此。

综合缪荃孙、周寿昌二书，可以看出这个黄膘李三的一些特点，也可以看出明末清初政局和社会状况的混乱。析言之，如下。

一、李三本是明朝重犯，易代后仍一如旧日，又成清朝重犯。

二、李三虽是北京人，但其势力范围极大，扩至北方五省。

三、李三既杀人劫财，又敲诈勒索商铺的“常例钱”和崇文门税关的钱财。“常例钱”类似今天黑社会的“保护费”。

四、李三与官府中的保护伞关系密切，形成官匪一家的局面。

五、李三凶横至极，朝廷大吏也成了他侵害的对象。宁完我、陈之遴，都是大名鼎鼎的清朝命官，但对于黄膘李三这个势焰熏天的巨凶大恶，也不能不心生畏惧，因为他们家住北京，家眷和本人有可能受到侵害。陈之遴回答郑亲王的话令人心惊，足可见黄膘李三的厉害。

六、缪荃孙说，李三是顺治帝亲自查访才落网的，此说不足信，应该是顺治帝亲自下了“严打令”后，由执法部门去办的。

七、从李三案可以看出，明末清初北京的治安状况是相当糟糕的。北京作为首都尚且如此，其他地方可想而知。黄膘李三案，其实是当时政局动荡的一个侧面，政局一乱，流氓盗匪便会横行无忌。

再说另一个流氓，牛二。这是个活跃于明朝万历年间的实有人物。关于此人的史迹，明史专家王春瑜有过考证，所据是明代言官郑钦、郑锐兄弟所著的《伯仲谏台疏草》。王春瑜在《牛二考》一文（《土地庙随笔》）里写道：

万历初年，北京有个流氓团伙，“结义十弟兄，号称十虎，横行各城地方”，其中一“虎”，便叫牛二，在中城为非作歹。他与西城的流氓李七、詹六、贾三、白云，以及南城的流氓李二、景永受等，互相勾结，狼狈为奸，“科敛民财”，“诈骗人户”，“白昼打抢”，“盗拐人财”，犯下累累罪行。牛二还将名叫陈香儿的民女，霸占为妻。尤有甚者，有一天，兵部尚书杨兆从宣武门大街经过，也竟然遭到这伙流氓的“毁骂赶打”，并“口称我们兄弟十虎，谁怕你官等语”，可见牛二这帮流氓团伙，已经猖狂到何等地步。唯其如此，当时的“巡视西城、陕西道监察御史郑锐”，特地给万历皇帝上了一道奏疏，要求“严究”这伙流氓，“以靖地方”。

这个牛二，比起《水浒传》里的牛二可厉害多了，乃一极恶的凶顽。那个泼皮牛二只是“专在街上撒泼、行凶、撞闹”，而这个真牛二则是抢劫、诈骗、敲诈勒索、拐卖人口，无恶不作，而且居然与同伙一起对兵部尚书——国防部长“毁骂赶打”，且口出“谁怕你官”等狂言，真是气焰冲天，嚣张到极点。

流氓与侠客之辨

黄膘李三和真牛二，乃是流氓匪类无疑，但其中的黄膘李三，因缪荃孙说他曾加入过“响马”，故可能有人会误以为他曾有过游侠的身份。“响马”一词，历来含义飘忽不定，常有人将“响马”解释为侠客（游侠）或绿林好汉。例如，一本描写绿林好汉的书这样解释道：“响马是绿林豪杰的通称。”若干年前，有个电影叫《响马县长》，是描写绿林出身的县长如何行侠仗义的，更是把“响马”一词等同于豪杰侠客。

实际上，历史上的所谓“响马”，身份很复杂，有的纯粹是匪类，有的确实与游侠有些近似。但缪荃孙笔下的“响马”，是流氓匪类的意思，指的就是那些拦路抢劫、谋财害命的歹徒。他说黄膘李三曾入“响马”盗伙，这个“响马”能是行侠仗义的绿林好汉吗？将“响马”等同于绿林好汉，基本是晚近的事，岂止是等同于绿林好汉，还被等同于农民起义军呢。这是“左”的思维在作怪，认为只要是反抗官府的人，就一定是英雄好汉。

周寿昌在记载了黄膘李三的行迹后，有几句议论，也容易使人误认为李三身上有行侠仗义的侠影。文云：

> 予尝谓，此辈若经文人笔稍为妆点，即是《汉书·游侠传》中人。尝疑唐人小说昆仑奴磨勒之流，亦是等辈。

其实，看看黄膘李三那些劣迹，包括周寿昌自己写的李三劣迹，这个黄膘李三怎能和《汉书·游侠传》中的游侠和唐人小说中的昆仑奴磨勒相比呢？

侠客，是以行侠仗义为主要特征的，虽然有些侠客身上不乏流氓气，但毕竟不是流氓匪类。昆仑奴磨勒，是唐人裴铏所作传奇小说《昆仑奴》中的侠义人物，此人为成全一对痴男怨女，不畏强暴，拼死相助，是个扶危济困的侠者，而黄膘李三作恶多端，危害百姓，二者怎能相提并论呢？

侠客和流氓匪类的区别，司马迁和班固实际上都做过辨析。《汉书·游侠传》在记述了诸游侠的史迹之后说：

> 至若北道姚氏，西道诸杜，南道仇景，东道佗羽公子，南阳赵调之徒，盗跖而居民间者耳，曷足道哉！此乃乡者朱家所羞也。

这段话基本抄自《史记·游侠列传》，意思是，东西南北方那些姓姚、姓杜之类的有名的强徒，不过是盗匪居于民间，与游侠是不同的，不值得一提。真正的游侠朱家是以他们为耻的。由此可见，对于真正的游侠，司马迁和班固是抱着相当的好感的，而对那些流氓匪类，他们则深为鄙夷和厌恶。

将流氓匪类误认作侠客固然不对，但也事出有因。因为从历史脉络上看，后世的流氓与古代的侠客还是有一点血脉联系的。1931年，鲁迅在上海东亚同文书院做过题为《流氓与文学》的讲演，他说："流氓等于无赖子加壮士，加三百代言。流氓的造成，大约有两种东西：一种是孔子之徒，就是儒；一种是墨子之徒，就是侠。这两种东西本来也很好，可是后来他们的思想一堕落，就慢慢地演成了所谓流氓。”

鲁迅所用的“无赖子”“壮士”“三百代言”这三个词，都是日语词汇，就是无赖、流氓、痞子的意思。鲁迅认为，流氓是侠客腐化的结果。如此来看，游侠确有一点流氓祖宗的意思。鲁迅曾写过一篇名文《流氓的变迁》，也谈了这个意见。

流氓与侠客之所以易被混淆，还因为侠客与匪，与流氓，确实有时在行为上有很接近的地方。比如，李逵砍看客，张青卖人肉包子，林冲被王伦逼迫下山搞投名状，都是地道的匪行。反之，不少匪类也讲所谓“义”，也会有侠举。“响马”，因抢东西放响箭而得名，绿林好汉和流氓匪类都可能放响箭。

我曾在一篇文章中说：“侠与匪，有时边界并不那么清晰，有的侠，匪气很重，有的匪，也有些侠气。单说侠，也是有优劣等级的，有刚正之侠，也有古人所谓末流之侠”。就是说，侠与匪，与流氓，有时确实容易纠缠混淆。特别是“末流之侠”，与匪，与流氓，已经很接近了。

但话说回来，像黄膘李三和牛二这等流氓匪类，与侠是混淆不了的，哪怕是与“末流之侠”也有很远的距离。青面兽杨志是侠，没毛大虫牛二是流氓，二者的区别是清清楚楚的。要不，怎么满街的人为牛二被杀高兴，为杨志吃官司求情呢?

安于做奴才的堕民

“穷则思变”，“越穷越革命”，“地位越低越想翻身”，多数情况的确如此，但也不尽然。堕民就是一个例子。

浙江的宁波、绍兴、台州、金华、湖州等地区，明清以来有过一个贱民阶层，称为堕民，又叫惰民、惰贫。

堕民有“天生的贱胎”之称。古代有所谓“齐民”，即平民，大体指士农工商四民，法律上四民属于良民范畴，堕民却不算。堕民是身隶贱籍的，是法定的贱民，是没有“良民证”的。堕民干的都是所谓“贱业”。清初《堕民猥编》卷一《风俗》说：“堕民，谓之丐户……男子则捕蛙，卖饧……立冬打鬼胡，花帽鬼脸，钟鼓戏剧，种种沿门需索。其妇人则为人家拗发髻，剃妇面毛，习媒妁，伴良家新娶妇，梳发为髢。”干的都是些士农工商职业以外被人瞧不起的卑贱行当。

官规族约给堕民做出规定：“一禁入学读书，二禁进入仕途，三禁从事工商，四禁耕种田地，五禁与平民婚配，六禁高声说话，七禁昂首阔步，八禁聚众集议，九禁夜间喧哗，十禁成群结队。”堕民居然连高声说话、昂首阔步都不行，于此可以想见堕民平时卑微瑟缩的样子。这些规定，限制甚至剥夺了堕民的从业权、婚配权、受教育权、入仕权和人身自由权，使他们成为一群极卑贱的人。堕民的这种卑贱地位，是世代相传、永世不得翻身的，所谓“老鼠生儿打地洞”，堕民只能世代受人凌辱，一如印度种姓制度下的“不可接触者”。

在堕民头上，不仅压着官府和地主老财，就是一般士农工商，也贱视和可以欺凌他们。许多四民甚至认为遇见堕民都是一种晦气，需要用吐唾沫和念咒语来破解。堕民路遇农民，要尊称为“种田官”，见到年老些的四民，要尊称为“老爷”。在平民身份的四民面前，身隶贱籍的堕民只能低眉顺眼。

鲁迅对于自己家乡绍兴的堕民，曾在杂文《我谈“堕民”》中说：“在绍兴的堕民，是一种已经解放了的奴才。”又说，他们身上“还留着奴才的皮毛”。这种脱胎于贱民，还留着奴才痕迹的堕民，实际是一种“准平民”。

鲁迅说他幼年时常能见到堕民。在《我谈“堕民”》中，他谈到了堕民的心态：“我还记得民国革命之后，我的母亲曾对一个堕民的女人说，‘以后我们都一样了，你们可以不要来了。’不料她却勃然变色，愤愤的回答道：‘你说的是什么话？……我们是千年万代，要走下去的！’”这里的“走”字，专指她到所认的主人家里去做卑微的活儿，如庆吊帮忙之类。

据鲁迅介绍说，每一家堕民所走的主人家是有一定的，不能随便走；婆婆死了，就使儿媳妇去，传给后代，恰如遗产一般；必须非常贫穷，将走动的权利卖给了别人，这才和旧主人断绝了关系。假使你无端叫她不要来了，那就是等于给予她重大的侮辱。

这位堕民妇人的勃然变色，起初我很不理解，革命了，解放了，平等了，怎么还不乐意呢？怎么还非得到主人家干卑微的活儿呢？原来，堕民虽然地位卑贱，但由于在主人家做活能有较多的犒赏，生活有时比四民还稳定和滋润，所以养成了一种依附主子、自甘贱业的奴才心态。

鲁迅在《我谈“堕民”》中是把堕民称为“奴才”的，那意思我想大抵有两个，一是说堕民是处在被欺凌、被歧视的地位的，二是说堕民有自甘为奴的奴才心态。

对于堕民的奴才心态，鲁迅相当感慨：“就是为了一点点犒赏，不但安于做奴才，而且还要做更广泛的奴才，还得出钱去买做奴才的权利，这是堕民以外的自由人所万想不到的罢。”所谓出钱买做奴才的权利，当是指堕民花钱去买到某个主子家长期干贱役的机会，即服役权。鲁迅的话明显带有讥讽堕民奴才心态的意思。

鲁迅一生憎恶奴颜媚骨，他对堕民奴才心态的嘲讽，实际是他贬斥奴颜媚骨一贯态度的一缕流露。对于堕民的苦况，鲁迅当然是悲悯的，但悲悯同时又抱着“哀其不幸，怒其不争”的心境。这是鲁迅对于旧中国愚弱国民的一贯态度。

穷地方的地主生活

一说地主生活，好像都像刘文彩、黄世仁那样锦衣玉食。实则不尽然。那是大地主、富地主、富裕地区的地主的生活。如果在贫困地区，即便是地主，生活也可能很差。

例如，晋西北地处高寒，土地贫瘠，物产匮乏，自古就是苦地方，贫富差距不像平原地区那样悬殊，即便是地主，生活也往往清苦。谢觉哉曾在日记里写道，晋西北和陕北的土地主一样，往往也是家徒四壁。陕北某县县志有描写地主生活的诗："冷窑暖炕一盆火，稀饭咸菜泡蒸馍。"彭德怀读后感慨道：所谓地主生活"原不过如此"。这颇有点像葛优在电影《甲方乙方》里说的话："地主家也没有余粮啊！"晋西北的贫农之苦就更不用说了，用康生的话说，那里的贫农是"家徒五壁"——土炕也算一"壁"，贫农甚至连炕席都没有。（《谢觉哉日记》，人民出版社1984年版；《刘少白传》，中共山西省委党史办公室编著）

在这种穷地方搞的革命，肯定不是均富的革命，因为地主的生活也清苦。自古以来就有"均贫富"的口号，但要实现这个口号，首先是要有富可均，若地主生活只是比穷人稍好些，那就只能均那个“稍好些”。马恩说要“剥夺剥夺者”，此“剥夺者”乃指生产力发达的资本主义社会中的剥夺者。剥夺这些人可以均富，可以为建设社会主义打基础；而剥夺“清苦的剥夺者”，则只能分些“稀饭咸菜泡蒸馍”而已。

土地集中在地主手里，妨碍生产力的发展。所以，必须实行耕者有其田。这样才能使产品富裕，为共同富裕创造条件。废除地主土地所有制是应该的、正义的。但也不能不给地主田种，不能随意剥夺其生存权。毛泽东曾说，土改以后要努力发展农业生产，发展社会生产力。这是想让人们都富起来。

可叹那些穷地主，没过过什么好日子，却因有地，在“左”风之下化为了贱民，随人踩踏，累及子孙，倒霉透了。所幸后来摘了帽子，又托福于改革开放，穷地主变成了富公民，再也不用过“冷窑暖炕一盆火，稀饭咸菜泡蒸馍”的穷日子了，比起他们当剥削者时强多了。

真正的社会主义是人人富裕、人人平等的社会。父祖辈那些阶级斗争的事儿一了结，就该奔着“富起来”的方向走，就该很快实现法律面前人人平等。哪能阶级斗争一代一代往下传？那还怎么实现社会和谐、天下大同？

爱国不分贵贱

妓女救学生，《金陵十三钗》这个核心情节，是否真实？从网上披露的《魏特琳日记》等材料看，并无什么可靠的史料可以证实这一点。但若从历史上确有一些“节妓”“义妓”有爱国行为和救人义举这一点来推测，也不能说十三钗的故事全无一点历史根据，但这个根据只是逻辑性的，而并非直接史料的证明。

历史上的妓女，不少是只卖艺不卖身的，所以古代文献里妓女又写作“伎女”。在中国史上的一些剧变时期，特别是在易代之际，曾出现过一些在民族大义上有节操的妓女，她们便是所谓“节妓”。

抗金英雄梁红玉，出身营妓，梅兰芳在京剧《抗金兵》中扮演的主角就是梁红玉。《桃花扇》中的李香君是秦淮名妓，其民族气节令复社领袖侯方域汗颜。柳如是也是秦淮名妓，民族气节令东林党首领钱谦益汗颜。陈寅恪写了巨著《柳如是别传》，借以表彰我民族“独立之精神，自由之思想”。京城名妓小凤仙帮助蔡锷逃脱，为云南反袁起义立了一功。相传赛金花在八国联军司令瓦德西面前说过些好话，多少减轻了京城百姓的一些痛苦（有人考证此事不真，姑聊备一说）。

向忠发一被捕即叛变，并供出与自己的姘妇杨秀贞住在一起的任弼时夫人陈琮英，特务随即逮捕了杨秀贞、陈琮英，并严刑拷问。杨秀贞是个妓女，本知道向忠发的中共总书记身份，但审讯时却没有暴露，还是向忠发出面鼓动她要说实话。周恩来得知这一情况后说：向忠发的节操还不如一个妓女！

淞沪抗战时，上海妓女同其他市民一样全力支援十九路军，报纸评曰："妓女亦爱国，可见此战感人之深矣。"日军攻占许昌后，一些妓女被汉奸送往日本宪兵队，一个叫巩素云的女子跳车自杀，誓死不侍奉日军。郁达夫叹曰：谁说商女不知亡国恨，试看汉奸卖国，妓女却不肯辱身，其间相去岂止泾渭不同！①

妓女有爱国心，有救人义举，其实并不奇怪。她们是祖国的女儿，也有一般人的情感，虽然身份卑贱，是一群被侮辱与被损害的人，但爱国心、同情心并未消泯。爱国是不分贵贱的。对妓女的爱国行为，当然应该肯定，这不仅是对她们的公正，更是对历史的尊重。

---

① 邵雍：《中国近代妓女史·"不愿作奴隶的妓女"》，上海人民出版社2006年版。

关于鲁迅祭书神

鲁迅先生祭过神吗？他年轻时祭过书神。鲁迅不是天生的无神论者、唯物论者。

鲁迅年轻时写过一篇《祭书神文》，见于《鲁迅全集》的《集外集拾遗补编》。祭文有小序，有正文，小序云："上章困敦之岁，贾子祭诗之夕，会稽戛剑生等谨以寒泉冷华，祀书神长恩，而缀之以俚词曰……"正文则是一首骚体诗，可见青年鲁迅深受《楚辞》和《文选》的影响。文中含有许多关于书籍文墨的典故，行文既庄严且潇洒，一派读书人气息，可见青年鲁迅的知识储备之厚，古文根底之好，情怀之高洁。祭文中似也含着一点幽默。

有人说，此文是鲁迅的戏作，他其实并未亲身祭神。我看不是这样。从祭文的小序和周作人在《鲁迅的故家》一书中的记述可以判断，鲁迅确曾祭祀了书神，这篇《祭书神文》是鲁迅在庚子年除夕祭书神时实际使用过的祭文。

周作人在书中写庚子年除夕道："晴，下午接神，夜拜像，又向诸尊长辞岁，及毕疲甚。饭后祭书神长恩，豫才兄作文祝之，稿存后，又闲谈至十一点钟睡。""豫才兄”即鲁迅，“饭后祭书神”，“作文祝之”，表明《祭书神文》是实际使用了的。按绍兴当地风俗，祭书神的时间是在除夕之夜，鲁迅就是遵此时间祭神的。

鲁迅何以要祭书神？《鲁迅全集》编者注所引明人笔记《致虚阁杂俎》云：“司书鬼曰长恩，除夕呼其名而祭之，鼠不敢啮，蠹鱼不蛀。”所谓“司书鬼”，就是书神，其职掌是保佑书籍不被鼠啮虫蛀。鲁迅祭书神，便是祈祷书神保佑自己心爱的书籍。

也许有人觉得，怎么堂堂大思想家鲁迅先生，也祭过神呢？信鬼神总不是一件好事吧。其实这很好理解。鲁迅写《祭书神文》时19岁，那时是晚清，社会上祭祀鬼神的风气还很盛，除夕的接神、拜祖先、祭书神等，不过是社会上祭神风气中很小的一部分。鲁迅作为一名普通人，参加祭神活动，是一件很平常的事，毫不足怪。毛泽东信奉马列主义，但年幼时不是也信过鬼神吗？他与斯诺谈话时说过这一点。这是那个时代的风气使然。

鲁迅祭书神与商贾祭财神，大有区别。祭财神有铜臭味，祭书神则透出清寒和一缕书香。祭文小序说，供品是“寒泉冷华”，即泉水和花束，清寒得很。祭文末尾云：“宁招书癖兮来诗囚，君为我守兮乐未休。他年芹茂而樨香，购异籍以相酬。”完全是读书人的笔意和愿景。以珍异的书籍来酬谢书神，飘溢着书香，体现出鲁迅的书生本色。

陈寅恪也幽默吗

我与一个史学博士聊天，说起陈寅恪先生有幽默气质，他不解地问："陈寅恪也幽默吗？"

他问的有道理。的确，在介绍和研究陈先生的出版物中，先生给人的印象多是狷介刚毅、郁愤悲凉，"涕泣对牛衣，卌载都成肠断史；废残难豹隐，九泉稍待眼枯人"，这副预挽病重夫人的对联，仿佛成了最能代表先生性格的文字。在陈先生的照片上，也难以见到先生的笑容。至于幽默，似乎更无从谈起。有位学者甚至说，读陈先生的诗，得到的就是俩字：啼血。这些印象，当然是有根据的，但这却不是完整的陈先生。

陈先生也有幽默诙谐的一面，而且，他的幽默是发自骨子里的。这是一种有大智慧的人、思想和学识都不寻常的人，才会具有的幽默。可以说，幽默诙谐是陈先生性情中的一个重要方面。

还是用陈先生自己的文字来展现他的幽默气质吧。

对联戏笔

陈寅恪先生一生钟情对联，作品颇多。许多对联相当幽默诙谐，让人忍俊不禁。

20世纪20年代，陈先生与王国维、梁启超、赵元任同为清华大学国学研究院导师，某日，同学多人在陈先生家聚会，先生说，我有个对联送给你们："南海圣人再传弟子，大清皇帝同学少年。"（蒋天枢《陈寅恪先生传》）同学们闻后哄堂大笑。为啥大笑呢？原来，此对联内涵极有趣，上联指国学院的学生因导师梁启超的授课，而自然成了梁氏之师——南海圣人康有为的再传弟子；下联是说，导师王国维当过宣统皇帝溥仪的老师，那么受教于王国维，也就成了宣统皇帝的同学了。作为清华国学院的一名学生，经陈先生的对联这么一说，顿然成了大清皇帝的同学、康圣人的再传弟子，焉能不哄堂大笑？

清华大学校长罗家伦编的《科学与玄学》一书，记录了丁文江与张君劢科玄论战的学案，罗送给了陈先生一本，先生翻了翻后说出一副对联："不通家法科学玄学，语无伦次中文西文。"横批为"儒将风流"。这是在讥讽科玄论战和中西文化论战的毛病，虽然用语略显尖刻，却不乏幽默诙谐，想必闻者会在微笑中三思的。罗家伦曾兼职北伐军少将，又娶了个漂亮妻子，故有此横批。

1932年，清华大学招生，请陈先生出考题。先生拟了一道试题——对对子，上联是“孙行者”，让学生对下联。先生意中最佳的下联是“胡适之”，对此他解释说：“盖猢狲乃猿猴，而‘行者’与‘适之’之意义、音韵皆可相对。”（《与刘叔雅论国文试题书》附记）胡对孙，猢狲也；行者对适之，走路也。猢狲行路，端的可笑。本来，考题总是要板着面孔的，但此题却让胡适之与孙行者捉对成双，在保持学问严谨性的前提下，开了大名人胡适一个玩笑，真是一道极为幽默的试题。连陈先生自己也说，出此题是“一时故作狡猾耳”。狡猾者，要一点聪明，幽默一下也。

陈先生还为这次清华招生拟了一道作文题《梦游清华园记》，他在《与刘叔雅论国文试题书》附记中解释何以出此题时说：“盖曾游清华园者，可以写实。未游清华园者，可以想象。……若应试者不被录取，则成一游园惊梦也。一笑！”昆曲名剧《牡丹亭》有一折为“游园惊梦”，写的是杜丽娘梦中与书生柳梦梅在后花园相会，旋被其母的唤声所惊醒。陈先生将清华园比作后花园，将考生未被录取比作游园惊梦，真是精妙的比喻、奇巧的幽默，难怪陈先生自己也为之一笑了。

陈先生在《俞曲园先生病中呓语跋》中有这样一段话：“尝与平伯言：‘吾徒今日处身于不夷不惠之间，托命于非驴非马之国。’”这是与清代学者俞樾的后人俞平伯先生说的话。不夷不惠之间，非驴非马之国，大体是一副对子。前句说，自己处世，既非激烈的伯夷，也非温和的柳下惠，属中庸之态；后句是形容国家状态，大意谓国家虽有共和之名，却无共和之实，或谓国家乃“半封建半殖民地”，总之实属非驴非马。这“非驴非马”一语，既含嫌恶，也有痛心，又不乏诙谐调侃的味道。

诗作戏笔

陈寅恪先生爱写诗，诗风典雅醇厚、深邃阔大，为世人所推重。诗中的情绪，“啼血”意味颇多，给人留下颇深的印象。然观陈氏一生，幽默诙谐的诗作也是相当不少的，这类诗作多是用诙谐的打油体。

陈诗的许多标题和小序，都写有“戏作”“戏题”“戏撰”等字样，一册《陈寅恪诗集》，写有这类字样的诗就多达十四五首，如《报载某会中有梅兰芳之名戏题一绝》《闻甲辰除夕广州花市有卖牡丹者戏作一绝》《阅报戏作二绝》，等等。所谓“戏”者，打趣、开玩笑也，亦即幽默诙谐也。

清华有位蔡姓同学，曾就婚恋如何取悦对方以达目的，制成了一个表格曰“爱情衡”，刊于《留美学生季报》，陈先生戏题一诗加以调侃，题为《留美学生季报民国八年夏季第二号读竟戏题一绝》，云：“文豪新制爱情衡，公式方程大发明。始悟同乡女医士，挺生不救救苍生。”后两句，是说一个叫卫挺生的留美学生追求一位江西籍女医生未遂的事。陈先生觉得这种公式化的“爱情衡”有点滑稽，恐怕也没效果，便作了这首诙谐的打油诗开了一下玩笑。

一次，陈先生阅读报纸后，觉得文中人物行为很可笑，便作《阅报戏作二绝》以微讽之。其一云：“石头记中刘姥姥，水浒传里王婆婆。他日为君作佳传，未知真与谁同科。”所阅报纸登的是什么，不得而知，但从“刘姥姥”、“王婆婆”之名，却可想见有关人物的鄙琐行状，并可从中品出幽默诙谐的味道。

人们表达政治观点，多正襟危坐，陈先生则常以幽默的打油诗来表达。1913年，袁世凯欲做终身大总统，身在法国的陈先生写了一首讽刺诗，小序云：“法京旧有选花魁之俗，余来巴黎适逢其事，偶览国内报纸，忽睹大总统为终身职之议，戏作一绝。”诗云：“岁岁名都韵事同，又惊啼鴃唤东风。花王那用家天下，占尽残春也自雄。”巴黎的花魁是选出来的，不是家天下钦定的，而袁世凯却想搞终身制、家天下，这个老袁虽顾盼自雄，却实在不如巴黎的花魁。

陈先生做学问，坚持独立思想、自由精神，对趋时的浅薄学人颇为鄙视，并作诗讥嘲之。如《文章》一诗云：“八股文章试帖诗，宗朱颂圣有成规。白头宫女哈哈笑，眉样如今又入时。”或谓后两句又作“白头学究心私喜，眉样当年又入时。”白头宫女或白头学究，比喻那些浅薄学人；眉样，形容他们的“趋时学问”。有人考证说，此诗嘲讽的是一位有高名、爱趋时的大史学家，我看是可能的，但我想也未必专指一人，而是嘲讽那一类现象。这首诗所谈的话题，其实很严肃，但陈先生却出之以幽默笔调，让人于严肃中会心一笑。

论学戏笔

学问是高深庄严的东西，陈寅恪先生却常用幽默的语言谈论它，但又绝不会损伤学问的高雅性。

陈先生不赞成马建忠所著《马氏文通》仿照印欧语系来建立中国文法的做法，批评说：“《文通》《文通》，何其不通如是耶？”《文通》之“通”，意为贯通、通解，陈先生则借此“通”字，指明其写法不通、论说不妥——名为“文通”，实则不通也。表面是诙谐打趣的语言，内里却是严肃的学术意见。

对于自己的学问，陈先生更是说过不少自我调侃的话，都是很幽默的。比如，他说自己所治的史学是“不古不今之学”。先生主要治魏晋至隋唐一段历史，属中古时期，故先生以“不古不今”戏称之。成语本有“不今不古”一词，谓不大正常的事物；陈先生所说的“不古不今”，也微含哪儿都不靠、不大正规的意思。这种说法，自谦加自嘲，颇为诙谐幽默。

《论再生缘》是陈先生的杰作，但对此他说了不少谦辞，说得既幽默，又略带悲凉。他说自己写此书是“聊作无益之事，以遣有涯之生”，又自评曰“颓龄戏笔，疏误可笑”。在《校补记后序》中，他还写下这样的句子：“点佛弟之额粉，久已先干；裹王娘之脚条，长则更臭。”后句采自俗语“王母娘娘的裹脚布，又臭又长”。此语可笑而不雅训，但经陈先生化用之后，便显得既幽默又不鄙俗了。

苦涩幽默

陈寅恪先生一生多坎坷，特别是中晚年，遭逢战乱，历经“左祸”，目盲足膑，苦况难以言表。但陈先生性情中的幽默感却一直延续着，形成一种困境中的陈氏特色的“苦涩幽默”，直至严酷环境将这种“苦涩幽默”彻底消灭。

1947年，国是日非，内战乌云翻滚。几近目盲的陈先生心境悲凉郁愤，遂将书斋命名为“不见为静之室”。这“不见为静”，既是对混乱时局的一声抗议，也是排遣失明痛苦的一丝幽默。

新中国成立后批判“厚古薄今”，“拔白旗”，陈先生的学问被冷落，不能再授课，只从事著述，而著述也只剩下“颂红妆”。他在写给老友吴宓的一首诗里叹道：“留命任教加白眼，著书唯剩颂红妆。”“加白眼”，为晋人之典，既是对严峻境遇的描摹，也有调侃所受冷遇和批判的意味。“颂红妆”，是戏称自己对明清之际女性人物的研究著述。“颂红妆”的代表作，是《柳如是别传》。此书的主旨在弘扬“独立之精神、自由之思想”，但这并不被当时的主流价值所称许。这两句诗，流露出陈先生当时的心境——沉郁与无奈，然又杂糅着一点“苦涩幽默”。你加白眼，我颂红妆，冷遇之下研究女人也，多少有一点诙谐之意。据说吴宓看到这两句诗时笑了，谓“加白眼”三字真是传神。

《柳如是别传》完成后，陈先生写过两版《稿竟说偈》，以佛家偈语体，叙说了著述心迹，其“苦涩幽默”的味道流溢于字里行间。文中有如此词句：“刺刺不休，沾沾自喜，忽庄忽谐，亦文亦史。述事言情，悯生悲死。繁琐冗长，见笑君子。”又云：“奇女气销，三百载下。孰发幽光，陈最良也。嗟陈教授，越教越哑。丽香闹学，皋比决舍。无事转忙，然脂暝写。成卌万言，如瓶水泻。怒骂嬉笑，亦俚亦雅。非旧非新，童牛角马（笔者按：不生角之牛与生角之马，喻反常事物）。”

文中庄谐杂出，笑泪并作，化用《牡丹亭》典故，将古典今典融为一体，既有对师道不存的不满，对弃离教席的无奈，也有看似自谦实则自尊的风趣，一缕“苦涩幽默”隐现在字句之间。从这些文字中，我们仿佛能看到陈先生完稿时的快意诙谐，和面对诸多难堪的苦笑神色。

幽默的消泯

总起来看，陈寅恪先生的幽默的特点，可以用八个字来概括，就是“精妙典雅、意趣横生”。这种幽默感，没有渊博的学识、洞察世事的眼力、从容达观的情怀，是不会有的。

人的幽默感，总会与人的境遇相连。陈先生的幽默感，是随着国家状况和个人境遇的变化，而显而隐，而增而减，而消失的。境遇好时，心境好时，幽默诙谐的戏言戏笔就多些；艰辛坎坷时，虽也会有幽默感，但少多了；到了晚景悲惨之际，陈先生的幽默感便逐渐消泯，最后只剩下了悲愤。

太史公的优秀子孙

史才邓拓

优秀文人兼优秀史才

邓拓（1912—1966），原名邓子健，又名邓云特，笔名马南邨、于遂安、卜无忌等。福建闽侯县（今福州市区）竹屿人。邓拓是一位杰出的无产阶级革命战士，是卓有成就的新闻家、政论家、历史学家和杂文家，还是诗人、书法家和书画收藏家。

对于邓拓各方面业绩的研究，以往人们多集中在他作为新闻家、政论家、杂文家诸方面，对于邓拓在历史学方面的建树，研究得并不充分，甚至曾有一种半开玩笑的说法，称邓拓是“半个史学家”。对于这“半个”二字，我总有点抱不平，觉得此称虽也不无道理——邓拓毕竟不是专业史家，但又总感觉此称有点轻飘，评价并不确切。

清代史学评论家章学诚说：“千古多文人而少良史。”（《文史通议·史德》）意思是有大建树的史学家难得。章学诚所说的“良史”，标准当然是非常高的，邓拓自然还算不上，但邓拓无疑是一个优秀的史才，一个有功力的治史者，一个有成就的历史学家，他的史学才能和史学成绩，史学界是承认的，有些史学成果，史学界还给予了较高的评价。古代史家，多文史兼通，擅文又擅史，这是中国史学的一个优良传统，邓拓实际上继承了这一传统，他在文史两域皆有建树，可谓一位优秀文人兼优秀史才。

邓拓的史学才华，年轻时就有突出的展现。他在河南大学学习期间就发表过近十篇学术论文，如《论中国封建社会“长期停滞”的问题》《再论中国封建制的“停滞”问题》《论中国经济发展史中的奴隶制问题》《中国历代手工业的发展特点》等，有的论文还参与了社会科学界的学术论战。这些论文具有相当高的学术水准，其才华和功力得到了当时学术界的普遍承认和赞誉。他所就读的河南大学法学院经济系主任罗仲言对邓拓的才华特别赏识，罗仲言即中共早期革命家、党的早期领导人之一罗章龙。

总括邓拓的史学成绩，主要有以下几方面：一是专著《中国救荒史》；二是一批史学论文，曾汇为史论集《论中国历史的几个问题》；三是《燕山夜话》中的史学短章。此外，邓拓为写作《中国绘画史》，写过若干篇专论。

《中国救荒史》是我国学术史上第一部较为完整、系统、科学地从社会经济学角度研究中国历代灾荒实况和救治理论政策的专著。1937年写成，署名邓云特，商务印书馆将其列入《中国历史研究丛书》之一出版。此书史料宏富，史识精警，卓见迭出，堪称一部有相当分量的开创性专史著作。此书初版时用的是文言，1957年三联书店重印时改为语体文。此书甫一面世，即受到国内外学术界的重视，并被译成日文出版。近三十年来，国内多家出版社再版此书。这是一部当之无愧的名著。直到今天，人们若想了解中国灾荒和救荒的历史，若想做这方面的理论政策研究，或是做相关课题的学位论文，这部书都是非读不可的参考书。

《论中国历史的几个问题》是一部分量颇重的史学论文集，收入了他研究中国古代社会制度、中国历史分期、中国资本主义萌芽等重大课题的八篇学术论文，其中不少史学观点和证史方法都具有开创性、突破性。学界的识家总是说，“论文集最见水平”，这话很有道理，因为论文是干货，是作者的一家之言，是新见、卓见的展示，许多史学名家就是靠了一部论文集，甚至几篇论文，就在史学殿堂中坐稳了一把交椅的。邓拓的这部《论中国历史的几个问题》就是一部具有相当水平的史学论文集。例如，书中的《从万历到乾隆——关于中国资本主义萌芽时期的一个论证》一文，是一篇研究中国资本主义萌芽问题的名文，凡谈“萌芽”者无不读之，无论读者对文中的观点是赞成还是反对，对于邓拓的治史功力，都是赞赏的。

精短的读史札记、史学小品也很能看出著者的学术水平。《燕山夜话》虽然都是短章，却是地道的学者手笔、史家风格，是大手笔写小文章的开风气之作。与“体大思精”的著作相比，《燕山夜话》可谓“体小思精”，其中每篇文章都有新鲜的见解和精选的史料。至今，《燕山夜话》仍被人们视为史学短章写作的一个范本。

邓拓治史的长处、特点和风格，可以称扬者是多方面的，例如，他具有马克思主义史学家的优良素质，能以纯熟的唯物史观分析和论述史实，又具有高明的史料观，善于挖掘和运用各种具有证史价值的材料，还能以极富逻辑性和清新流畅的文笔组织史料、阐述史学观点等等。

“邓拓治史有理论水平”，这是史学界相当多人士的评价。邓拓是1930年入党的老革命，同年参加左翼社会科学家联盟，是很早就具有马克思主义理论修养的学人。他是中共党内少有的大知识分子之一，曾任人民日报社社长兼总编辑，是首部毛泽东选集的编纂者。他站得高，眼界宽，看问题敏锐而深刻，因而治史有理论水平是很自然的。同时，邓拓又不是那种好发空论而不重视以史料说话的人。相反，他是一位极重视史料，有朴学气质，凡论必从史出的史学家。

从高明的史料观看邓拓的史学功力

史料是历史研究的基础。熟练掌握史料是史学家的看家本领，史料观之高下，是判断一个史学家是否优秀的重要标志之一。邓拓是具有高明的史料观和深厚的史料功力的。

下面就分析一下邓拓的史料观是怎样的，他是怎样看待、处理和运用史料的。

一、“万经皆史”

章学诚说，“六经皆史”。实则不止“六经”，一切历史上的文字记录、考古实物、口头传说，都是史料，实乃“万经皆史”。树立“万经皆史”的观念，对于开掘史源，探究历史真相和历史规律，是极为有益的。

邓拓虽然没有直述过“万经皆史”，但实际上他是深具此种观念的。他极擅长从“万经”中挖掘史料。这从他的史学著作中可以明显地看出来。在他的史著中，二十四史、通鉴政书、诸子百家、甲骨金石、笔记杂抄、传记文集、野史小说、方志碑文、年谱家谱、契约账簿、报纸杂志、诗词传说等等，都是他搜寻有用材料的史源，都被他拿来证史。一部《中国救荒史》，他利用了从经史子集到报刊的百余种资料；一篇关于北京古海港的小考证，他也征引了《元史》《明实录》《帝京景物略》《涌幢小品》《海子》等多种文献。

邓拓之所以具有“万经皆史”观，之所以能调动起“万经”供自己治史之用，除了因他具有把握史料特质的识力和渊博的目录学知识外，他一贯具有杂家精神和杂家本领也是一个重要原因。在邓拓眼里，“杂”是一种难能可贵的高境界。他曾说：古来知名的学者都是程度不同的杂家，孔孟的传世之作内容都杂七杂八，包罗万象。在邓拓手中，杂七杂八的材料都能化作有用的史料。从一定程度上说，邓拓的“万经皆史”观可以说是他的杂家精神的一种体现。

韩愈在《进学解》里说：“牛溲马勃，败鼓之皮，俱收并蓄，待用无遗者，医师之良也。”治学也需要这种“从无用中发现有用”的眼力。邓拓的史料观，就体现了这种眼力。这可以从邓拓利用尺牍和评书等材料证史，以及他对一本古代风水书的评议中看出来。

商人尺牍，一向被喜用“正牌史料”的史学家所忽略或轻视。邓拓却对此极为看重。他曾利用《江湖尺牍分韵撮要全集》中提供的商人尺牍，证实了清代乾隆年间信用制度已经相当发达，汇兑和支票等信用手续已经逐渐流行等情况。评书，是民间艺人的口头创作，虚构成分大，故本无多大史料价值，但邓拓却能化腐为奇，从中挖掘出有用的东西。他曾以评书《于公案》参以其他材料，论证了清廷对于京郊门头沟煤矿民窑业主残暴压迫的史实。

南北朝至隋唐时期，有位风水先生写了一本名叫《平龙认》的堪舆书，因无人重视而流失国外，后来被一位德国科学家发现，这位科学家用书中材料证明了中国人知道氧气并能够分解它比欧洲人早一千多年。对于这件事，邓拓极为感慨，深为那些看似牛溲马勃而实则具有某种价值的材料被人抛弃而惋惜。为此，他在《燕山夜话·平龙认》一文中评论道："对于古代的任何一种著作都应该先看看内容，多加以研究，而不应该轻易抹杀它们的科学意义。"

二、另一种"二重证据法"

王国维为了考证古史，首创了著名的以"纸上之材料"（历史文献）与"地下之材料"（出土文物）互证的"二重证据法"。邓拓治史，除注重历史文献以外，又极重以调查材料（实地考察）与历史文献互证；他将调查材料提高到与历史文献并列的位置，共同作为两大史料来源。邓拓的这种方法，实际也是一种"二重证据法"，另一种"二重证据法"。这种证据法，在今天看来已经比较平常了，但从史学史上来看，邓拓对于调查材料之史学价值的重视、强调和实际利用，在当时是具有创意性和引领性的。

邓拓使用这种"二重证据法"证史，特别表现在他对中国资本主义萌芽问题的研究上。他在一份关于这项研究的计划中写道："这一研究工作所采取的方法，是史籍研究和实地考察相结合。"（此件未刊，在邓拓夫人丁一岚处）他又说："我准备把实地调查和收集的材料，同史籍的记载相印证。"（《论中国历史的几个问题》）这表明，他是把"二重证据法"作为基本的研究方法的。

邓拓使用这种“二重证据法”证史的代表作，是他的著名论文《从万历到乾隆》。为得到实地调查材料，他曾亲至门头沟矿区调查访问。在《从万历到乾隆》这篇论文中，他介绍说，他在京西门头沟煤矿发现了明清两代资本主义萌芽时期的一百座民窑的遗迹，收集了它们的大批契约文书，诸如文约登记本、账单、家谱、诉状、窑图等等，还采访了尚健在的老窑主，掌握了大量第一手史料。邓拓利用这些调查材料，论证了许多重要问题，如用煤窑遗址材料参以民窑契约，证明了门头沟在明朝就有许多民窑存在，又用窑主家谱、碑文和采访资料等论证了民窑主与封建官府的冲突。邓拓对北京六必居酱园历史的考证用的也主要是调查材料，他根据调查时所得到的六必居旧房契等材料，证明了一向被认为建于明代嘉靖年间的六必居，实际是建于清代康熙年间。若按照这个结论推论，那么一向被传为出自明朝奸相严嵩之手的“六必居”匾额，便要另找作者了。从邓拓的不少论文看，文中所引用的他亲自调查来的材料，往往成为其论点的支柱性论据。

邓拓的“二重证据法”之所以可贵，主要在于此法高度重视调查材料。这种重视调查材料的史料观，既是对司马迁、顾炎武等中国古代优秀史家注重调查访问的务实学风的继承，又是对这种学风的发展。其发展之处在于：一，摈弃旧史学常见的“重文献，轻调查”的倾向，明确将调查材料升华为与文献材料并列的史源；二，在有些问题上，将调查材料视为“必备史料”，必须得到以后才能论证问题。这种“二重证据法”已成为一种条理化了的、自觉的史学方法。

三、“通识”眼光

唐代史学家刘知几说：“夫有学而无才，亦犹有良田百顷，黄金满籯，而使愚者营生，终不能致于货殖者矣。”（《旧唐书·刘子玄传》）所谓“学”，指史料；“才”，指方法文采。一个治史者，倘是只会囤积史料，而没有好的研究方法和编撰能力，便如刘知几所言，就像手握良田的笨伯，做不出成绩来。

“通识”，是恰当运用史料的一个重要方法。“通识”就是要有纵向和横向联系的眼光，善于将表面上分散孤立的材料归纳贯穿，做出合理的分析和判断。邓拓就很有“通识”的眼光。如民窑契约上的字号，单看本看不出名堂，但邓拓将百余张清乾隆以前的民窑契约上的字号聚拢排列来看，便发现了民窑在这一时期日渐发达的趋势。这就是“通识”所见。

统计学方法是与“通识”眼光密切相关的方法。它能使许多分散、枯燥的资料的内在价值凸显出来。邓拓的《中国救荒史》就制作了很多统计表格，将分散的资料加以归纳统计，得出了许多重要的结论。如书中对于中国灾荒长期存在的一般趋势和特征之一的“普遍性”的研究结论，就是通过制作和征引《各朝代各种灾害频数表》《各世纪各省水灾统计表》等表格完成的。

四、不以孤证证史

清代朴学的治学方法中有“孤证不为定说”的规矩，很有科学性。邓拓治史，就很重视不以孤证而以充足证据下结论。这不单是对朴学此规矩的继承，更是对马克思主义强调充分占有资料及辩证法之“全面观点”的实行。有人根据明朝人徐一夔《始丰稿》卷一中的“织工对”所描写的钱塘相安里一个富家拥有杼机四五具、佣工十数人的情形，就认为元朝至正年间中国已有了资本主义萌芽。对此，邓拓很不赞成，认为这种以孤证证史的方法不足取。他说：“离开了对一个时代的社会经济发展的大量材料的研究，孤立地观察某一个别的现象，一定不会得出正确的结论。”（《从万历到乾隆》）

五、取他山之石

邓拓治史，眼界很开阔，搜集史料绝不仅限于中国文献，而是一向重视国外学界关于中国历史的资料。他在一篇谈资料问题的文章中说：“我们无论研究什么问题，一定要把古今中外一切有关的书籍和报刊上已有的资料，统统看过。”（《燕山夜话·一把小钥匙》）其中提到了一个“外”字，就是说一定要重视搜集和利用国外的学术资料，一定要善于取他山之石为己所用。

在《中国救荒史》中，邓拓就征引和利用了许多条外国的资料，如外国学者关于“灾荒”的定义，西欧学者对中国灾荒史的评论，以及希腊神话中关于巫术救荒（以人为牺牲）的故事。在《近代中国资本主义发展的曲折过程》这篇论文中，他又征引和参考了清乾隆年间法国天主教神父阿米窝考察中国情形的记载，以及马扎尔的《中国经济大纲》、莱姆耳的《中国的对外贸易》、阿瑟尔·斯密斯的《痉挛的中国》等著作中关于中国经济情形的分析和论述。

纵观邓拓一生，他首先是一位革命者，然后才是新闻家、政论家、历史学家等等。作为历史学家，他的史才堪称一流，特别是他的史识，即使是放在史学界，也堪称翘楚。虽然他不是专业史家，但我认为他也是太史公的子孙，而且是优秀的子孙。尽管他留下的史学作品不算多，但大多都比较精，值得后人珍视。邓拓曾任中国科学院哲学社会科学部学部委员和中国历史研究所学术委员，这是他的学术水平特别是史学水平得到学术界承认的一个证明。

也谈“知人论世”

人们常说要“知人论世”，写文章也常会提到这个词语（成语），但对这个词语怎么解释，怎么使用，却有不同的说法。笔者拟谈谈自己的看法。

若查词典，查百度上的有关材料，对于“知人论世”的解释可以归纳为两种，一是说“知人论世”指了解、鉴别人物和论说世事万象，简单说就是“了解人；论时世”；另一种解释是：“了解一个人并研究他所处的时代。”这是《辞海》的释文。在两种解释中，对“知人”的解释是一样的，都是指了解人。但第二种解释把“论世”释为研究人物所处的时代，这与第一种解释是不同的。第一种解释，“知人”和“论世”之间没有内在联系；第二种解释，“知人”和“论世”有内在联系。

人们在使用“知人论世”这个词语的时候，总是选择其中的一种含义。在我所看到的使用这一词语的文章中，似乎记者、作家多取第一种解释，学者多取第二种解释。第一种解释当然不错，但缺少历史文脉，并非此词的原解；第二种解释有出典，是此词的原解，也可视为正解。

“知人论世”一词，源出《孟子·万章下》的一段话：“颂其诗，读其书，不知其人，可乎？是以论其世也。”后人将这段话浓缩，成为“知人论世”一词。这段话第一句说，学诗、读书，不能不了解作者其人。第二句说，要想了解作者其人，就要研究他所处的时世，即时代、世事。《辞海》的释文，直接由孟子这段话而来。

朱熹是注释《孟子》的权威，他对这段话中的“论其世”三字做了自己的解释：“论其世，论其当世行事之迹也。言既观其言，则不可以不知其为人之实，是以又考其行也。”前一句说，所谓“论其世”，就是要研究和论述诗书作者在其所处的时世中的行为和经历。后一句说，读作品，就不能不了解作者的实际经历，因而必须考察他的行为和经历。

朱熹这段话，是对《孟子》“论其世”三字的阐发性解释，实际上含有申说、发挥的成分。《孟子》的原话，主要是强调要研究作者所处的时世，而朱熹则更强调作者在某一时世中的作为和经历。若将两者的意思结合起来，便是：要想了解一个诗文作者，就必须知晓他所处的时世，以及他在这个时世中的行为和经历。

清代学者章学诚在《文史通义·文德》中也谈过评说诗文时的“知人论世”问题：“不知古人之世，不可妄论古人文辞也。知其世矣，不知古人之身处，亦不可以遽论其文也。”这实际是继承和发挥了《孟子》和朱熹的意思。章学诚认为，对于古人的诗文作品，倘若不了解作者所处的时世，就不要妄加评论；虽然知晓了作者所处的时世，但不了解作者在此时世中的行为和经历，也不能贸然评论。

“知人论世”实际是一种方法论。起初，它只是一种读书方法、文学批评方法；后来，又成为一种著述方法、一种研究人物的方法。

历史上，许多文学批评家都把“知人论世”作为重要的文学批评方法。如南朝文学批评家钟嵘在《诗品》中评论晋人刘琨的作品说：“其源出于王粲。善为凄唳之词，自有清拔之气。琨既体良才，又罹厄运，故善叙丧乱，多感恨之词。”这是用刘琨罹逢厄运的经历，来解释其诗作何以多感慨悲愤之词。当代的文学评论家更是自觉地运用这种方法考察作品。清末小说《孽海花》研究家王祖献先生这样谈自己的研究：“要了解作家的生活，‘知人论世’，故有必要寻觅足迹，探索一下曾朴的生活、思想历程与创作过程。”可知，“知人论世”是王祖献研究《孽海花》的重要方法。

邓云乡先生写过一本《鲁迅与北京风土》，成为蜚声文坛的名著，其成功的妙诀，我看缘于采用了一种“知人论世”的著述法。此书以鲁迅的日记为经，以北京风土景物为纬，寓人物于时世之中，使我们看到了一个活在那个时世中的鲁迅。出版家王西野先生在跋语里说：“从鲁迅接触的特定环境来研究鲁迅，于知人论世，是不无用处的。”他看出了邓著与“知人论世”之法的关联。

“知人论世”常被学者视为重要的人物研究法。陈寅恪先生在为冯友兰先生《中国哲学史》写的审查报告中说：“盖古人著书立说，皆有所为而发，故其所处之环境，所受之背景，非完全明了，则其学说不易评论。”要想评说古人的思想学说，必须先弄清古人所处的时世，否则无法评说。这是陈先生教给我们的“知人论世”的人物研究法。

历史学者朱成甲先生写过一本名著《李大钊早期思想与近代中国》，用的就是陈寅恪所说的“知人论世”的人物研究法。朱成甲在后记里说：“我费了比研究李大钊本身的材料多得多的时间，去研究与之相应的背景，去研究与之相关的大量事件和人物，同时也自然地涉及到与这些事件、人物的联系问题和评价问题。”朱先生是想先弄清李大钊所处的时世，再用那个时世来说明李大钊的思想和行事。他这样研究李大钊，无疑比只研究李大钊本人的材料要全面、准确和深刻得多。李新、刘桂生两位史学名家在这本书的序言中对作者所采用的研究方法，做了一句概括性的评价：“它不是让历史人物自己来解释自己，而是让时代来解释人物。”这句话是对“知人论世”的人物研究法的极好说明。

在与人物有关的文献中，人物年谱和编年文集对于“知人论世”，对于准确地了解和评价人物及其作品，有相当重要的作用。梁启超在《中国历史研究法》里说，年谱记载的时事，是“谱主的背景”。意思是，要想了解谱主及其作品，必须先了解谱主所处的时事背景。梁氏举例说，顾亭林的诗有不少是影射时事的，“假使《顾亭林年谱》不记时事，怎么知道这诗所说何事”？近年，有人编著过一本《三曹年谱》，编例说：“略记政治、经济和文化等方面的重大事件，以便与谱主曹操、曹丕、曹植的社会活动和诗文内容互相参证。”可以看出，这位编著者是很重视“谱主的背景”的，他知道，若不知晓谱主所处的政治、经济和文化背景，是不可能深切了解三曹的其人其文的。

编年文集在“知人论世”上与年谱有同样的功能。鲁迅先生说：“分类有益于揣摩文章，编年有利于明白时势，倘要知人论世，是非看编年的文集不可的，现在新作的古人年谱的流行，即证明着已经有许多人省悟了此中的消息。”（《且介亭杂文·序言》）一个作家的作品，若按年份编排下来，便容易和时代背景相参照，作家的思想历程及作品风格的演变，便会凸显出来。已经出版的《鲁迅全集》有两种编法，一种是分类编的，分小说集、杂文集、书信集等，一种是编年体的，按时间先后编辑鲁迅作品。前一个编法有助于从文体上揣摩鲁迅的文章，后一个编法有助于从历史长河的流动中了解鲁迅其人其文。

相对于“知人论世”的原解，“了解人；论时世”应算是一种别解，也可以说是对原解的一个发展，它实际已成为“知人论世”一词的另一个义项。在“了解人；论时世”这个意义上使用“知人论世”，当然是可以的，而且有时也是必需的。

可笑的“该先贤”

杂文家邵燕祥先生曾著一文，认为公文中常在“同志”一词前冠以“该”字，“殊为不妥”。我也有同感。用“该”字称呼同志，不仅未表敬意，还有一种居高临下之势。如果我被人称为“该同志”，会隐隐产生不大受尊重的感觉。

这种“该”字用法起于何时，我没做过考证，但从所见材料看，大概在明清时代就已经很流行了。晚清小说家李伯元《南亭笔记》卷十五有这样一段记载：

> 余晋珊中丞联沅为侍郎时，曾奏请将屈原从祀孔庙。一日，湖南巡抚接礼部咨文，内有“相应咨请贵抚将该先贤籍贯、官爵、有无著述、足以裨益圣教，查明咨复”等语。于“先贤”上加一“该”字，官样文章，可发一噱。

这条笔记，先述史实，再加评论，信息颇密集。在所引的礼部咨文中，有“该先贤”一语，这是在称呼屈原。比起“该同志”来，在“先贤”前面冠以“该”字，恐怕就更不妥了。

文中所说的余晋珊，名联沅，字晋珊，晚清时人，当过湖南布政使，署理过浙江巡抚。“中丞”，是明清时对巡抚的敬称。余晋珊在朝廷任侍郎时，曾奏请将大诗人屈原“从祀”于孔庙，即将屈原作为附属于孔圣人的祭祀对象，也供奉在孔庙里。上奏不久，与此事有关的湖南巡抚（因屈原所投的汨罗江在湖南）接到了发自礼部的咨文，咨文说，请巡抚写个报告，写清屈原的简历，包括屈原的籍贯、当过什么官、有过什么著述，还要写明若是屈原从祀孔庙会对弘扬孔教有什么好处。

看着这些汇报事项，我不禁哑然失笑，这多像是我们组织部门提拔干部时的调查表呀。同时又觉得啼笑皆非，咨文说要“查明”屈原的履历，难道屈原的事还需要“查明”吗？堂堂的楚国大诗人，《史记》有《屈原传》，难道礼部的官员真不知道吗？咨文怎么竟像是在调查一个普通官员呢？显然，这篇咨文是一篇官样文章，明明知道的事，也要像模像样地问一下。咨文让报告屈原入祀孔庙对“圣教”有何好处，道出了入祀孔庙的一个重要标准，就是要看是否有利于孔教，有利便可入，否则不可入。这是要把屈原孔教化，让屈原为孔教服务。

咨文中最不妥当，也最为可笑的地方，是称屈原为“该先贤”。屈原是著名的爱国诗人，万众景仰的文化先贤，怎么可以在“先贤”二字前冠以“该”字呢？佛头着粪嘛。但在清朝，这种“该”字用法在衙门公文中却是一种流行的官样文章，官场中并不视为不妥。对官场弊端一向厌恶的李伯元则对这种用法很看不惯，讥评曰：“官样文章，可发一噱。”认为把屈原称为“该先贤”十分可笑。

官样文章，是清代官场公文写作的一大特色，晚清曾有人写过一卷讽刺官场笑柄的书，书名就叫《官样文章》，小序说：“官场之笑柄极多……非竞尚浮文，即虚应故事。”所谓“竞尚浮文”，即官样文章满天飞。上面所引的礼部咨文，特别是“该”字用法，就是这满天飞的官样文章中的一例。清代衙门里，麇集着许多擅写这种官样文章的文案书吏，他们就是靠着写这种文章在衙门里混饭吃，他们离不开衙门，衙门更离不开他们。

最近我上网浏览信息，竟发现广西某高中的历史试卷也称先贤为“该先贤”。题面是：黄宗羲评价某先贤说：“先生之学……圣人之道，悟性自足，不假外求。”问：“该先贤是A.程颢、B.朱熹、C.王阳明、D.李贽。”让学生选择其中一位。看着这道试题，我感到惊异，颇有点时光倒流之感，这与清代礼部文件称屈原为“该先贤”有何区别呢？程颢、朱熹、王阳明、李贽，这四位先贤是何等重要的人物啊，竟以“该”字称之，实在是不大恭敬啊！

用“该”字来称呼某人某物，从语源上说，属于旧式公文用语，但因这种用法有合理性、必要性，所以因袭了下来。然而新式公文与旧公文不同，写作时应注意恰当运用这个“该”字。比如，称“该案”“该处”“该公司”

等，都没有毛病，而且必须这样说。但称呼人物，就要加以区分，例如，称呼“该犯”，可以；称呼同志，则最好不用“该”字。若是把“该同志”改称为“这位同志”，不是很好吗？而称呼先贤，称呼备受人们尊敬的重要人物，就更不应该用“该”字了。倘若可以称“该先贤”，那么也就可以称“该豪杰”“该圣人”“该伟人”，这不是让人笑掉大牙吗？但我相信，没有人会称“该领导”，因为人们都知道，那样称呼，领导会不高兴的。

提　壶

历史人物之品题，向有二偏向：一曰隐恶扬善，一曰隐善扬恶。所谓隐者扬者，余拟以一俗词概言之，曰“提壶”。析而言之：隐恶，即哪壶不开不提哪壶；扬善，哪壶开提哪壶；隐善，哪壶开不提哪壶；扬恶，哪壶不开提哪壶。隐之扬之，全在提壶之间耳。

浏览书、刊、报、网，妄加提壶之文多矣。誉人欲增其美，只提开水壶，毁人欲益其恶，只提凉水壶。品题尊者贤者，只提开水壶，讳提凉水壶；品题问题人物，只提凉水壶，讳提开水壶。秦皇暴虐，然有大功，喜秦皇者便只提装有大功之开水壶，不提装有暴虐之凉水壶；厌秦皇者则相反。如此提壶，则此秦皇非全人也，自亦非史上之真秦皇也。“曾国藩者，誉之则为圣相，谳之则为元凶”（章太炎《检论》），亦提此壶不提彼壶之故也。此曾氏自亦非全人真人也。

善恶功过集于一人，本常态耳，若片面提壶，妄加抑扬，则距真人远矣。论人之原则，唯在顾及全人，辩证论人，所谓实事求是也。品题人物，居心为第一。秉大公者，天然具有辩证倾向；反之，则必为妄加提壶者也。

不讲理的理论文章

理论家有时也不讲理。

冯友兰写过一篇文章《关于中国哲学遗产的继承问题》，刊于《光明日报》。陈伯达看后马上著文质疑和批判。但文章写得很差，思维混乱，逻辑不通，是一篇不讲理的理论文章。冯友兰读后哭笑不得，说："陈的思想相当混乱，叫人不知道他问的究竟是什么。"冯友兰感到这位"党内大理论家"很不像理论家的样子，甚至有点不可理喻。本来，冯友兰写了文章，是很想听听别人意见的，但陈伯达连问题都提不清楚，还妄加批判，奈何？

周谷城也碰到过类似情况。一次他和姚文元当面争论一个理论问题，姚讲不出什么道理，却老用政治帽子压人，周谷城批评他说："小姚，你没有多少道理可讲！"其实，岂止是没什么道理可讲，小姚压根儿就没想讲道理，他就是想用政治术语、政治帽子压人。这便是小姚的辩论法，但此法让小姚所向披靡。

冯与陈、周与姚的论辩，虽都发生在"文革"之前，但陈、姚已经露出了棍子本相，所写的理论文章已经不讲理了，其文风已经是以势压人、乱扣帽子了。但毕竟那时陈、姚的地位还不像后来在“文革”中那样炙手可热，所以冯、周还可以直接批评他们，若是在陈、姚当了中央领导人之后，冯、周哪还有那种胆量？

那个年代，陈、姚式的理论家不在少数，但实际上他们并不是正经搞理论的，而是“理论打手”，他们肚子里也没啥正经理论，而只下功夫琢磨怎么在政治上压倒对方。因而，他们做起文章来，便不管什么合理不合理，逻辑不逻辑，常识不常识。

但要说这些人一点理论思维都没有，也不对。陈伯达就很有点理论思维，还当了大秘书，但哲学水平远逊于冯友兰。姚文元也有一定理论思维，但学术训练不大够，占据他脑瓜子的就是斗斗斗。

错乱历史的逻辑

陈赓救过蒋介石的命。国共分裂后，康生曾责问陈赓：当初为何不除蒋，反救之？陈驳曰：蒋彼时革命，吾除蒋，岂非反革命乎！康语塞。大革命时期，汪精卫任广州国民政府主席兼中宣部长，事繁，由毛泽东代理部长职。茅盾时任宣传部秘书，亲见汪训话："希望大家在毛泽东同志的领导下，共同努力……"时毛在座，汪走后，毛做指示若干。[①]依康生逻辑，汪精卫乃大汉奸，当初毛不杀汪，竟反代其职，岂非也成问题？

类似错乱历史的逻辑，大兴于"文革"之时，狂热且无知的红卫兵，常出此类妄言，害人无算。"四人帮"更是故意以此种逻辑害人。陶铸曾于大革命时期加入过国民党，此为革命之需要，乃国共合作的产物。然"文革"中江青故意抹去历史背景，指斥陶铸参加过国民党。陶铸当场回敬江青："你知道我是什么时候的国民党员？我是第一次国共合作时期的国民党员，是在国民党军队集体参加

① 《茅盾与汪精卫二三事》，《文史参考》，2012年第14期。

国民党的！那时毛主席也是国民党！周总理也是国民党！还是黄埔军校政治部主任，国民党第一军的党代表！他们都是我的顶头上司，我只是国民党的一个小兵！还想怎么着！你先读读历史去！”江青其实知道那段历史，她是存心害人。陶铸所言才是原本的历史。陈赓救蒋介石，毛泽东代汪任宣传部长，皆发生在那一时代。

“文革”是一个乱了逻辑的年代，是个连起码的形式逻辑、历史逻辑都不顾的年代，是康江式的混账逻辑占了上风的年代。在此种年代中，人们怎能不迷狂，是非怎能不颠倒，天下怎能不大乱？

实际上，“文革”前在文化和宣传工作中已有了错乱历史逻辑的苗头。比如，老舍在小说《四世同堂》里写道：抗战时沦陷了的“北平的老百姓都盼着蒋委员长打回来”，新中国成立后，一位领导同志要求老舍将这里的“蒋委员长”改为“蒋介石”，老舍认为不要，反问道：“您不是老教导我，要按历史唯物主义办事吗？当时沦陷的北平老百姓盼着蒋委员长打回来，绝不会说我盼着蒋介石回来。”（舒乙为老舍《文学概论讲义》写的代前言）老舍说的是历史实情，“蒋委员长”这个称呼是不能改的，改了就错乱了历史的逻辑，就不是历史唯物主义了。

如今网上，仍时时能看到错乱历史逻辑和不尊重历史原貌的文章，令人深感此病之绵绵不绝而难除也。

从“镰刀斧头”到“镰刀锤头”

“旗号镰刀斧头”不是误写

毛泽东1927年写过一首词《西江月·秋收起义》，曰：“军叫工农革命，旗号镰刀斧头。匡庐一带不停留，要向潇湘直进。地主重重压迫，农民个个同仇。秋收时节暮云愁，霹雳一声暴动。”起首两句，写的是秋收起义部队的名称和旗帜，谓部队名叫“工农革命军”，军旗图案是“镰刀斧头旗”。

对于军旗图案这一句，有注释家认为，这是毛泽东的误写。河北人民出版社1985年出版的一本《毛泽东诗词鉴赏》在注释《西江月·秋收起义》时，对词中的“斧头”二字注释道：“斧头：党旗上的锤头当时常被误以为斧头。”注释者认为，毛词应该把军旗上的党徽写成“镰刀锤头”才对，而写成“镰刀斧头”是因为受了当时错误习惯的影响。这本《毛泽东诗词鉴赏》是十几位文学界名家的集体作品，所以这本书影响很大。然而，这条对工农革命军军旗的注释正确吗？

其实，毛泽东词里的这句“旗号镰刀斧头”并不是误写。他把工农革命军军旗上的图案说成“镰刀斧头”，是符合当时实际情况的。理由如下。

其一，有党史学者著文，毛泽东当时的部下何长工同志（一说余洒度）曾为秋收起义部队工农革命军制作过一面军旗，旗上的图案就是“镰刀斧头”。

其二，工农革命军的证章图案是“镰刀斧头”。2008年8月《中国收藏》杂志介绍过一枚徽章，中心图案是“镰刀斧头”，周围是隶书文字“工农革命军第一团证章”。据文章作者考证，此“工农革命军第一团”，即1927年秋收起义部队工农革命军第一师下辖的第一团，此徽章为该团人员的标志物。由此可以推知，当时工农革命军军旗的图案也是“镰刀斧头”。

其三，第一次大革命失败，国共合作破裂，中共遂树起自己的旗帜——“镰刀斧头”旗。从1927年到以后相当长的时间内，中共及其军队所用旗帜上的图案为“镰刀斧头”，成为一种普遍现象。1927年10月15日，《中共广东省委通告（第十四号）南方局、省委联席会议通过的最近工作纲领》称：“一律废除青天白日旗，改用红旗，以斧、镰为标志。”明确说明红旗上的图案是镰刀斧头。1930年4月，中共中央军委发出的《关于红军各级军旗的规定的通知》称：“各级军旗一律用五角星红旗，星内排列镰刀斧头之国际徽，旗用大红色旗。”所谓“国际徽”，指共产国际的徽记和苏共的党徽，即“镰刀锤头”，但《通知》将“镰刀锤头”易为了“镰刀斧头”。由此通知可知当时红军军旗都规定为“镰刀斧头”旗。我见过一面中国红军第七军第一纵队第一营第四连的军旗，就是“镰刀斧头”图案。2008年第7期《收藏》杂志介绍过两枚银币，皆为1931年鄂北农民银行所发行，一枚银币的正面是马克思像，另一枚是列宁像，两枚银币的背面都是“镰刀斧头”图案。综合言之，从广东省委和中央军委所发的文件看，从旗帜、银币等实物看，“镰刀斧头”图案在当时是被普遍使用的。

其四，1943年4月28日，毛泽东在延安杨家岭主持召开中共中央政治局会议，讨论中国共产党党旗样式，做出的决定要点有二：一、仍以“镰刀斧头”象征工农联盟；二、去掉原来旗帜上的五角星，以与苏联旗帜（笔者按：上面有镰锤图案和五角星）相区别。由此可知，即使到了1943年，中共中央仍决定党旗图案为“镰刀斧头”。

其五，从诗词格律上分析，也可以看出毛词不是误写。按照《西江月》的格律，第二句末两个字，都应该是平声，写成“锤头”是正合适的，但毛词却违反格律写成了“斧头”，可见毛泽东是有意那样写的，他认为党徽、军旗就是“镰刀斧头”，他是如实摹写军旗的式样。毛词作于秋收起义当年，他对自己所领导的起义军的旗帜，应该是不会记错的。

总之，毛词中的“旗号镰刀斧头”一句，并非误写，而是有意写实的。

从“镰刀斧头”到“镰刀锤头”

因为中共是共产国际的一个支部，是按照苏俄共产党的模式建立起来的，故中共党徽也模仿了苏共旗帜上的“镰刀锤头”图案。这个图案的寓意，一般解释为：工农联盟，实现共产主义。中共又解释为：党领导下的工农联盟。在模仿时，在相当长的一个时期内，因中共中央对图案式样没有一个统一的说明和硬性的规定，所以在实行中，党旗、军旗、证章、货币上的图案，有时被画成镰刀斧头，有时画成镰刀锤头。在我所见到的资料特别是早期革命文物中，图案以“镰刀斧头”为多，但也有一些“镰刀锤头”图案。

中共的“镰刀斧头”图案，实际是对苏共的“镰刀锤头”图案的一种修改。为什么要这样改？有学者解释说：这是中共在建党早期从半封建半殖民地国情出发，特意将党徽画成了“镰刀斧头”，以斧头代表手工业者，后来随着时间的推移，才把斧头改成了锤头。这一解释，我认为多少有些道理。

“镰刀锤头”图案，是在与“镰刀斧头”图案并行时逐渐增多的。有资料显示，1931年在江西瑞金成立的中华苏维埃共和国使用的印信标志，多为“镰刀锤头”图案。在中华苏维埃政府所发行的纸币上，也出现过“镰刀锤头”图案。但是，这些“镰刀锤头”图案，并不能证明当时的党徽已经定型为“镰刀锤头”了。“镰刀斧头”图案，在当时还是普遍使用的。

1945年，是党旗图案开始定型为“镰刀锤头”的重要时间点。这年4月至6月，中共七大在延安召开，会场上悬挂的党旗已是“镰刀锤头”。在此前后，各抗日根据地所使用的党徽，也已基本上统一为“镰刀锤头”。而“镰刀斧头”图案，此时已经很少见了。两年之前政治局在杨家岭会议上所做的“以镰刀斧头象征工农联盟”的决定，这时已经基本不执行了。

1951年，是“镰刀锤头”被正式固定下来的时间点。1951年6月，《中共中央关于党旗问题的通知》规定：“在党的三十周年纪念时，各地可按旧例，一律采用左上角缀以黄色镰锤图案的红旗，旗上不另加中国共产党字样或其他记号。”1952年9月，《中共中央办公厅关于党旗问题的批复》指出：“党旗上只有锤头镰刀，并无五星（苏联国旗上有五星），此点请注意。”这两个文件发布后，“镰刀锤头”的图案就算正式固定下来了。

“镰刀锤头”更科学

虽然“镰刀斧头”图案有其合理性，也在相当长的一段时间内使用过，但准确地讲，只有将党徽图案规定为“镰刀锤头”才是最科学的。因为“镰刀锤头”的寓意更符合共产党的工人阶级先锋队的性质。

锤头所代表的工人阶级，不是手工业工人，而是大工业中的产业工人。斧子和锤子，在相当程度上是与不同的生产形态相联系的。斧子，一般是木匠、伐木工、消防员使用的工具，亦即主要是手工业者的工具，与大工业的联系不多。而锤子，除了城乡间的小铁铺多使用外，更多的是大工业中的产业工人所使用，如钳工、钣金工、锻工等产业工人都离不开锤子这种工具。一份中共早期刊物的封面，就画着一个产业工人手执一把大铁锤。也就是说，斧子实际是手工业的象征物，而锤子是大工业的象征物，斧子和锤子所代表的生产力水平是不一样的，锤子更多地代表着当时的先进生产力，代表着与大工业和先进生产力相联系的工人阶级。共产党是工人阶级的先锋队，因而，共产党的党徽采用“镰刀锤头”做标志，才是最科学、最适当的。

苏共为什么没有把党徽设计成“镰刀斧头”，而设计成“镰刀锤头”？这与俄国当时的生产力水平和资本主义发展的程度有很大关系。当时的俄国，资本主义工业水平已达到相当的高度，列宁曾著《俄国资本主义的发展》一书论述之；产业工人的数量也相当多。锤子是俄国产业工人手中常用的代表性工具，所以，苏共把锤子设计到党徽中，用以代表工人阶级，是很自然和恰当的。也正是这个原因，苏共党员大概极少有人会把本党党徽说成是“镰刀斧头”。

党员不应说错党徽图案

黑格尔说过，“熟知非真知”，许多人对于中共党徽的了解恐怕就是如此。你若问某位中共党员：“党徽的图案是什么？”“是镰刀斧头，还是镰刀锤头？”恐怕他未必能回答准确。我就常见有人回答党徽是“镰刀斧头”。实际上，如果平时稍微留心一下党旗实物，就不会把党徽说成“镰刀斧头”了。若再翻一下党章，就更能看到明确的条文：“中国共产党党徽为镰刀和锤头组成的图案”。

不论中共党徽曾经有过怎样的历史情况，今天，作为一名共产党员，是不应该把党徽说成“镰刀斧头”的。因为这不只是一个名称问题，而是涉及对共产党的阶级基础和性质的理解问题，更涉及到对“共产党是先进生产力的代表”这个命题的理解问题。所以，应该郑重对待之，应该准确地理解和解说党徽的图案和意义。

最后，还有一个问题。虽然党章说党徽图案是“镰刀锤头”，但严格来说，“锤头”二字并不十分准确。从工艺学上说，锤子是由锤头和锤柄两部分组成的，锤头只是锤子的一部分，但党徽图案上却是整个锤子，而并非仅仅是锤头。所以，党徽图案的准确解说应该是“镰刀锤子”。建议今后修改党章时将党徽图案的释文改为“镰刀锤子”。

（刊于《前线》2019年第1期）

讼师老手段

“汉奸”这恶名，自汪伪被剪灭以来，久不流行，近年却忽然风行起来。颇多网上写手，论辩之间，俨然讨逆军，动辄便给论敌扣上一顶“汉奸”“卖国贼”之类的帽子，弄得仿佛汉奸满天下。其实，这些论敌哪里是什么汉奸，不过是思想观念上的异己者而已。

将“汉奸”恶谥加诸论敌，乃一刻毒的制敌法。国人普遍心理，汉奸坏于敌国，恨汉奸甚于恨敌国。即便是招纳降敌的清廷，也把其列入《贰臣传》。日寇虽然利用汉奸，内心却蔑视之。“汉奸”一称，实乃无以复加之恶名。一称“汉奸”，便会引人联想起秦桧、吴三桂、汪精卫，便会煽起人们对论敌的误解和憎恨。

为整人而扣帽子、加恶名，乃是历来政治运动的惯技，“四人帮”更是开了个大帽子工厂。但若把眼光向古时看，还可从我国传统政治文化中觅出一点源头。例如，明清恶讼师常用恶谥把人匪徒化，便是源头之一。而当今的乱扣汉奸帽子则是这恶讼师手段的一个变种。

鲁迅《华盖集·补白》说：“中国老例，凡要排斥异己的时候，常给对手起一个诨名，——或谓之‘绰号’。这也是明清以来讼师的老手段；假如要控告张三李四，倘只说姓名，本很平常，现在却道‘六臂太岁张三’，‘白额虎李四’，则先不问事迹，县官只见绰号，就觉得他们是恶棍了。”这便是用恶谥将人匪徒化的手段。

这类诨号，原本都是流氓无赖草泽匪类所常用的，故有标签的意义。《水浒》里的宋江被清风寨捕获后，不肯吐露真名，只报以张三，为把宋江坐实为贼盗，捕者便上报他名为“郓城虎张三”。于是，公务员宋押司一下子变成了匪徒。鲁迅之所以谈及这种讼师诬人的老手段，大概与他自己的经历有点关系。他曾被论敌加过“刀笔师爷”的恶谥。

称论敌是汉奸，实际是老谱之新用。倘只批判论敌“不爱国”“右倾”，便显得太平常，不够劲，若称其是“汉奸”，则无须深究其行迹论点，便知他不是好东西了。“汉奸”“卖国贼”云云，实际就是“白额虎”“郓城虎”之类。

晚明阉党为排斥东林党，也曾用过加恶名的战法。他们管李三才叫“开山元帅托塔天王”，高攀龙叫“天闲星入云龙”，魏大中叫“天杀星黑旋风”，还管丁元荐叫“敢死军人”，邹元标叫“土木魔神”，目的就是把东林党匪徒化。试想，皇上若是听了这些诨号，能觉得东林党是好东西吗？分明是穿官衣的草寇嘛。

民国了，按说咸与维新了，但讼师老手段却依然。袁世凯骂宋教仁是“梁山渠魁”，又骂想给宋教仁报仇的国民党人是“天罡地煞”。都大总统了，还是一派讼师口吻。国民党摩擦专家曾给新四军政委项英起过一个诨号“矮脚虎王英”，这是在骂项英是匪徒。摩擦专家竟也是精于讼师老手段的里手。

用加恶名之法排斥异己，这是中国政治文化的一个很坏的传统。庙堂和江湖都有这个坏传统。用现代的话说，它可以归入“语言暴力”。语言暴力有时很厉害，甚至强过真兵器三分。“批判的武器”堪比“武器的批判”，在浩劫年代，大家都领教过的。

不讲道理、只扣帽子的论辩文章，与“文革”大字报没啥两样。把好人妖魔化，汉奸帽子满天飞，与“文革”批斗会何异？这是正常、正派的论辩吗？是和谐、健康的政治生态吗？

倘真有汉奸，国安部一定会缉拿的，党和国家绝不会袖手不管。试问，今天哪个叛国的民族败类会有好下场呢？但党不赞成乱扣帽子。

据说前些年，某公忽发以言论治罪之奇想，提出一个“惩治汉奸言论法议案”，结果因缺乏求是态度，硬伤较多，被当局弃之。这与抗战期间陈嘉庚提出的“惩办汉奸案”性质完全不同，高下也判若霄壤。判定是否“汉奸言论”，应有精准的国标度量衡，不可自造标准而胡裁乱定；即便属实，也须按政策、法律对之，实事求是地加以处置。

“文革”后，国法加强了对诽谤诬陷罪的惩处，这是鉴于“文革”中乱扣帽子害人无算的教训。那么随意诬人为汉奸，算不算诽谤诬陷呢，至少，算不算侵犯他人名誉权呢？法律上应该有个说法。但从道德上讲，信口诬人已突破了道德底线，则是无疑的。

汉奸帽子满天飞，晚清也曾经发生过。是闭关，还是开放，那时的争论真如波翻鼎沸。徐桐之类的顽固派常骂“开眼看世界”的人是汉奸，就连为保大清江山而搞洋务的人，他们也骂。驻英公使郭嵩焘是个力主开放的先觉者，结果被扣上了不知几摞“汉奸”帽子。但最终，顽固派成了历史垃圾，郭嵩焘却流芳青史。

辑四　有所读

论赞：从太史公到孙犁

我的模仿与论赞体

我曾写过一篇文章，谈书业生意经里有个窍门——为迎合读者喜好，改易书名。改得好的例子是明代冯梦龙将《古今谭概》改为《古今笑》，改得坏的例子是当世有书商把《水浒传》改为《三个女人和一百〇五个男人的故事》。在文章末段我写了这样一段话："论曰：书名关乎书的命运，甚于人名关乎人的命运，特别是书在书市，书名尤关财运。书乃商品，为'包装'商品而易名，固为情理中事，然个中却有技巧高下之分，品格清浊之别。'名者，实之宾也。'书名之易，总该名副其实，不可名实相违，更不可用倚门之术、术士之法以广招徕。"

这段话开头有"论曰"二字，后面是一番议论。我的这种写法，是看了孙犁先生的一些读书随笔和小说之后，有意模仿其中的"芸斋主人曰"这一写法的。后来我知道了，孙犁的这种"芸斋主人曰"的写法，也是来源有自的，是孙犁对以"太史公曰"为代表的古代"论赞"的继承。

古代史书的纪传篇，叙事和议论是分开的，总是纪述史实在前，评论史实在后，一分为二，合二而一，构成一篇纪传。某些编年体史书和郡志也有这种体例。叙事，是客观的记述；议论，是著者发表的关于史事的思想、主张、见解。这些议论，即史评、史论，就是论赞。论赞常以“曰”字来标识，如《左传》称为“君子曰”，《史记》称为“太史公曰”，《汉书》《后汉书》《明史》称为“赞曰”，《三国志》称为“评曰”，《旧唐书》称为“史臣曰”，《宋史》《清史稿》称为“论曰”，《资治通鉴》称为“臣光曰”，等等。“论赞”这个名称，是唐代史学家刘知几取的，见于他的名著《史通》。

“论赞”的“论”字，指议论、评论，“赞”字也是评论之意，多为赞扬之语，但与“论”字合为“论赞”一词后，便统为议论之意，并不一定都是赞扬。

除了上面所举的谈改易书名的那篇文章，我还在其他一些文章中采用过这种写法。我觉得这种“论赞”文体简洁、明确、有概论味道，有利于读者明了文章的主旨。

“太史公曰”是最完美的论赞体

一般认为，论赞起源于《左传》，但也有人认为《尚书》中的“曰：若稽古”是论赞的源头。《左传》在记述了重要人物的事迹之后，往往通过“君子曰”发表议论，内容主要是品评人物的行为是否合于“礼”的准则。

但《左转》还不是最完美的论赞。

《史记》“太史公曰”是古代论赞的一个异军突起的高峰，它完美地继承了《左传》“君子曰”的优良传统，把论赞推向一个崭新的、完美的阶段。

要想研究司马迁的历史评论，研究他对历史人物的看法，就必须要看司马迁在“太史公曰”里是怎么说的，看他是怎样分析历史事件的成败得失和褒贬历史人物的。

比如，他在《史记·廉颇蔺相如列传》中云：

> 太史公曰：知死必勇，非死者难也，处死者难。方蔺相如引璧睨柱，及叱秦王左右，势不过诛，然士或怯懦而不敢发。相如一奋其气，威信敌国；退而让颇，名重泰山。其处智勇，可谓兼之矣！

在这段议论中，司马迁对蔺相如的风操大加赞扬，同时表达了自己对死亡、勇气、谦让、名节等问题的看法。“太史公曰”是《史记》的灵魂，是司马迁的历史批判。“太史公曰”使论赞一体空前完备、精致，故对后世影响极大。可以这样说，“太史公曰”是论赞一体的代表作。

孙犁对“太史公曰”极为推崇，他认为，司马迁创造了一种评论史事的新形式——在客观圆满地记述了人物事迹之后，写上“太史公曰”，再正面发表对人物事迹的议论，这一段议论文字，对于正文，既像是补充，又像是引申，言近而旨远，充满弦外之音，真正是达到了一唱三叹的效果，高妙极了。

史传论赞的广泛影响

史书中的这种论赞文体对中国文人的写作影响很大，许多仿史传体的文章及某些议论体裁的著述，常仿照着史传的论赞发表议论。如陶渊明的《五柳先生传》用“赞曰”来评论五柳先生——实为自评；韩愈的《毛颖传》以纪传形式写毛笔的历史，文末有“太史公曰”——实为韩愈本人发表的议论；刘勰的《文心雕龙》是文学理论著作，每篇之末有标作“赞曰”的议论；清代文章家李慈铭曾作《猫娘传》，文末有标作“论曰”的议论。

中国古代的小说深受史书的影响，也继承了史书论赞的传统，常常以论赞的形式对所描写的人物、故事加以评议。唐人小说的末尾常有一段议论性的文字，如《谢小娥传》的“君子曰”。明代话本、拟话本作品里也有“论赞曰”“诗云”一类韵文体的议论，如《警世通言》有“诗赞云”，《拍案惊奇》有“诗赞曰”。清代文言小说中的论赞就更多，如《聊斋志异》有“异史氏曰”，吴炽昌的《客窗闲话》有“芗厈曰”，李庆辰的《醉茶志怪》有“醉茶子曰”，宣鼎的《夜雨秋灯录》有“懊侬氏曰”，许奉恩的《里乘》有“里乘子曰”，沈起凤的《谐铎》有“铎曰”，等等。

古代小说中的论赞，以《聊斋志异》的“异史氏曰”最有代表性，以《画皮》为例：

> 异史氏曰：愚哉世人！明明妖也，而以为美。迷哉愚人！明明忠也，而以为妄。然爱人之色而渔之，妻亦将食人之唾而甘之矣。天道好还，但愚而迷者不悟耳。可哀也夫！

孙犁对“异史氏曰”很推崇，认为是得了“太史公曰”的真传。的确，“太史公曰”而后，论赞众多，大多是继承和模仿“太史公曰”的，但又大多学得不很像，缺少“太史公曰”的神韵，而《聊斋》的“异史氏曰”却学得极地道，可谓传了司马氏的衣钵。孙犁曾赞赏说，“异史氏曰”通过议论和发感慨，将所述故事中的许多微言大义明确地表达了出来，但并不生硬直白，而是韵味无穷。

孙犁的“芸斋主人曰”

《聊斋》而后，得了“太史公曰”的真传，而又浸透着“异史氏曰”的神髓的，应该说就是孙犁的论赞了。读孙犁的“芸斋主人曰”和“耕堂曰”，常能感到一种“太史公曰”和“异史氏曰”的气息。

例如，孙犁在自传性短篇小说《续弦》末尾写道：

芸斋主人曰：婚姻一事，强调结合，讳言交易。然古谚云：嫁汉嫁汉，穿衣吃饭。物质实为第一义。人在落魄之时，不只王宝钏彩楼一球为传奇，即金玉奴豆汁一碗，也只能从小说上看到。况当政治左右一切之时乎！固如巫山一片云，阆苑一团雪，皆文士梦幻之词也。

在这段“芸斋主人曰”之前，是一大段自传性的故事，孙犁自己续弦的故事。这段“芸斋主人曰”，是他对这段续弦故事发表的看法和感想。故事是故事，议论是议论，前面是记叙文，后面是议论文，分得是很清楚的。孙犁的这种写法，无疑是继承了古代的论赞文体，特别是继承了他所推崇的“太史公曰”和“异史氏曰”——这是孙犁的范本。

一篇篇“芸斋主人曰”“耕堂曰”，包蕴着深邃的思想，卓越的见解，语言隽永，褒贬精当，极富沧桑之感，极耐咀嚼。我读孙犁的小说和读书随笔，最看重的就是故事或叙述之后的这段论赞。

论赞的个性

论赞，不论是史书中的正牌论赞，还是它的衍生物——其他作品中仿史书论赞体所做的论赞，都具有以下特点。一是个性强。论赞发表的大都是个人的见解，表达是个人的印象，是一家之言。二是言简意赅，画龙点睛，以少量的文字浓缩丰富的内涵。三是情感色彩浓厚。论赞常做感慨之语，常发爱憎之言，作者的喜怒哀乐常流溢于字里行间。四是富有杂文气质。褒贬臧否是论赞的长技，干预现实常为文心所在，借题发挥、借古喻今是常用的笔法。

读论赞，对于深入了解论赞的作者很有帮助。读“太史公曰”“异史氏曰”“芸斋主人曰”，可以看到作为思想者和评论家的司马迁、蒲松龄和孙犁，可以更深切地体会他们的史心和文心。

治学不靠秘本

治学先治书，治书有两个路子，一为恃孤本秘籍，一为用通行之本、易得之书。鲁迅先生属于后者。1932年8月15日鲁迅致台静农信云：“郑君治学，盖用胡适之法，往往恃孤本秘笈，为惊人之具，此实足以炫耀人目，其为学子所珍赏，宜也。我法稍不同，凡所泛览，皆通行之本，易得之书，故遂孑然于学林之外……”郑君指郑振铎。鲁迅认为，胡适和郑振铎治学大抵属于“恃孤本秘笈”一路，而自己则靠通行易得之书。但鲁迅靠此种书做出了大学问，他的《中国小说史略》等著作光耀学林。

另一大学者陈寅恪先生治学，也主要靠通行易得之书。陈先生研究唐史，基本史料就是两唐书。陈先生以他卓越的学识审视这些通行史料，见常人所不能见的意思，得出了许多卓越的见解。

当然，恃孤本秘籍治学也很需要本事，搜得孤本秘籍更须有较深的图书版本学修养。能有孤本秘籍可恃当然好，但这种条件并非一般人所能具备。一般人要想把学问做好，必须靠自己的学力、智慧和见识。比较起来，能用通行易得之书做出大学问，本事更大些，更能显示出善于“发前人未发之覆”的本领。

清代《考工记》

久闻清代有所谓“匠作则例”，推测与工匠、工程有关，然不得其详。忽一日，收到牛皮纸包裹邮件一份，系北京古籍出版社编辑阎慰鹏君所寄，拆包一看，不想竟是一册《清代匠作则例汇编·佛作门神作》。有书自远方来，不亦乐乎！

此书出版者即为阎君所在之古籍社。书为小三十二开，硬皮精装，灰底色封面，上有石雕佛像一尊。书名诸字为民国年间建筑学者朱启钤墨迹，落款为“紫江朱启钤题”，钤印为“蠖公”，蠖公为朱氏之号。

此书编著者为王世襄。世襄先生为文博大家，学界奇人，大名鼎鼎。所著《锦灰堆》等二十余种书多为奇书，每书问世，国人争睹，洛阳纸贵。我仰慕先生久矣，特托人持《清代匠作则例汇编》造府请求题字，先生欣然应允；“雅鉴”云云，令我既喜且愧。

清代营造界，不论官府抑或民间，编有大量“匠作则例”之书，以为营造法度、工匠规矩。然除刘敦桢、王璧文、梁思成诸先贤对此有过整理研究外，问津者极少，众多则例之书星散无序，或被隐为枕中秘本，既难寻觅，更难利用。幸有世襄先生孜孜矻矻，“上穷碧落下黄泉，动手动脚觅则例”，编成《汇编》巨帙。我所得到的北京古籍版《汇编·佛作门神作》，只是整部《汇编》巨帙中的两种匠作资料。

工匠则例之书，并非起自清代，而是有遥远的文脉可寻。《周礼》之《考工记》，宋李诫之《营造法式》，元薛景石之《梓人遗制》，明人之《鲁班经匠家镜》，皆是清代匠作则例的远祖及近祖。世襄先生之书，上承古之文脉，可谓清代的《考工记》，世襄先生其人，堪称现代的李诫、薛景石。世襄先生的曾祖王庆云，曾任清朝工部尚书，营造之事为其所辖，又兼有学者身份，著有《石渠余记》。世襄先生编著营造之书，莫非乃祖上流风余韵乎？

匠作则例之书，于研治中国历史文化，用处可谓多且大矣。姑举数端如下。

考证史事，首重史源。匠作则例，即是考证多项专史所需要的大宗史源。不仅建筑史、科技史的考证可取资于此，其他如社会史、风俗史、宗教史、艺术史，乃至军事史、器物史等，皆可于此获得有用的考据资料。

以门神信仰论，匠作中竟形成门神一作，亦即门神生产之专业化，足见中国旧世门神信仰之深广，门神势力之雄大，民众迷信之坚牢。佛作的兴盛，更是佛教文化在中土落地生根的确凿史证。南朝四百八十寺，燕都千余座僧庙尼庵，都离不开佛作匠人的营造和修缮。

三联书店出版过周纬先生所著《中国兵器史稿》一书，此书所开史源虽可称宏富，但因未取资清嘉庆间《工部军器则例》，致有遗珠之憾。津门友人吴裕成，著有《中国门文化》力作，但因未及见世襄先生的《汇编·佛作门神作》，故未能在书中论及有关清代门神匠作的情况。世襄先生本人也有过与匠作则例失之交臂的遗憾。几年前，他在为明人黄成的《髹饰录》做解说时，因不知则例中有关于漆作的材料，故未能用来注解髹饰工艺。

生产分工的粗细，乃是衡量一种生产方式高下的准绳之一。由《汇编·佛作门神作》一书，可以窥见清代匠作分工之细密，营造工艺之发达。当代古建筑园林艺术名家陈从周在《梓室余墨》中写过一条题为"北方工匠分类细致"的笔记，文曰："北方匠作分瓦、木、扎石、土、油漆、彩画、糊等多种。砖雕程序为标、打、耕、画。"称许北方工匠分工的细密。

然读过《汇编·佛作门神作》一书，始知陈先生所言颇不完备。在《汇编》序例中，世襄先生根据从七十余种则例中缕出的线索，详举了四十三种匠作的名目，如土作、大木作、搭台作、石作、瓦作、琉璃作、漆作、泥金作、油作、画作、佛作、门神作、裱作、装修作、雕銮作、镟作、锭铰作、灯作等等，大大超过了陈先生所列举者，其中许多名目闻所未闻。清代匠作的分工之细密，于此豁然见之，历历在目。

世襄先生的这部《汇编·佛作门神作》，虽是一部无关政治的述古问学之作，却也经历了现代秦火的烧灼，它与整部《汇编》一起，曾有过在襁褓之中就险些丧命的经历。早在四十多年前，《清代匠作则例》的编纂计划就已作好，但浩劫骤起，计划遂被当道弃为废纸，一份珍稀的家藏原始资料《钦定工部则例》也被抄走。若非四匪倒台、云开雨霁，恐怕也就没有这部《汇编·佛作门神作》了。

刘姥姥不简单

谈“刘姥姥不简单”这个话题，恐怕红学家会觉得多余——本来如此，何必饶舌。但对于那些《红楼梦》读得半生不熟的读者来说，他们可能会觉得新鲜。因为，“刘姥姥进大观园”的故事，已给他们留下了深刻印象——刘姥姥是个憨愚的村妇，怎么又说刘姥姥“不简单”呢?

刘姥姥进了大观园，土里土气，少见多怪，层出不穷地闹笑话，七十多岁的人，头上插满了鲜花，一喝酒就喝得烂醉，这个刘姥姥的确让人觉得憨愚。

但是，这其实并不是刘姥姥的“全人”。在土里土气的外表之内，她还有很精明会算计的一面；她也并非是一个纯粹的粗人，而是小有一点文化素养。

刘姥姥一出场，曹雪芹就介绍说：“这刘姥姥乃是个久经世代的老寡妇。”有的版本作“积年的老寡妇”。言下之意似在告诉读者：刘姥姥是个饱经世故，有社会经验的人。到了第三十九回，作者更明确地介绍说：“那刘姥姥虽是个村野人，却生来的有些见识，况且年纪老了，世情上经历过的。”这似乎是曹雪芹在有意提醒读者：别小看了这个刘姥姥。

我仔细查了一下刘姥姥的行迹，觉得有两件事最能反映刘姥姥的精明和有见识。一是她谋划了“闯”进大观园的行动，二是她进入大观园后，很会讨主人欢心，特别是竟胜任愉快地当了一回清客。

刘姥姥本是一个乡野村妇，按常理，她怎么可能进入大观园，怎么可能攀上贾府这样的贵族呢？但刘姥姥有办法。

刘姥姥的女婿王狗儿家，历史上曾与金陵王家有过一点“绕脖子”的关系（红学家王昆仑语），就是：王狗儿的爷爷，在北京做小京官时，与金陵王家王熙凤小姐的做大京官的爷爷，曾在同一个衙门里供职，王狗儿的爷爷因为贪王熙凤的爷爷的势利，“便连了宗，认做侄儿”，于是王狗儿的爷爷成了王熙凤的爷爷的“本家”。但隔了两代以后，王狗儿家成了穷庄稼汉，金陵王家的人则成了高门大户贾府的贵夫人（王夫人）和少奶奶（王熙凤），两家人也就没来往了。

但刘姥姥可没忘记这层关系。她“闯”进大观园的办法，就是利用这层关系。“闯”大观园的动议，缘于一次王狗儿因生活困难而发牢骚。王狗儿埋怨生活太清苦，刘姥姥便帮他出了个主意：利用与金陵王家的旧关系，到贾府弄钱去！清代，有一种风俗叫“打抽丰”，也叫“打秋风”，就是利用各种关系到富贵人家去求得钱财。刘姥姥出的主意，就是去贾府“打抽丰”。

刘姥姥对“打抽丰”这个主意的“论证”，是最能显示她的精明的。她对王狗儿分析道：

一、“当日你们原是和金陵王家连过宗的。”

二、“如今是你们‘拉硬屎’（不肯低眉屈尊），不肯去就和他，才疏远起来。”

三、“他家的二小姐（王熙凤的姑姑王夫人）着实爽快，会待人的，倒不拿大（摆架子）。”

四、贾府主人“如今上了年纪，越发怜贫恤老的了，又爱斋僧布施”。

五、“只要他发点好心，拔根寒毛，比咱们的腰还壮呢！”（《红楼梦》第六回）

这无疑是一份完整的策划书，知己知彼，细致周到，颇像现代的可行性研究。实行的结果是，大获成功。

刘姥姥虽是个乡野农妇，却极会逢迎。初见贾母时，便立刻说出一句新奇的问候语：“请老寿星安！”既巧妙，又恰当，博得了老太太满心欢喜。我猜测，她这句话很可能是提前就琢磨好了的，要不就是她太精于逢迎，脱口便说出了。

刘姥姥当过清客，这恐怕是很多人没想到的，甚至会觉得不可思议。但她确实当了一回清客，不过是这个清客有点特别罢了。

清客也叫篾片，是明清时代专门在富贵人家帮闲凑趣的门客。鲁迅对清客曾有过一个简要的说明："明末清初的时候，一份人家必有帮闲的东西存在的。那些会念书会下棋会画画的人，陪主人念念书，下下棋，画几笔画，这叫做帮闲，也就是篾片。"（《集外集拾遗·帮忙文学与帮闲文学》）贾府里便有不少这样的清客，如詹光、单聘仁、程日兴、胡斯来等。刘姥姥当然不是这种正规的清客，她没有文艺方面的技能，有的只是一点粗俗的草根本领。但就是靠着这点本领，她把帮闲凑趣的职事完成得呱呱叫。

清客，一般都是由男人充任，女的很少见，清宫里曾有个缪太太，是个很有名的女清客。（张伯驹编著《春游琐谈》）刘姥姥当清客，自然也是少见的女清客。第四十回写道，大观园里摆宴，鸳鸯说道："外头老爷们吃酒吃饭，都有个凑趣的，命他取笑儿，咱们今儿也得了个女清客（有的版本作'女篾片'）。"这个"女清客"，指的就是刘姥姥。刘姥姥是怎样凑趣的呢？请看——贾母这边说声"请"，刘姥姥便站起身来，高声说道："老刘！老刘！食量大如牛，吃个老母猪不抬头！"说完，鼓着腮帮子，两眼直视，一声不语。众人先还发怔，后来一想，上上下下都一齐哈哈大笑起来。

诙谐的语言，滑稽的动作，俨然是在演滑稽小品。类似的表演，刘姥姥还有不少。刘姥姥的清客就是这样当的。要说效果，比詹光、单聘仁之流要让主人开心多了。

当清客，光有技艺还不行，最要紧的是会逢迎取媚，揣摩主人的心思，迎合主人的好尚。在这方面，刘姥姥绝不比詹光、单聘仁之流逊色，要不主人怎么那么高兴呢。

从外表看，刘姥姥很土气，是个粗人，实际上她不乏内秀，还多少有一点不知从哪儿发源的文化素养。你看，刘姥姥与人谈话，常会引用一些成语俗谚，不但脱口而出，而且恰到好处。第六回中，在不多的几次谈话中，她就用了“谋事在人，成事在天”“侯门似海”“贵人多忘事”“瘦死的骆驼比马大”等成语俗谚。第四十回中，她在恭维主人时，又用了“大家住大房”“礼出大家”等成语俗谚。与鸳鸯对酒令时，她对出的文辞虽然俗浅，却都能合辙押韵。在刘姥姥的肚子里，还真有一点货色呢。她的这种语言能力，在一般庄稼人中，是很少见的。

刘姥姥是个纯粹的乡野老妇吗？她是否有过都市生活的经历？一些红学家因为从她身上看到一些小市民的影子而发出疑问。我也曾有过类似的想法。王昆仑先生推测，刘姥姥“可能有过都市生活的见闻与磨炼”。（《红楼梦人物论》）这个推测，大概是有些道理的。封建时代的小市民，一般来讲，既具有善良、勤劳的品性，又有庸俗、油滑等毛病。刘姥姥就似乎兼有二者。萨孟武先生曾这样评论刘姥姥：刘姥姥当过清客，而在救巧姐一事上，又是侠客。（《〈红楼梦〉与中国旧家庭》）清客加侠客，这是萨先生的两点论。刘姥姥的本质无疑是善良的，人也是可爱的，但也确有些小市民身上常见的毛病。

刘姥姥究竟有没有都市生活的经历？王昆仑推测有，但曹雪芹却并没有这样描写过。实际上，像刘姥姥这种精明、有心计的人，未必都产生于有过都市生活经历的人当中。在农民中，也是会有这种人的。史学家黎澍先生就讲过自己的亲身感受："千万不要小看了农民。我在湖南家乡见过一些农民，工于心计，手段不凡，可不简单。"（陈铁健《绿竹水南集》）在环境复杂一些的农村中，也是很可以历练出精明或油滑的人来的。

文末，说一说林黛玉的眼力。对于刘姥姥的"打抽丰"，黛玉是洞若观火的；对刘姥姥逢迎取媚的表演，黛玉很看不惯。别人对刘姥姥的逢迎凑趣都是哈哈一笑，黛玉却讥讽刘姥姥是"母蝗虫"。宝玉让黛玉看刘姥姥逗乐的模样，黛玉轻蔑地笑道："当日圣乐一奏，百兽率舞，如今才一牛耳！"把刘姥姥视为"百兽"之一。黛玉的眼力是很"毒"的，她看出了刘姥姥身上的一些不那么质朴的地方。这其实就是曹雪芹自己的看法吧。

致富谚钩沉

若要富，走何路？这是自古以来的热门话题。无数人想出过无数致富的门路，宣之于口，便产生了一种“若要富”型的谚语。

这种谚语多以“若要富”三个字起头，然后给出答案，如“若要富，男耕田，女织布”，“若要富，多种树”，“若要富，抢铁路”等等。我把这种“若要富”型的谚语，称之为“致富谚”。致富谚在典籍中星散难觅，笔者孜孜钩沉，略加考辨，遂成此文。

最早的致富谚

我所见到的最早的致富谚，见于《荀子·大略篇》，文中引民谚云：“欲富乎？忍耻矣，倾绝矣，绝故旧矣，与义分背矣。”首句“欲富乎”，即“若要富”之意。谚语说，要想致富，就要不顾廉耻，倾身绝命以求，就要六亲不认，与“义”字道别。这分明都是些为富不仁的致富法。我猜测这是正话反说，是对为富不仁者的讥刺。

典型的致富谚是三字经式的。我所见到的最早的三字经式致富谚，是北魏贾思勰《齐民要术》所引《氾胜之书》中的一句谚语："子欲富，黄金覆。"这是一句农谚，意思是要想麦子丰产，就要多施肥。黄金指肥料。

致富谚种种

在农业社会，最普遍的致富观念是种田致富，反映这种观念的民谚相当多。元杂剧《冻苏秦衣锦还乡》引民谚云："若要富，土里做；若要饶，土里刨。"又如"若要富，男耕田，女织布"等。人们普遍认为，只要种好田，就会吃饱穿暖，家境富饶。

商品经济的发达使商业谚语多起来。南宋有句著名谚语："要得富，赶着行在卖酒醋。"行在，指南宋首都杭州。当时的杭州，人烟稠密，百业繁盛，官家富商饮宴无虚日，酒醋的用量极大，于是经营酒醋生意便成了发财致富的一条捷径，故有了这句民谚。这是宋代商品经济发达的反映。清代以来商业中还流行一句谚语："若要富，开当铺。"当铺最易获取暴利，故有此谚。

明代有这样一句致富谚："若要富，须往猫里务。"据《明史·合猫里国传》载，猫里务是一个海中小国，地近吕宋，土瘠多山，因为商船往来频繁，渐成富壤，华人入其国，不受欺凌，且市法最平，故华人中有"若要富，须往猫里务"的谚语。据古地理学者考证，猫里务可能指今菲律宾吕宋岛南面的布里亚斯岛。这句谚语很有一点鼓动人们出国致富的味道。

明代小说《金瓶梅》第十四回，在写到西门庆暗接李瓶儿所寄的银子时，引了一句谚语：“要得富，险上做。”这句谚语还有变体“若要富，走险路”。意思是为了发财可以无所顾忌，铤而走险。

清人赵翼《陔余丛书》录有一则民谚：“官久自富。”若换一种说法，便是“若要富，走官路”。所谓“三年清知府，十万雪花银”，做官的要想发财致富，贪污，受贿，勒索小民，路子多矣，焉能不官久自富？

“若要富”的变体

“若要富”有一种变体，不说“若要富”，而是说“若要穷”。清代小说《歧路灯》第十三回写道：大相公端福儿买了一笼画眉后，别人用谚语劝说他：“往后休要买这宗无用的东西。俗话说得好，‘要得穷，弄毛虫’。”意思是你如果总玩虫玩鸟，必会玩物丧志，落得败家致贫。这个意思如果正面说，就是：“若要富，别玩物。”又如上海一带有民谚云：“若要穷，困到日头烂烂红。”意思是人懒会致贫。正面说，就是“若要富，莫要困到日头烂烂红。”

有些谚语，虽然没直说“若要富”三个字，意思却是“若要富”。《汉书·货殖传序》引民谚云：“以贫求富，农不如工，工不如商，刺绣文，不如倚市门。”

所谓“以贫求富”，就是“若要富”之意。此谚若换一个说法，就是：“若要富，工胜农”，“若要富，商胜工”，“若要富，依市门”。依市门，多释为卖笑。此谚是在比较哪种营生更能致富，结论是：经商第一，做工第二，务农第三；在做女红和依市门之间，后者第一。这句谚语反映了汉朝人的一种职业观和致富观。

“若要富”有时又被说成“若要发”。发，就是富。如“若要发，斗三煞”，“要得发，不离八”，“若要发，牙齿头上刮”。三煞指凶神，斗三煞，即辟邪趋吉。“八”为美满之意，这是数字迷信。“牙齿头上刮”指节衣缩食，勤俭致富。

司马迁的致富分类

司马迁曾把各种致富之途归纳为三类，一曰“本富”，即靠务农（农为本业）致富；二曰“末富”，即靠经商（商为末业）致富；三曰“奸富”，即靠奸邪手段致富。如果以司马迁的这个分类来衡量各种“若要富”型的谚语，那么，“若要富，土里做”是本富，“要得富，卖酒醋”是末富，“若要富，挖古墓”是奸富。

司马迁这个分类只是个大概，不能算周全，其实还有“义富”“巧富”“俭富”“险富”“蠢富”等等。“若要富，修铁路”是义富，“子欲富，黄金覆”是巧富，“若要发，牙齿头上刮”是俭富，“要得富，险上做”是险富，“若要发，不离八”是蠢富，等等。

“若要富”型的谚语，犹如一部简明的致富思想史。这部史还会继续写下去。致富之途是无穷的，然而无论方法如何，都应该恪守六个字——“若要富，走正路”。

《狂人日记》背后的真史

鲁迅悟出“中国人尚是食人民族”

大家都知道，鲁迅先生借狂人之口说过一句名言，说写满“仁义道德”的史书中，实际上字缝里都是“吃人”二字。在《灯下漫笔》一文里，鲁迅把中国文明称为“不过是安排给阔人享用的人肉筵宴”，又把中国称为“不过是安排这人肉筵宴的厨师”。鲁迅在这里所说的“吃人”，当然不是指真吃人，而是一种文学意象，是象征性的。但是，这个象征性意象的缘起，却与鲁迅对实有的人吃人的历史的了解，大有关系。

这可以从鲁迅谈《狂人日记》的创作缘起看出来。鲁迅在给友人许寿裳的一封信里说：“《狂人日记》实为拙作，……偶阅《通鉴》，乃悟中国人尚是食人民族，因成此篇。”《通鉴》，即《资治通鉴》，内中记载了很多吃人史料，鲁迅是看了这些史料之后，悟出了“中国人尚是食人民族”，并由此催生了“吃人”这个文学意象。

鲁迅对于自己的这一“悟”，即发现，相当看重，在给许寿裳的那封信里，他接着写道："此种发现，关系亦甚大，而知者尚寥寥也。"鲁迅一方面认为自己的发现极为重要，一方面又感慨了解和懂得此种发现的人太少。的确，即使到了百年后的今天，了解和真正懂得鲁迅这一重要发现的人又有多少呢？

对于鲁迅所说的"乃悟中国人尚是食人民族"这句话，我觉得可以有两种理解。一是，这是鲁迅在说自己发现了中国历史上存在着一部实有的食人史；另一种理解是，鲁迅之所悟，既指发现了实有的食人史，又指发现了"仁义道德吃人"的历史。第二种理解似更近于实情，但从鲁迅的话里也能看出来，他对中国实有的食人史，是高度关注的。

鲁迅在《资治通鉴》里看到了怎样的吃人史呢？为寻找答案，我翻检了厚厚的《资治通鉴》。我想看看，究竟是哪些史事，刺激了鲁迅，引发鲁迅写出了撼人心魄的《狂人日记》，创作出了"吃人"这个具有强烈震撼力且高度凝练的文学意象。果然，从《资治通鉴》里我翻捡出了许多条吃人史料，那可真是"史不绝书"，而且是惊心动魄啊！限于篇幅，这里只举其中四条材料。

关中大饥，米斛万钱，人相食。令民就食蜀汉。（卷九，汉纪一，高帝二年）

三辅大饥，人相食，城郭皆空，白骨蔽野，遗民往往聚

为营保，各坚壁清野。（卷四十，汉纪三十二，光武帝建武二年）

曜攻陷长安外城，……内外断绝，城中饥甚，米斗直金二两，人相食，死者太半。（卷八十九，晋纪十一，愍帝建兴四年）

长安城中食尽，取妇女、幼稚为军粮，日计数而给之，每犒军，辄屠数百人，如羊豕法。（卷二百八十六，后汉纪三，隐帝乾祐二年）

鲁迅在《资治通鉴》里看到的吃人史料，应该就是这类记载。这当中每一条材料，虽然都只有寥寥数十字，却都包含着一段惨绝人寰的痛史，都是一幅令人伤心惨目的图画。正是这些惨绝人寰的吃人痛史，让鲁迅悟出了“中国人尚是食人民族”，并成为他创作《狂人日记》的重要原动力。

周作人与鲁迅一样，也有中国人是食人民族的看法。但不知这是他自己悟出的，还是附和兄长的意见。他在一篇名为《吃烈士》的散文里写道：“中国人本来是食人族，象征性地说有吃人的礼教，遇见要证据的实验派可以请他看历史的事实。”周作人是从虚拟与实有两个方面来解释中国人是食人民族的，但他所着重强调的，还是作为历史事实的食人。他举的史例是“吃烈士”：“前清时捉到行刺的革命党，正法后其心脏大都为官兵所炒而分吃，这在现在看去大有吃烈士的意味……”此所谓“吃烈士”，指的是民主革命志士徐锡麟被恩铭的卫士吃掉心肝一类的事。从周作人这篇《吃烈士》可以看出，周氏兄弟在“中国人尚是食人民族”这一命题上，是有着完全的共识的。

人肉被当作商品

载有吃人史料的文献，《资治通鉴》只是其中之一。实际上，二十五史、野史杂著、小说诗文等等，都有很多关于人吃人的记录。鲁迅所见到过的吃人史料，实际也绝不只《资治通鉴》一种。

就我所看到的史书杂著上所记的吃人史事来说，大致可分为两大类：商业性吃人与非商业性吃人。商业性的吃人，即拿人肉来卖，食者要花钱买；非商业性的吃人，即人肉不进入流通领域，只吃不卖。

商业性的吃人，多发生在大饥荒的年代。由于没有粮食，饿急了眼的饥民便把人肉当作食物，而人肉一旦成为食物，也便有了价格，成了商品。关于商业性吃人的史料很多，南宋庄季裕《鸡肋编》上有一条材料很典型。

> 自靖康丙午岁（1126），金狄乱华，六七年间，山东、京西、淮南等路，荆榛千里，斗米至数十千，且不可得。盗贼、官兵以至居民，更互相食，人肉之价，贱于犬豕，肥壮者一枚

不过十五千，全躯暴以为腊。登州范温率忠义之人，绍兴癸丑岁（1133）泛海到钱塘，有持至行在犹食者。老瘦男子谓之“饶把火”，妇女少艾者名之“下羹羊”，小儿呼为“和骨烂”，又通目为“两脚羊”。

这里所记录的，是北宋末代皇帝钦宗靖康元年的事。由于金兵南侵，华域糜烂，造成了人吃人的惨剧，不但盗贼和普通居民人相食，身为国家机器的官兵也参加进了人相食的行列。人肉已公开上市标价出售，价格比狗肉、猪肉要便宜。肥壮者的肉比羸瘦者的要昂贵些，但也卖不了几个钱，比大米不知要便宜多少。人肉还被晾制成腊肉出卖。有个叫范温的山东人带领一群所谓忠义之人到浙江去，路上带的食物就是人腊，到了杭州（行在）以后，仍以人腊为食。由于人肉已经上市，男女老少不同的人肉也被分出等级来，并各有了专称，也就是商品专用名。老瘦的男子叫“饶把火”，饶者多也，大概因烹熟这种肉质变老的男人很费火，故名。妇女年轻些的，取名为“下羹羊”，意为可做成肉羹的“羊”。小儿叫“和骨烂”，当因小孩的骨肉嫩，好炖易烂。所有这些被贩卖的人肉，有个统名，叫“两脚羊”。

“两脚羊”，这真是个令人呼天抢地、痛极哀极的名字。人一旦被宰杀而卖到市场上，便决不再被视为人类，而只被视为两只脚的羊。这时，人肉已完全按照商品流通的规则来买卖，以物论价：一是人肉不如猪狗和谷米的价钱高，二是人肉本身的质量也有优劣等差。

清代，出现过专门卖人肉的“菜人市”。清人汪洪度《菜人市诗序》有这样一段文字：

> 岁大饥，人卖身割肉于市，曰菜人。有客此乡者，赘某家，其妇忽持钱三千与夫，劝速归，已含泪而去。客怒不言，寻复踌躇，迹妇所往，已断手臂悬菜人市矣。向所持钱，乃以身售价助夫归途费者。（《清人诗文集总目提要·戴逸序》）

这种“菜人市”，与清代各地市场中常见的“猪市”“羊市”“骡马市”等等，毫无二致，是地道的名副其实的人肉市场。活人可以割自己的肉去卖，这种人便被称为“菜人”，顾名思义，就是被用来做菜的人。文中所说的那位妇女就是“菜人”，他为了筹措丈夫的旅途盘缠，竟将自己的一只手臂砍下卖掉，这是多么惨痛悲哀的事！

中国古典小说中，也常能见到吃人的描写，这些描写实际都是社会实况的反映。《水浒传》中的这类描写颇多，其中既有商业性的吃人，也有非商业性的吃人。

商业性的吃人，如菜园子张青的黑店卖人肉包子。第二十六回写道，张青的小店在江湖上颇有名声，武松初来店时，对张青说：“我从来走江湖上，多听得人说道：‘大树十字坡，客人谁敢那里过？肥的切做馒头馅，瘦的却把去填河。’”武松的耳闻，说明张青的黑店早已名闻遐迩。张青是怎样卖人肉包子的？且看他向武松做的自我介绍：

> 城里怎地住得？只得依旧来此间盖些草屋，卖酒为生。实是只等客商过往，有那入眼的，便把些蒙汗药与他吃了，便死。将大块好肉，切做黄牛肉卖；零碎小肉，做馅子包馒头。小人每日也挑些去村里卖。如此度日。

张青和盘托出了黑店的内幕。原来，张青除了卖酒，主要做人肉包子和人肉的买卖。他把人肉分成两类，大块儿的好肉当黄牛肉卖，零碎小块儿的剁成包子馅。不但在店里卖，还公然挑上挑子到村庄去卖。张青与武松相识后，便引武松来参观他的人肉作坊：武松“到人肉作坊里看时，见壁上绷着几张人皮，梁上吊着五七条人腿。”人皮大概不是来食用的，估计价钱不会低。梁上的人腿看来算是好部位，估计是当黄牛肉卖的。

张青和他的老婆母夜叉孙二娘，都是所谓梁山好汉，但从他们开的这个黑店看，算是什么好汉？完全是恶徒匪类。对于这类贩卖人肉的黑店，我原总以为是小说家的杜撰，未必是真的史实。但翻览过许多吃人史料以后，就明白这是在写实了。既然有“两脚羊”，有“菜人市”，再有个卖人肉包子的黑店，有什么稀奇？

人肉被当作军粮和美食

非商业性的吃人，据我的考查，主要有四种情形，一是大饥荒时易子而食，一是断粮的军队以人肉作军粮，一是嗜人肉者以人肉为美味，一是所谓“食肉寝皮”，吃掉自己所憎恨的人。

易子而食，就是换着孩子吃，因不忍心吃掉自己的亲骨肉。这种惨事，在历史上发生很多，因而，“易子而食”四个字在古籍里出现的频率很高。

以人肉做军粮，是中国古代战争中经常发生的惨烈之事。曹操进攻袁绍时，曾以少量粮食杂以人肉干作为军粮。唐代安史之乱中，名将张巡固守睢阳城，看到军粮已断，便杀掉自己的妾让将士们充饥，由此开端，城中妇女都被吃掉，妇女吃光后，又吃男人老少，最终竟有二三万人被当作军粮吃掉了。对于张巡的铁骨节操，我十分佩服，也知道文天祥把他写进了《正气歌》——“为张睢阳齿”，但我总感觉张巡杀妾作粮并引发大规模吃人，毕竟太残忍了。

唐末黄巢，也曾以人肉作军粮。《旧唐书·黄巢传》说他“俘人而食”，即把俘虏杀掉当军粮吃。鲁迅在《“抄靶子”》一文中，谈到过黄巢军队吃人的事：“黄巢造反，以人为粮，但若说他吃人，是不对的，他所吃的物事，叫作‘两脚羊’。”这是鲁迅在讥刺黄巢没人性，拿人当羊来吃。“两脚羊”，是鲁迅在用《鸡肋编》中的典故。

清代有个名将罗思举，也曾以人肉作军粮。可能是因罗思举吃人出了名，周作人在小品文《吃人肉的方法》里提到了他。文云，罗思举曾自述吃人经历，说军中缺粮时，便杀教匪俘虏为食；并介绍说，人身整个可吃，唯阴茎煮不烂，嚼不碎，有如败絮。周作人称罗的话有点幽默。但我看一点也不幽默，只感觉血淋淋的。周作人善于从血泊里寻出闲适来，这该算是一个例子。

吃人肉违反天理，不逢大灾大乱，万般无奈，谁肯吃人？但也竟有把人肉当作美食，把吃人肉当成乐子的兽心之人。齐桓公喜食蒸婴儿，善于溜须的易牙便把儿子烹了送上。后赵的石邃以美女肉混合牛羊肉蒸食，认为是至美之味。唐代军阀朱粲，食人欲极旺，曾说：“食之美者宁过于人肉乎？”五代有个叫赵思绾的节度使，好食人肝人胆，曾对人说：“吞胆千数，则胆无敌矣。”真不知这些人中禽兽的口味是怎么养成的，竟有如此嗜好！现代非洲有个叫博萨卡的皇帝，也是个喜食人肉的人中禽兽。

梁山头领王矮虎，也有吃人肉的癖好，主要吃人的心肝。《水浒传》第三十一回写道：宋江被清风山小喽啰误捉后，绑在柱子上准备杀掉食用，这时——

王矮虎便道："孩儿们，正好做醒酒汤。快动手，取下这牛子心肝来，造三分醒酒酸辣汤来。"只见一个小喽啰掇一大铜盆水来，放在宋江面前。又一个小喽啰卷起袖子，手中明晃晃拿着一把剜心尖刀。那个掇水的小喽啰，便把双手泼起水来，浇那宋江心窝里。原来，但凡人心都是热血裹着，把这冷水泼散了热血，取出心肝来时，便脆了好吃。

周作人曾说过，中国固有的吃人之法，文献上无可查考。但《水浒传》把王矮虎的食人法，写得明明白白。王矮虎吃人，端的是讲究：待食之人称为"牛子"，即等同牲畜；以人心作主料，能做出"醒酒酸辣汤"；"剜心尖刀"，是备料专用工具；想吃脆生的心脏，须先加以冷却，竟还总结出"人心是热血裹着的，用冷水可将热血泼散"的经验。

"食肉寝皮"的泄恨法

"食肉寝皮"类的吃人，乃是出于极端愤恨，所以吃起来常会咬牙切齿，边吃边骂。这种吃人，在中国历史上频频发生过。五代时有个叫王宗弼的人，得罪了士卒百姓，被诛后，"蜀人争食宗弼之肉"。明末爱国将领袁崇焕被诬通敌遭受冤杀后，不明真相的百姓"争啖其肉"。李自成攻陷洛阳后，杀福王朱常洵，用其肉与鹿肉一起烹煮，赏给部下食用，名曰"福禄宴"。

民国时，国民党军队中发生过多起为惩罚逃兵而食其肉的事件。徐文烈主撰的《民主同盟军一年来的改造工作》记载：士兵刘家禄说，在云南补训团时，连长叫吃逃兵的肉，刘不吃，连长说："你们当班长的不吃，就吃你的肉。"士兵江源涛还揭发，他所在的分队共有四名士兵"被压迫吃过人肉或喝过人血"。这是国军中极黑暗的一面。

余　话

将食人史书之于汗青，需要秉笔直书的史德；阅读和谈论食人史，需要心理承受力。鲁迅以掀翻"人肉筵宴"的革命家气概，道出了"中国人尚是食人民族"的真史，写出了揭露"礼教吃人"的《狂人日记》。有人批评说，鲁迅一翻历史，只看到"吃人"二字，有点"刻毒"。我倒觉得，就算是有一点所谓"刻毒"吧，然而，对于造成人吃人现象的腐朽的制度和文明，不该狠狠地谴责吗？

略说“笔部队”

王向远教授写过一本《“笔部队”和侵华战争》，我读了以后，脑子里产生一个印象：原来，侵华的日本鬼子还可以分为武鬼子和文鬼子。

武鬼子是拿枪的鬼子，这无须多说。文鬼子，也就是“笔部队”，是文化人当鬼子，是拿笔的鬼子。所有积极为侵华战争服务的日本作家、记者、诗人、画家、摄影师、学者、教授及其他文化人，都可以说是文鬼子、“笔部队”。他们以笔为枪，拿学问做武器，专门制造纸质的炮弹。他们中的许多人，或随军行动，或直接入伍当兵，成为穷凶极恶的侵华日军的一部分。

试看一下“笔部队”里的画家和学者，看看他们的纸质炮弹是啥模样，他们是怎样用画技和学问危害中国的。

一

在“笔部队”里，画家是一支相当重要的力量。他们用画笔鼓吹侵华战争，发挥了不小的作用。我收藏有多枚二战时期的日本明信片，上面的画作都是“笔部队”的画家画的。这些画作都以侵华战争为题材，包括宣扬日军的军威和战绩，宣传日军在占领区对中国人如何“亲善”，“皇化”教育如何成功，还有对日军的军旅生活的描画。这些画作包括油画、水彩画、速写画，等等，绘画水平是不低的，画作上多有画家的签名。侵华日军官兵往国内写信，经常使用这种明信片。

激励日军士气，是“笔部队”画家作画的最重要的立意。有一张明信片，题曰《磨刀》，画的是一个一身豪气的日本军官在出征前霍霍磨刀，让人看了会生出一种亢奋的战斗情绪。军刀是日本军魂的象征，画家抓住了这一点，以磨砺军刀的画面来激励士气。

宣扬日军的战绩和军威，是“笔部队”绘画的重要内容，既为庆贺，也为鼓舞士气。如一张画作题曰《入城式——南京中山门》，是为庆贺日军攻陷南京而作的，画面上，南京中山门悬挂着日本旗，日本兵排队肃立，指挥攻城的日酋骑马检阅。这个画面与常见的随军记者拍摄的入城式照片完全相同，说明这个画家当时很可能也在入城式现场。又如一张画作题曰《水牛》，画面上，远处是绵延的城墙，近处是三个日本兵牵着水牛，赶着毛驴，得意地行进，画意是为表现攻城胜利后的喜悦，但实际成了“三光政策”的自供状。

歪曲沦陷区实况，宣扬日军对中国人如何好，是“笔部队”画家的拿手戏。一张画作题曰《爱抚》，画面是一个日本兵一边抚摸着一个中国女童的头，一边慈祥地看着一个手举太阳旗的中国男童。乍一看，好像日军对中国人很亲善，实际上这是刺刀下的虚假画面，是在歪曲和美化日军奴役中国人的实况。

有些画作，画家的本意是夸赞日军，却不经意反映出沦陷区人民的苦难。一张画作题曰《警备兵与难民》，画面上，破烂的房屋前摆着长凳，几个难民坐在凳上，周围几个日本兵在与难民说话。房屋上挂着日本旗，一个难民手中也拿着日本旗。画意是宣传难民欢迎日军，日军对难民加以保护。这实际是一幅日军让中国人沦为亡国奴的写真图。

宣扬“皇化”教育，是“笔部队”画家的重要任务。一张题曰《皇化》的画作，画面上有个中国儿童，手拿一面日本旗，正往墙上写标语：“欢迎大日本帝国大将军”。画意是，经过日军的“皇化”教育，中国人已经很欢迎大日本皇军了。所谓“皇化”教育，实即亡国奴教育，目的是摧毁中国人的民族意识，使之成为日本天皇的顺民。

日军日常的军旅生活，如站岗、执勤、炊事、睡觉、洗澡之类，也是“笔部队”画家常画的内容。如一张题曰《下士哨》的画作，三个日本兵身穿棉军衣，围坐在火炉旁，钢盔与步枪放在身边，卧席上放着“慰问袋”和书籍。这是想告诉国内的日本兵亲属和民众，日军的战地生活很辛苦，但严整有序，国内寄来的慰问品日本兵都享受到了。

这些日军所用的明信片，看似微小之物，实则有相当的煽惑力。一幅能抓住人心的画面，如同一篇战前鼓动词，能够激励日本兵拼命作战；一幅歪曲沦陷区实况的画面，又能起到遮人耳目、混淆视听的作用。这正是“笔部队”画家所要达到的目的。

二

侵华期间及之前的一段时间，在日本文化人中，有一大批学者可以称为“笔部队”。早在日军大举侵华之前，这批学者就开始了出于侵略目的的对华研究工作，举凡中国的政治制度、地方派系、经济形态、百业状况、地理物产、民情风俗、文化机构、各界人物，等等，只要对未来战争有参考价值，便都在他们的研究视野之内。我曾在北京图书馆和中国科学院图书馆找到过多种这类具有侵华情报性质的著作，书名常题作《某某报告书》《某某资料集》之类，其视野之宽，内容之细，考察之精，令人惊叹。这些著作的作者，不少人是正牌的学者、教授，但骨子里却是日军的情报员。

史学家钱穆先生在回忆录《师友杂忆》中，披露过他所亲见的侵华先遣分子的活动——

余在北大任此课（中国近代史）时，又常有日本学生四五人前来旁听。课后或发问，始知此辈在中国已多历年数。有一人，在西安邮局服务已逾十年，并往来北平、西安，遍历山西河南各地。乃知此辈皆日本刻意侵华前之先遣分子。并常至琉璃厂、隆福寺各大旧书肆，访问北平各大学教授购书情形，熟悉诸教授治学所偏好，以备一旦不时之需。其处心积虑之深细无不至，可惊，亦可叹。

听钱穆讲课的这几个日本留学生，实际上都是有情报任务在身的，他们既是学生，又兼为情报员，或许根本就不是正经学生，压根儿就是情报员。特别是那个在中国已逾十年，以当邮差为掩护的家伙，更是个情报老手，所刺探的情报主要是大学教授的各种情况，其目的，想来是为了在日军侵华时能顺利地操纵、利用和控制这些教授。钱穆对这些日本探子的处心积虑深感震惊，我看到这段材料后也惊叹不已，这些“笔部队”委实厉害，居心险恶又无孔不入至极。

日军侵华后，为掠夺中华文化宝藏，文鬼子中的学者教授派上了大用场，特别是考古学家、文博专家、图书版本专家，更是大展身手，在日军刺刀的帮助下，干尽了文化强盗的勾当。

老舍先生在抗战期间写的小说《恋》中，有位叫杨可昌的收藏家，说了这样一段话：

你知道东洋人最精细，咱们谁手里收藏着什么，他们全知道。……他们的军队到，文人也到。挨家收取古物。你要脑袋呢，交出画来。要画呢，牺牲了脑袋！

杨可昌说的随日军而来的“挨家收取古物”的文人，显然是文博专家一类人。所谓“军队到，文人也到”，实际就是“军队到，‘笔部人’也到”，这成了日军侵略的一个套路。老舍的这段描写，是“笔部队”学者作恶的真实写照。

对“笔部队”学者借助暴力进行文化掠夺的史实，以往我们在研究日寇侵华史时注意得不够，更很少揭露，让这帮文化强盗逍遥自在了多年。近年来，中国学人开始搜寻这帮文鬼子的罪证，以期让天下人知晓，在日军暴力屠杀之外，还存在一种文化劫掠；犯下罪行的，不仅是执枪杀戮的日本兵，还有掠夺中国文物和学术资料的“笔部队”学者。

南京大屠杀发生后，紧跟着，文鬼子学者开始大肆抢掠南京庋藏的善本秘籍，光宋版书就掠走了四千余种，《清朝历代皇帝实录》写本掠走了三千多册，特别是南京省立国学图书馆珍藏的范氏“月槎木樨香馆”藏书和丁氏“八千卷楼”藏书，全数被“笔部队”学者掠走。“满铁”大连图书馆馆长柿沼介得意地说：“如今，八千卷又归我们了，清代四大藏书楼已有两处归我们所有了。”这个柿沼介是个典型的“笔部队”学者，是个不拿枪的向井敏明和野田毅（“百人斩”鬼子）。

一位正直的日本学者曾这样评论日军的图书掠夺：“日军进行的图书掠夺，与领土、市场的掠夺或者人命杀伤相比，也许会被看成细微问题，但是，图书的掠夺是领土掠夺的扩展，是对他民族的生命和财产掠夺的一个重要的构成部分。”在这位日本学者眼里，“笔部队”的劫掠图书之罪，并不亚于武鬼子的杀人掠地。

读鲁新得

鲁迅是民族魂，他的魂魄会长留天地间，不会散去。鲁迅之文、之书、之信件、之日记、之谈话，常读而常新。有些文字虽曾读过却理解肤浅，未解其深意，再读则知晓了深意；有些文字早先读后颇受教益，然社会演化，时势变易，再读便有了新理解、新体会。平日读鲁，每有新得，辄书为札记。

鲁迅口述拿来主义

改革开放已三十年，但排外思想并未尽除，晚清徐桐和拳民的幽灵仍时常游荡在世间，“非我族类，其心必异”，某些蹩脚理论家仍以此为圭臬；“爱国贼”更是砸车伤人，大闹街市。心有所感，便在中央编译局举行的一次出版座谈会上发言：“应将鲁迅先生的杂文《拿来主义》，印成大字本，普遍发给机关、团体和基层。”这当然不是正式给当局提建议，而是在呼吁应该重视鲁迅的拿来主义，因为这个精彩思想可以醒脑、开智、祛患。

鲁迅不仅写过杂文《拿来主义》，还在口头上简述过拿来主义思想。1933年，鲁迅与斯诺有过一席谈话，有云：

> 我对苏俄不了解，但我读过不少俄国革命以前的作品，他们同中国很有些相似之处。我们肯定有可以向俄国学习的地方。此外，我们也可以向美国学习。但是，对中国来说，只能够有一种革命——中国的革命。我们也有可以从自己的历史中吸取的教训。”（《新华文摘》2012 年第 4 期《斯诺与〈西行漫记〉前奏》）

细读这段话，可以发现这真是片言缩写的《拿来主义》。不管东方西方，不问姓资姓社，不拘古代现代，苟利国家之革新，人民之福祉，只要是好东西，统统可以拿来。但又必以中国为本位，以革命为依归。这就是鲁迅的拿来主义，何其正确，何其精警！这段话知者甚少，录此以广之。

国民党向“工农俄罗斯”学了什么

鲁迅憎恶恐怖滥杀，无论白色红色。张献忠滥杀，憎恶之；国民党滥杀，憎恶之；苏俄滥杀，亦憎恶之。

日本记者山上正义披露鲁迅曾言：“中国革命的历史，自古以来，只不过是向外族学习他们的残酷性。这次的革命运动，也只是在三民主义——国民革命等言词的掩护下，肆无忌惮地实行超过军阀的残酷行为而告终——仅限于在这一点上学习了工农俄罗斯。”此为鲁迅谈话，非文章中语，见于武德运《鲁迅谈话辑录》（北京图书馆出版社1998年版，第117页，原载1928年《新潮》杂志）。

所言工农俄罗斯之残酷行为，非指斯大林之大清洗，乃指十月革命后无节制地杀人。国民党“四一二”“四一五”屠杀共产党，鲁迅既惊且愤，于是对采访自己的山上正义有如是言。所云外族之残酷性，大抵指五胡、铁木真之类。鲁迅认为国民党之残酷性，类如五胡、铁木真及苏俄，而过于北洋军阀。苏俄搞红色恐怖，国民党反其红而学其恐怖，红易白而恐怖则一也。张国焘、夏曦、李韶九之“肃反”，亦“学习了工农俄罗斯”，且大有出蓝之概，其残酷性与危害烈度，既可令俄师愧煞，亦可与白色恐怖比肩，所谓“做了国民党想做而做不到的事”。

鲁迅于苏俄，褒贬兼有，而对其草菅人命的滥杀行为，则深恶痛绝。“工农俄罗斯”后来消失了，鲁迅若地下有知，会说什么呢？惋惜，还是责备？

梁鲁论读书角度

一部《红楼梦》，“单是命意，就因读者的眼光而有种种：经学家看见《易》，道学家看见淫，才子看见缠绵，革命家看见排满，流言家看见宫闱秘事……”（《〈绛洞花主〉小引》）鲁迅这段论《红楼梦》名言，吾赞佩至极。近读梁启超《慧观》一文，推测迅翁之言恐由梁氏义启发而来。

梁氏曰："同一书也，考据家读之，所触者无一非考据之材料；词章家读之，所触者无一非词章之材料；好作灯谜酒令之人读之，所触者无一非灯谜酒令之材料；经世家读之，所触者无一非经世之材料。"（何香久主编《中国历代名家散文大系之清卷》）此文刊于1900年3月1日《清议报》，早于鲁迅《〈绛洞花主〉小引》。

对比梁鲁二语，可见其相同处：皆揭示读书者因身份不同而眼光与角度各异。红学家冯其庸授课，常告学生读书可用"八面受敌法"，即一本书每读一次换一角度，多次变换则全书尽知矣。此法颇类似梁鲁所言读书者不同身份之多角度也。

迅翁之发明，在于察知读《红楼梦》者之具体视角，梁氏所言则泛论读书角度之不同。梁氏言论在先也。文化相续，互相启发，乃学术文化之常态，无足诧异，更无损迅翁之发明。然亦不应埋没梁氏。故记此一笔。

点天灯

古有"火刑"，也称"焚刑"，即把人烧死。但怎么烧，却有讲究，能烧出花样来。普通火刑是把人捆于木桩或树干，脚下累积木柴，然后点火焚之。弄出花样，便有远焙法、饮醋法、点天灯之类。这些都要比普通火刑残酷得多。

鲁迅1934年5月24日在写给友人杨霁云的一封信里

说："五六年前考虐杀法，见日本书记彼国杀基督徒时，火刑之法，与别国不同，乃远远以火焙之，已大叹其苛酷。后见唐人笔记，则云有官杀盗，亦用火缓焙，渴则饮以醋，此又日本人所不及者也。"（《鲁迅全集·书信·致杨霁云》）所云"五六年前"，指腥风血雨的1927、1928年间。鲁迅有感于国民党叛变革命后"屠戮之凶"，遂考史上之虐杀法。日式之远焙法，意在细细折磨。唐人之饮醋法，乃令被刑人内脏如焚。

然火刑之最酷者，还当数"点天灯"。鲁迅似未谈过此刑。兹补说之。何谓点天灯？清人胡恩燮《患难一家言》释曰："束绵浸膏倒燃之，名曰'点天灯'。"（《太平天国史料简辑》第二册）就是将人以麻布缠紧，浸在油膏里，浸透后将人倒挂起来，从脚跟点燃，让火慢慢往下烧，直至烧死。此种烧法可延时几个时辰，人痛极而不死。故远焙、食醋比起点天灯，显得温柔多了。

此刑起于何时无确考，我所见最早资料为太平天国施用此刑。张德坚《贼情汇纂》记："凡有人私带妖魔入城或妖示张贴谋反诸事，自有天父指出，定将此人点天灯"，"凡犯第七天条，如系老兄弟定点天灯"。（《太平天国丛刊》第三册）《太平刑律》记："凡典圣库、圣粮及各典官，如有藏匿盗卖等弊，即属反草变妖，即治以点天灯之罪"。（罗尔纲《太平天国史》卷三十《刑律》）“反草”就是反叛。其时，清朝官府之正刑，火刑已基本不用，更无点天灯，但洪天王青睐此刑，遂写入天国法典。军师洪仁玕看不下去，提出废止点天灯，但洪天王不干，批道：“爷今圣旨斩邪留正，杀妖、杀有罪，不能免也。”还曾看到一条材料，谓民国某地造反农民恨极县长，遂施以点天灯。此乃天国之遗意也。

点天灯之创意，非仅大增其残酷性，更增加观赏性、侮辱性及警示性。被刑者悬于高空，挣扎惨叫，施刑者大快，吓猴之力度尤大也。

外国也曾有过类似点天灯的烧法。罗马人把犯人钉上十字架，再遍身淋以沥青或松脂，做成一个大火把，抬着示众。中世纪的英国和意大利，用柴草将犯人裹得严严实实，状如粽子，然后点火。皆极残酷，极侮辱人。但若论折磨人的时长，则逊于点天灯。

鲁迅“考虑杀法”，意在痛诋国民党的虐杀。对于虐杀、滥杀，无论何人所施，鲁迅一向都极憎恨，但据说曾有“左”爷批评鲁迅“青睐人道主义”，笼统否定杀人。其批判文字未得见，想来也就是“杀敌人没错，怎么杀都可以”之类。依此论，则太平天国之点天灯便属正义，杀敌人嘛，至多稍嫌过分。有论文云：点天灯“表明了太平天国领导人反对清王朝的坚定立场和对大逆不道罪斗争的鲜明态度”，“但也反映出农民的狭隘性与落后性”。本质上仍是点赞，是“酷刑有理”。“左”祸时酷刑不断，或与此类歪论有关。

龚自珍名句之白话版

龚自珍名句“避席畏闻文字狱，著书都为稻粱谋”，释义文字甚多。偶读鲁迅1934年4月9日致姚克信，其中有感慨文字狱的几句话，我认为可谓龚氏名句的精警注脚，大胜于许多烦琐释义。

信云：“清初学者，是纵论唐宋，搜讨前明遗闻的，文字狱后，乃专事研究错字，争论生日，变了‘邻猫生子’的学者，革命以后，本可开展一些了，而还是守着奴才家法，不过这于饭碗，是极有益处的。”

这段话真可说是龚氏诗句的白话版。唐宋明皆汉族政权，文字狱前，犹可纵论这几朝，因为那时满人对文字、文化上的夷夏问题之防范心理，尚不如后来强。文字狱后，便只能做些无关政治的文字考据，甚至只能扯闲篇说废话了。“研究错字”，即考订文字；“争论生日”，即研讨古人的生辰，都是无关政治的。“邻猫生子”，出典于英国斯宾塞的话：“或有告者曰：‘邻家之猫，昨日产一子，以云事实，诚事实也；然谁不知为无用之事实乎？何也？以其与他事毫无关涉，于吾人生活上之行为，毫无影响也。”梁启超在《中国史界革命案》中引了这段话，“邻猫生了”遂为人们所熟知。谈论“邻猫生子”，也就是扯闲篇说废话。读了鲁迅给姚克信中的这段话，“避席畏闻文字狱，著书都为稻粱谋”还用再细加解释吗？基本就明白了。

另，比照龚、鲁所处的时世及二人心境，可发现二者大有相同处。“万马齐喑究可哀”，这是龚氏对所处时代朝野臣民畏谈政治，噤口不语状态的写照。“本可开展一些了，而还是守着奴才家法”，这是鲁迅对所处时代状况的写照。龚自珍的心境是愤懑和无奈的。鲁迅的心境也是愤懑和无奈的。本来，革命了，共和了，应当有更多的言论自由，写作自由，但许多文人还是得用“奴才家法”换饭吃。这所谓“奴才家法”，就是以当奴隶的旧习性写“研究错字”甚至“邻猫生子”之类的文字。“奴才家法”当然不是好东西，但要去掉又谈何容易！脑袋总是第一的，而且一家老小还等着稻粱上桌呢。

鲁迅写这封致姚克信一年多以前，1932年8月15日，在致台静农的一封信里叹息时局险恶云：“上海曾大热，近已稍凉，而文禁如毛，缇骑遍地，则今昔不异，久而见惯，故旅舍或人家被捕去一少年，已不如捕去一鸡之耸人耳目矣。我亦颇麻木，绝无作品，真所谓食菽而已。”文禁如毛，鲁迅也无法动笔，否则便会如旅舍少年。呜呼，鲁迅尚有颇麻木之时，遑论骨头并不那么硬的一般文人了。正是“风雨如磐暗故园”，此乃蒋介石叛变革命后之民国也。

不悟自己之为奴

鲁迅在1934年6月2日写给郑振铎的一封信里说："顷读《清代文字狱档》第八本，见有山西秀才欲取二表妹不得，乃上书于乾隆，请其出力，结果几乎杀头。真像明清之际的佳人才子小说，惜结末大不相同耳。清时，许多中国人似并不悟自己之为奴，一叹。"

若不是鲁迅把此事写出，怎会想到清朝竟还有这等事，清人竟还有这等人！此真乃才子佳人小说之历史版。若非鲁迅告以档案所载，人若向我讲此事，我一定以为他在编故事，说八卦。然而这却是真事无疑。但这是一桩文字狱吗？不大像啊。然载于文字狱档，应该是的。然而又大异于常见的那种政治性的触犯逆鳞或违碍时忌所酿成的文字狱。那么，这算是哪种文字狱呢？我看是"蝎子拉屎独（毒）一份"的文字狱，文字狱之奇葩也。

酿成这起文字狱的原因，不是这位秀才政治上不谨慎，或是笔下对皇上不恭敬，而是由于他拿皇帝"不当外人儿"，混淆了主奴关系。区区一个小秀才，竟敢麻烦皇帝帮自己追女人，可笑亦可怪也。为什么会这样？就是鲁迅说的，他"并不悟自己之为奴"。鲁迅为此而"一叹"。

鲁迅所叹息者，当然并非这秀才一人，而是天下许多中国人。鲁迅慨叹清代的中国人在清廷二百多年软硬兼施的统治下，已经浑然不觉自己是奴隶了。“不悟自己之为奴”，实乃奴性之最深者。不悟，自然也就不图改变，“暂时坐稳了奴隶的时代”便会延长下去，直至延长到“想做奴隶而不得的时代”。

江绍原与《发须爪》

前几年，我因为研究行业神，知道了江绍原这个名字。我在天津《益世报》上查到了一篇题为《盐神》的学术小品，作者就是江绍原。由这篇文章做向导，我完成了盐神的初步研究，江绍原三个字也深深地印在了我的记忆里。

江绍原何许人也？怎么这么窄的题目他也研究？他还写过什么？这些疑问一直在我脑中萦绕。忽一日，沪上一位朋友寄来一本书，书名挺新奇，曰《发须爪》，著者赫然题作江绍原，我顿感眼前一亮，大喜，遂“挑灯夜读”，当晚便读毕全书。原来，江绍原是一位民国时享有大名的民俗学家、宗教学家、文化人类学家。新中国成立后，他所治的几门学问衰微了，他的名字遂隐而不彰。奇怪的是，近年来尽管民俗学、宗教学一阵阵发烧，但他的名字仍不大为人们所熟知。我真有些为江绍原抱不平了。一面抱着不平，一面对江绍原的一切发生了兴趣，他的人，他的书，他的事。

先说说这本《发须爪》。发须爪指人的头发、胡须、指甲，这本书所研究的，就是关于这三样人体细物的迷信和风俗。区区发、须、爪，也值得写一部学术著作吗？外行人如我，大概总会有这种疑问。但读书一过，疑问自消，发、须、爪里确有大学问。江绍原发现了其中的大学问，也做出了大学问。

他发现，发须爪在古代先民的心理中是极尊贵的，被看作是人身上最神妙、最富有生命和精力的东西。他研究出：成汤祭祀上帝或旱魃时，不用自己的肉体而用发爪做祭物，是因为古代中国人认为发爪是人体的精华，是可以作为肉体的替代品的。这个发现，解开了汤祷桑林之谜。他还从古刑法中看到了古代先民极为珍视须发的观念，举出的例子有《周官》所记割发能代替去势，《报任少卿书》谓髡刑重于笞刑等。去势即阉割生殖器，乃惨酷之大刑，割发却能代之，髡刑只是剃除头发，却重于使皮肉受苦的笞刑，为什么？这些颇令人费解的问题，若用江绍原的发现一解释，便豁然明了。

《发须爪》的学术价值是不消多说的，此书一问世便名声大噪、洛阳纸贵，便是证明。胡适曾做专文给予佳评，周作人也在书序中极表赞赏。但更令我神往的，却是江绍原那善于细察微物的眼力。我把它赞之为显微镜。显微是为了见大，观察发须爪，是为了考察古代先民对世界的看法，用江绍原的话说就是：

> 虽以关于发须爪三件小事物的言行为限，然这些言行，处处与古今人的药物观、治疗观、病因观、身心关系观、祭观、刑观、时观、死观、死后生存观——观之多虽未足以观止，然也很可观了——都有关。故发须爪观的研究，实在是关于那些较大的“观”的研究之一部分，犹如那些较大的“观”的研究，想就是那再大不过的宇宙人生观的研究之一部分也。

这段话说得很精辟，很实在，也很有趣，可以看作是江绍原对自己所做的微观研究的意义的一个说明。他的目光所至虽是细物，但心中所念的，却是人的思想、观念，是人的心史、观念史。他所研究的那些小的“观”，实际是为了明了大的“观”，明了一个小的“观”，也就是明了了大的“观”的一部分。这也可以称作是一种“见微知著”“由小见大”的研究法吧。我由此悟出：研究古人的社会人生观念，是可以从古人最细微的言行中看出的，而这种研究法，又不限于施之古人，对今人也是可以移用的。

我对《发须爪》一书非常钟爱，窃想在我的藏书中，它的地位虽未必称得上帝王，也该算得上将相，即使有人拿一册明版书与我交换，我也未必愿意。

江绍原对细事微物的研究，不只是发须爪，在他的显微镜下，还研究过口津（吐沫）、牙齿、血、月经、喷嚏的有关风俗，研究过小儿的乳名、民间的历书和占卜术等，有的研究对象虽不一定可称是细事微物，但也是平凡或具体的事象，如旅行、杂神、冠礼、衅礼、射礼、投壶礼、成人礼等。这些细而杂的研究许多都已写成了文章或著作，如《吐沫》《古代的衅礼》《盐神》《祥考》《血与天癸》《易卦如何得名》《中国古代成人礼》《中国古代旅行之研究》等。他还翻译过外国的一些同类作品，如《寓言及俗说中之鼠观》。从这些研究内容和作品题目，可以进一步看出江绍原的学术兴趣和治学路子。

这些作品，有的我已拜读，有的只知其名，无缘见到。《中国古代旅行之研究》可说是《发须爪》的姊妹书，同样的高水平，同样的于细微之处做出大学问。江绍原的许多作品无缘见到，盖因未整理出版，这殊为学界憾事。江绍原之女江小惠曾在北京鲁迅博物馆工作，又整理出版过周作人与江绍原通信集，其学力料想不弱，加以近水楼台的便利条件，乃是整理江绍原遗著的上乘人选。我猜想她现在正勤勉地做着整理工作呢。

江绍原研究发、须、爪，研究吐沫、牙齿、占卜术之类，主要立意之一是欲清除国民的整个迷信意识，这种清除具有秋风卷败叶式的扫荡性、彻底性，而不是仅单纯破一破发须爪一类细物的迷信了事。江绍原的反迷信与许多今人不同，不是笼而统之地骂骂便班师回朝，而是精心考察迷信的由来，挖其根，掘其源，给予科学的解释。关于迷信的缘起，他有一段精辟而切实的论述，从迷信起于青萍之末，到众多的因素参与铸就迷信，一一做了解析和说明。原文略长，不引。这样的解析，只有精密地研究过迷信的人，才说得出，而单纯从道义上讨伐迷信的人是说不出的。这样的解析，对于迷信具有真正的摧毁力。

江绍原说过这样一句话，“不彻底的破除迷信运动是不能成功的”。旨哉斯言。何谓彻底？彻底就是用科学解释迷信，替代迷信。江绍原对迷信缘起的解析，对发须爪等迷信的研究，正是用科学解释迷信的范本。

清代的朴学家是很让人敬重的，我常常由他们朴实、严谨的学风，想见他们的为人也一定是质朴无华、敦厚诚实的。我也常常这样想江绍原。江绍原治学极有朴学家风度。朴学家喜做“窄而深”的研究，江绍原的发须爪一类研究正是此种路数；朴学家立说必凭证据，绝不信口臆说，江绍原的每一研究结论，也是立于众多证据之上，绝不徒作空言；朴学家采择证据以古为尚，以第一手资料为尚，江绍原使用典籍时，也是最重原典；朴学家讲究治学先“识字”，即先通过训诂弄清字义，江绍原研究问题、使用古书时，也常常先从考究字义入手。

治学的风格有时是可以反映人格的，虽未必人皆如此，但具体到江绍原，我想，他的身上一定是洋溢着一股诚朴之气、笃实之风的。为了某种功利目的而急于发表未必成熟的文章，是不少学者的通病。江绍原的看法则是：无论做什么文章，“非经几番精审的推敲修正，绝不发表”。于此可见江绍原对学术文化的敬重认真态度，也可以看出，江绍原绝不是那种急功近利、心气浮躁的小家子气学者。

江绍原是个才子型的学者，他的学术文章虽然谈的是艰深的学术问题，但很有文采和灵性，绝不是阴沉木的脑袋可以做得出的。周作人就曾夸奖江绍原的文章“不知怎地能够把谨严与游戏混合得那样好，另有一种独特的风致，拿来讨论学术上的问题，不觉得一点儿沉闷”。这样的文字，在江绍原的笔下常汩汩流出，俯拾即是。江绍原的这种文章，是学者加才子的文章，单是学者或才子都做不出。我总是默祷着能多读到一些时贤所写的江绍原式的文章。

江绍原与鲁迅、周作人兄弟的关系都颇近，尤与周作人私交甚笃。《鲁迅全集》中常可以见到江绍原的名字，鲁迅曾为江绍原的民俗研究提供过古诗中的材料，也曾劝过江绍原多搞一点翻译。江绍原与周作人在学术上有同好，都对宗教、民俗感兴趣，在文化观上，都很看重“平凡的人道”，都把目光“向低处广处看”。江绍原对周作人的学问非常佩服，常写信向周作人请教，《发须爪》的序言也是请周作人写的，他常称周作人为“启明师”。二人通信，周作人称江绍原为“绍原兄”，江绍原称周作人为“启明先生”，信中二人无话不谈，谈学问，谈政治，谈社会琐事，谈个人生活，话中常有玩笑语、深交语，可见二人关系的密切。后来周作人落水，江绍原则是爱国者，这是二人的区别。

江绍原虽然倾心学术，治学谨严，经常沉浸于古书、古俗、古宗教之中，但并非是个不闻世事的书呆子。他很有政治头脑，曾在一封致周作人的信中，提出要建一个“无产阶级党”：

> 这几天我又在梦想：天下稍太平后，应该立个无产阶级党。……阶级之有无法否认，只有同阶级中人联合起来才能济事；而国民党决不属无产阶级。

此信写于1928年3月，当时中国共产党已经成立，江绍原大概是对中共缺乏认识吧，才提出了自己的立党之说。“阶级”云云，说明他是有阶级眼光的，对国民党的性质也是有所认识的。

再往前看看青年江绍原。他上大学时是个热血青年，政治热情极高，是五四运动中火烧赵家楼的健将，作家章衣萍在《窗下随笔》中曾描写过他的壮举：

> “五四”运动之役，北京学生捣碎曹汝霖、章宗祥宅。有一青年当时撞进曹汝霖的卧室（一说是曹小姐的卧室），把卧床上的锦被一撕，大呼而出，即被警察捉去了。此公即江绍原先生是也。

遥想江绍原当年的英姿，真有点“天街踏尽公卿骨”的味道，真乃一腔正气、一身豪气也。

江绍原的性格大概不属于沉郁的那一种，他常有幽默的言谈，即使是谈学问，也时有戏言。他研究古代礼俗，便把自己的有关著作戏称为“礼部文件”，并与周作人互相戏称为“礼部总长”（周作人）和“礼部次长”（江绍原）。军阀孙传芳举行投壶礼时，江绍原写信给周作人对孙传芳加以微讽：“孙督军未经我部许可，擅自举行，似宜申饬。”“我部”，即所谓礼部，“申饬”乃告诫申斥之意。一个子虚乌有的礼部竟要申饬孙大督军，岂不是诙谐得可以吗？

一次，一位姓郭的医生写了一篇研究甲骨文的文章，请人转给他看，他写信将此事告诉了周作人：“厂肆送来郭大夫（曾习医而又以屈原自比，盖双料大夫也）甲骨文研究。”屈原为三闾大夫，郭大夫自比屈原，故江绍原戏称其为“双料大夫”，幽默之中又略带一点微讽的辣味。江绍原的幽默，多含文化意蕴，不同于一般的滑稽和低俗的插科打诨，盖因江绍原满腹学识、气质高雅也。

江绍原的故乡是安徽旌德县江村，那是一个巨族之乡。反清革命的英雄江亢虎与江绍原是同父异母的兄弟；胡适的妻子、名门之女江冬秀是江绍原的本家。于此可知江绍原的家庭环境。江绍原曾留学美国，攻的是比较宗教学和哲学，回国后长期在北京大学等高等学府任教授，又曾在商务印书馆任编审。他一生的活动概括起来就是念书、教书、写书、编书，他是一个纯正的读书人。

江绍原有个儿子叫江小原，是个瘫子，但人瘫志大，自强不息，成了翻译家，奥斯特洛夫斯基（《钢铁是怎样炼成的》著者）的夫人赞誉他为“中国的保尔”，但“文革”中竟以“修正主义苗子”的罪名被迫害致死。江绍原有这样的儿子，既是他的骄傲，也是他的悲哀。

曾有一本《康生语录》

语录可是了不得的东西。大师才有语录，有学问的和尚才有语录，经典作家才有语录，领袖才有语录。出谁的语录，就说明谁不得了。孔夫子有语录，即《论语》。马恩列斯有语录。毛主席有语录。林彪如日中天时，也出了语录。“文革”中，有人编了鲁迅语录。近年，出了不少名家大师的语录。

但人们不晓得，解放战争时期，曾有过一本《康生语录》。1947年，晋绥解放区土改发生“左”倾风潮，康生是始作俑者，他所散播的那些“左”毒被作为“经验”在全国土地会议上推广，并且印发了《康生语录》。（散木《旧日子，旧人物》）此即《康生语录》的由来。康生之有语录并不可怪，一因他当时在党内地位颇煊赫，二因他那套“左”毒当时颇有被视为范本之势。所幸他那一套后来被纠正了，《康生语录》也便湮没无闻。《康生语录》不能归入革命文献，只能算是“左”祸文献。但如能搜寻到，也是很宝贵的，可惜很难找见了。

两条江青语录

江青说话放肆，满嘴歪理，“奇葩”语录甚多。

周扬著文说，“文革”前他曾反对江青对待文化工作的粗暴态度，江青回敬道：“反对粗暴就是反对革命。”（《百年潮》2012年第10期，张复《我眼中的周扬》）这是一条稀见的江青语录，可窥其思想逻辑之荒谬。

革命怎能与粗暴画等号？马恩的书里没这么说过啊。毛泽东说革命不是请客吃饭，不能那样雅致，当然对，但那说的是疾风暴雨的革命时期。按江青的逻辑，革命就等于粗暴，必须粗暴，只有粗暴，永远粗暴。江青在“文革”中狂乱暴虐，恐怕与此思想逻辑大有关系。

再举一条江青语录。江青自命“半个红学家”，曾评论宝黛说：“如果林黛玉和贾宝玉活到现在，也是大右派。”（张颖《风雨往事——维克特采访江青实录》，河南人民出版社1997年版）这话真是神马玩意，全无天理呀。也难怪，连鲁迅活到反右都玄乎，更甭说封建小主宝黛了。

网上时见为江青评功摆好的文章，内容幼稚，文风蛮横，仿佛红卫兵转世写的大字报。江青已是历史人物，论其好坏本应实事求是，要靠史料说话。你说她好，就拿出证据来。我看还是小平同志对江青的评论对。意大利记者奥琳埃娜·法拉奇问小平，江青其人如何？小平说：“江青坏透了。”又问该打多少分，小平回答：“零分以下。”此问答见于《邓选》第二卷。这是小平同志对江青的郑重评价。还有比这个评价更权威的吗？

诗·史·人

诗话四则

诗咏史，史入诗，有一类诗作，诗与史是难解难分的，这类诗作，实际是诗为其表的史话、史评。诗为心声，故诗词作品可视为诗人的心理和思想的档案，读其诗，有助于识其人。读诗兼读史，尤宜解诗识人也。

一、“隆”与“隆隆”

毛泽东词《西江月·井冈山》“黄洋界上炮声隆”句，某些注家释文为“黄洋界上，炮声隆隆”，比毛词多一“隆”字。此为放大史实的注释。黄洋界守军共有三发炮弹，二发为哑弹，只一发射出，绝无“隆隆”声。然敌军误判守军势大，遂宵遁矣。诗词于事实可以夸张，此乃诗词之天性，但注释其历史背景，则须用史笔，写出真史。若用诗笔注史，则史必失真。“炮声隆”，诗而近于史；“炮声隆隆”，史反近于诗矣。

我曾登上井冈山黄洋界，至发炮处，见山势高峻，万木葱郁，遥想当年战况，不胜叹谓。一发炮弹，不仅吓退敌军，稳固了根据地，还成就了毛泽东一首好词。

30年代，冯雪峰到江西中央苏区见到毛泽东，告诉毛，鲁迅读过《西江月·井冈山》，评曰“有山大王气概”，毛闻之开怀大笑。此评语无贬义，状其奋斗气势也，故甚合毛意。毛上井冈山前曾做演讲，便说“要做革命的山大王”。鲁迅评诗与识人之眼力，可称高绝。

二、“走泥丸”与“一丸泥”

毛泽东名诗《七律·长征》“五岭逶迤腾细浪，乌蒙磅礴走泥丸”一联，向为注家评者盛赞，特别是“走泥丸”三字，气魄雄伟，尤为人称道。那么此联特别是“走泥丸”三字，是包含着古诗血脉，还是全由自铸？作家姚雪垠品读《长征》诗时写道：“这‘腾细浪’‘走泥丸’，诗人是怎么想象的，令我不禁拍案叫绝，愿为这两句诗痛饮一杯！”推崇至极，认为是自铸之伟词。然我推测，“走泥丸”三字或非全无依傍，而是含有一点古诗文的血脉。

有毛诗注家云，“走泥丸”典出《汉书·蒯通传》“阪上走丸”一语，谓事势发展顺利而快速，犹如从斜坡上滚下弹丸（泥丸、石丸等）。我认为此注解没有道理，因与毛诗原意不搭杠也。然也可从此典看出，古人已用弹丸来形容事物。

我感觉，“五岭逶迤腾细浪，乌蒙磅礴走泥丸”一联，特别是“走泥丸”三字，或与林则徐《出嘉峪关感赋》一诗有点关联。林诗云：“严关百尺界天西，万里征人驻马蹄。飞阁遥连秦树直，缭垣斜压陇云低。天山巉削摩肩立，瀚海苍茫入望迷。谁道崤函千古险，回看只见一丸泥。”林遭贬谪，做了万里征人，此诗为抒怀明志之作，透出这位民族英雄不畏征途，藐视险境的气度。林则徐此诗流传很广，新闻家范长江在1935年写的著名旅行通讯集《中国的西北角》中就曾引用过此诗。毛泽东大概是熟读过此诗的，张贻玖著的《毛泽东评点圈阅的中国古典诗词》收有此诗，但毛最早是何时读此诗的，则不能确定。

从《长征》诗看，也是“万里征人”的毛泽东，其不怕远征，藐视险境的豪气，可谓与林诗如一，且远胜之——崤函天险雄关，回看不过如一粒泥丸，而磅礴的乌蒙山则如脚下滚动的泥丸。试比较一下毛诗与林诗，“走泥丸”与“一丸泥”，那意境，那气魄，那遣词，确有相似之处。也许是英雄所言略同，也许是林诗对毛的构思有所影响，总之，英雄血脉、千古豪气是贯通的。

三、壮怀堪比西风烈

寒斋存有若干种竹枝词，最珍视者，乃曾老彦修先生所著《京沪竹枝词》。此书为曾老赐赠我之签名本，倍感珍贵。

竹枝词，唐人刘禹锡依屈原《九歌》所创，通俗清新，韵味悠长，多吟咏风土民情，重纪事，兼教化。明清之际，竹枝词人因亡国之痛而常发出郁结之音。

《京沪竹枝词》为曾老数十年闲吟诗作之结集，诗风清朗而平易，诗格高贵而素朴，多深沉音，有浩然气。用意深邃而下笔萧散。篇什中多有似“散宜生体”者，令人莞尔，引人深思。曾老论人，有“太史公曰”风致，几笔便画出人物肖像。

陆定一同志曾手书明人于谦诗《石灰吟》赠曾老，曾老宝之，印于《京沪竹枝词》扉页，盖明志之意也。“粉身碎骨全不怕，要留清白在人间”，此亦曾老人格之写照也。

恭读《京沪竹枝词》，文字间略见曾老生平，钦敬不已，成诗一首，曰：

竹枝从来吟朗月，今阅竹枝竟有铁。
褪去长衫着戎衣，唱彻黄河强寇灭。
乱世草间做牛鬼，干校炎夏常飞雪。
敢问天意挺老骨，哀我生民若啼血。
臧否清浊春秋笔，一袭华衮一斧钺。
开篇先吟于公诗，壮怀堪比西风烈。

惊闻曾老去世，慨叹，痛惜。又闻多位中央领导人送了花圈，深感欣慰。这是党对曾老一生的肯定。曾老是我党老同志中不多见的思想极深刻者，是共和国出版界不多见的卓越出版家，是革命和扰攘年代中一位突出的具有高尚政治人格的人物。为保护无辜同志的政治生命，他曾自投“右派”网罗。平反“六十一人叛徒案”，他提供了关键材料，为党立了大功。曾老还是承继了鲁迅真精神的著名杂文家。我做报纸编辑，编过曾老多篇杂文作品（笔名严秀），名为编，实为学，这是我的荣幸。

《京沪竹枝词》而外，曾老还赐赠过我《天堂往事略》《天堂的神话是怎样破灭的》《平生六记》三书。前二书为自印本，未出版过，后书只是薄薄一册，但都是至精至大之书，非大手笔、大眼界、大气度，绝写不出，非经历过那些惨痛怪异之历史者，绝写不出。我读这些书时，或拍案击节，或废书而叹，总是意难平。

四、妙哉壮哉，其诗其人

关于写历史，史学家李新先生有诗曰：“直笔写真史，曲笔抒真情，彩笔传忠烈，朱笔诛奸佞。”[①]

区区二十个字，可谓立意高远，寓意遥深，何其凝练，何其深沉，何其妙哉，何其壮哉！以此笔，真史得以传，真情得以发，忠烈得以褒，奸佞得以诛。以此笔，真

① 陈铁健：《书香人多姿》，社会科学文献出版社2012年版。

理得以立，民心得以舒，正义得以胜，正气得以扬。虽只二十个字，非良史写不出，非兼擅史笔、诗笔亦写不出。虽非咏史诗，胜似咏史诗也。

李新乃中共党史大家，又为民国史研究之奠基和领军人物之一。此诗所言，实亦谓自己著史、论史之追求。曾有论客责难李新："写民国史即给国民党唱赞歌，即承认'两个中国'。"李新与之辩论竟日，绝不苟同其谬见。实则民国史研究之立项，乃依周恩来指示行之，实正当必要之举也，何干"承认两个中国"？

史学家陈铁健曾撰一联述李新生平云："领导川东学潮，参加民族抗战，实施冀南土改，呼唤政治革新，反专制，争民主，求国兴，八十年奋斗不息；投身大学教育，参与文字改革，深研民国史事，努力文化复兴，斥教条，除迷信，去盲从，五十载始终如一。"概括革命战士兼史学家兼思想者兼革新者李新先生之一生也。

史论即政论

读王春瑜明史文集

摩挲着正在发散新鲜油墨气息的《王春瑜明史文集》，我心生感慨：弹指之间，我与老王已经相识三十五年了！三十五年前，我作为北京日报编辑，到社科院历史所向老王约稿，一走进他那间名曰“土地庙”的陋室，便顿感一股清寒之气，一桌，一床，一书橱，此外几无他物，他的爱子王宇轮，一个因“文革”失去母亲的孩子正曲卷在床上，这就是“土地庙”的全景了。那时，老王才四十多岁，一转眼已是八十老翁了。这部全五册明史文集，就是这位八十老翁一生研治明史的记录。我不称呼他“王先生”，只叫“老王”，始于那次约稿。

老王是历史学家，又是历史散文作家和杂文家。他是复旦名师陈守实教授的研究生，是60年代的副博士，那时的副博士含金量可高啊。

老王是个能做大题目研究的史学家，收在《明清史散论》一书中的《顾炎武北上抗清说考辨》《李自成、崇祯帝“和议”初探》《论曹寅在江南的历史作用》等多篇论文，就是大题目的研究文字。做这种大题目研究，乃史家的本色，老王无疑具有这种本色，他有几篇大题目论文，曾受到多位老资格的大史学家的好评。

老王极擅长做精细的考辨，写精短的史论。这类文字相当多。有人也许会说，小题目，短文字，没价值。此言大谬。其实，文章不能以长短论价。顾炎武的《日知录》，看似一厚本，实则是由一条一条短札组成的，但每条短札都用“采铜于山”的材料写成，都有精警的断语，都解决了若干重要问题。故《日知录》是一部有重大学术价值的名著。钱大昕的《十驾斋养新录》、赵翼的《陔余丛考》等名著，也都是这类短札体的著述。这种著述体式，乃是中国史学著述的一个传统，老王继承了这个传统。这种体式实则还隐含着一种史德，就是绝不将简短文字可以说清的问题“抻面条”，弄成一篇长文。老王的友人王元化先生很赞赏古人的这种札记体，他的《思辨短简》《人物小记》等书，就是用札记体写的。老王与王元化常有书信往来，想必他们在文体问题上是有共识的。

老王常跟我说，史学是个“殿堂”，不是那么容易进的。我念过历史系，懂得这话的意蕴。不说别的，光掌握史料，那就是大功夫。老王研究历史，极重靠史料说话，绝不说空话，有时觅来一堆珍贵材料，只为说一句牢靠的话。这其实也是他所在的历史所的好传统。往远了追，实际这是中国史学的考据传统加上西方传入的实证方法留在老王身上的印记。明史文集中有《明朝宦官史料》一部，可以略窥老王的史料学、考据学功夫。近年，老王又编纂了一部新四军珍稀史料集，亦可见老王蒐集和整理史料的功力。老王曾对我说：治史还是需要一点马克思主义的，马恩研究历史，极重视充分占有资料。老王编纂新四军史料，与他对新四军的感情有关，就像柳堡的故事，他家乡驻过新四军，少年的他曾与新四军战士在一个床上睡觉。

史学家在不少人眼里是所谓“老夫子”，仿佛只会看线装书，只知秦时明月汉时关，而极少关注现实。这种老夫子有，但老王不是。“关怀莫过朝中事”，心底无时不波澜，老王的忧国忧民情怀是极重的，他是一位高度关注社会现实的史学家。他的老师陈守实有一句名言：“史论即政论。”老王服膺此说，写出了大量“史论其表，政论其里”的文章。声名远播的《万岁考》便是这样的一篇雄文。此文曾被作为优秀历史杂文收入《中国新文学大系》，这次又被收进明史文集之《明清史杂考》中。

在粉碎“四人帮”之后的具有重大历史意义的思想解放运动中，老王是立了功的。他不仅写出振聋发聩的《万岁考》，还写了《株连九族考》《语录考》《烧书考》等一系列促进人们思想解放的文章，还曾受命开列了中央需要的批判封建专制主义的书目。

老王写的历史文章，除纯学术作品外，很多是看似说古，实为论今的作品，用他自己的话说，叫作“今古一线牵”。这类作品，常让人读了拍案赞叹，赞其精警的思想、鲜见的史料，和流溢在字句间的才气。如历史散文《一碗粥装得下半部历史》，从构思、史料到文字，一如奇兵，出人意表，动人心扉，却又平易温润。难怪一位读者评曰：“多年没读过如此精彩的文章！”所谓“今古一线牵”，我看是远承了司马迁的“通古今之变”，又有鲁迅“发思古之幽情，往往是为了现在”的余韵。从学术渊源上看，是受了浙东学派“重视学问与事功结合”的影响，尤其是受了梁启超“将学问用于改造社会”的影响。受过梁氏之影响，尤有明显的文脉可寻，老王的老师是陈守实，陈守实是梁启超的弟子，老王乃任公再传弟子也。

老王读书多，杂，对史料开掘的深度，有时令人惊异。三十年前，报社让我写一篇类似《燕山夜话》那样的历史小品，内容是历史上怎样惩治流氓，我写了一篇《拳打“镇关西”的余话》，主任李志坚同志（后任国家体育总局党组书记）觉得不行，就让我约王春瑜先生写。老王写了一篇《牛二考》，从《水浒》里的泼皮牛二谈起，竟考出了历史上实有的真牛二！这真让我大开眼界，不得不叹服老王的考据功夫。试想，千百年历史，茫茫人海，到哪儿去找真牛二？可偏偏让老王找到了。这不仅有助于研究中国流氓史，也给《水浒》研究增添了宝贵资料。后来，我那篇《拳打“镇关西”的余话》在天津日报发表了，但我知道，拙文极拙，怎能和老王的妙文相比呢？说实话，老王的有些杂考文章，是很难写的，不是任何一位史学家都写得出的。一次，我向社科院历史所所长陈高华先生约稿："您写一篇像王春瑜那样的文章吧。"陈先生应声答道："那种文章我可写不了，不好写。"陈先生是元史大家，但我相信他的话不都出于谦虚，像《牛二考》那种文章确实不好写。

近世以来，不少史学家、文学家致力于撰写读史随笔、历史散文、历史小品一类文字，如吴晗、邓拓、丁易、金性尧、邓云乡、黄裳、何满子、钱伯城、高旅、余秋雨等，老王也在这一行列中。老王之文，有学问，史学功底厚，能看出是学者手笔，但笔墨间又杂糅作家气质，文采斐然。随手翻翻这部文集，便可看出来。老王的不少读史随笔，实际上已超过了吴晗、邓拓。这并不奇怪，吴晗、邓拓当时著文，受到种种限制，正所谓"带着镣铐跳舞"，其思想和文才无法得到正常展现，而老王则一方面自身才华横溢，一方面深得改革开放自由环境之惠，才华得以发挥，所以能在一些方面超迈前贤，给我们留下这么多优秀作品。

老王写故人

老王擅写人物

从古以来，写人物的好文章多矣。史传要推司马迁，轶事笔记要推《世说新语》。现代作家写人物，孙犁、张中行，我尤推重。还有一位擅写人物的王春瑜先生，我也甚为推重。

我管王先生叫“老王”。这是三十多年前，他微时我对他的称谓，现在他有了大名，我仍未改旧制。我常常回想起当年在他的“土地庙”（他给陋居取的嘉名）里与他相识的情景，有点温馨，也有点苍凉。

老王擅写的人物，不在历史名人，而在故交、亲人、师长、同事，都是亲密者、身边人，多数是已经故去的人物。过去读老王写人物的文章，都是散见的零篇，如《学林漫录》收入的《秋夜话谢老》，《人民日报》刊载的《望断南天——怀念谭其骧师》。最近，商务印书馆出版了老王的《悠悠山河故人情》一书，收进了到目前为止他所写的所有怀想故人的文章。这是阅读老王这类文章的最好文本。

老王是史学家，他写人物，有厚重的沧桑感，有结实的评骘；他又是作家，文中总透出才气，时时挥洒出绝妙好词。他是鲁迅文章的热烈读者，又有过“文革”中因“炮打”张春桥而经历的磨难，故文章风格有骨力，行文中见思想。老王会看人，品鉴人物有独到的识力，能做出睿智的判断。老王记性好，常能克隆过往故人的历史细节，这使文章有了一定文献价值。老王对鲁迅的“无情未必真豪杰”一语高度认同，他自己便是一个至情至性之人。读他这本书，我感觉他的亲情、乡情、友情和爱国情，犹如旺泉，从字缝里汩汩流出。

一部“新儒林外史”

老王写故人的文章，最大宗的是写师，写友。这些人物绝大多数是儒林中人，有教授学者、名家耆宿，也有三家村学究、落魄小知识分子。合而观之，仿佛是一部“新儒林外史”。吴敬梓的《儒林外史》是讽刺士人的；钱锺书的《围城》，也是揶揄读书人的，可谓“后儒林外史”。王朔就更是经常调侃知识分子。文坛上似乎曾有过一种风气，谁爱挖苦读书人，谁就会有名气。

老王写儒林则大不同。他尊师，真的是把恩师先哲放在了“天地君亲”后面的那个崇高位置去景仰。《师情》是他书里的一大章，写了十几位老师，既有大名家，也有发蒙老师。在为陈守实先生百岁诞辰写的文章中，他写了“献吾师”四言诗：“小子不敏，幸立门墙；辱承亲炙，恩泽难忘。师之高风，烛照煌煌；师之亮节，山高水长。”对其他的老师，他也抱着同样的敬重态度。老王也重友谊，《友情》在书里也占一大章。他对朋友，用土话讲，叫作“够朋友”，文雅一点说，叫作有点“侠骨柔肠”。他爱替别人讲公道话，帮人于艰难之中，对师友的滴水之恩绝不忘报答。老王对师对友，完全是一派孔孟之道。

中国士人有许多优良传统，自强不息，求真求实，忧天下，有骨气；但也有糟糕的一面，时有奴性、卑怯等。在老王笔下，这些都写到了。这些文字，我认为极可贵，因为记的都是史事，是实例，不是空论，不是小说家言。这是中国士人好坏传统的实证。

士可杀不可辱，看重自己人格的士人，都会坚守这条高贵的原则。陈守实即如此。《守老二三事》记云，50年代，有位“左”的干部要陈守实交代所谓反动思想，“守老当场拍台子说：‘你就是用手枪对准我，我也不会交代！’”这很像是闻一多。但这种情形，在经过若干年的政情变迁之后，在知识界就很少见了。这条材料，反映出陈先生的骨气，也是当时中国知识界政治生态的一帧侧影。

《忆周予同先生》记云，周先生几次在课堂上笑着说：“中华民族的特点是什么？我看是吃饭、养儿子。”闻者大笑。周先生说：“我不是随便说的。中国儒家最讲究‘民以食为天’、‘不孝有三，无后为大’，这两点对中国历史影响太大了，确实成了中华民族的特点。”这本是实事求是的深刻见解，但在“文革”中却被扣上“污蔑中华民族”的帽子。周先生这种语言风格其实很像鲁迅，举重若轻，片言解惑，没有什么不好，而是很好。要是扣“污蔑中华民族”的帽子，那《阿Q正传》就该查禁了。

老王也记下了某些士人的缺点。黄仁宇先生，大名鼎鼎，抗战时在抗日名将阙汉骞麾下当过少尉排长，学术上很有成就，但并非完人。老王在《忆黄仁宇先生》一文里，写了与黄先生的友好交往，也恰当评价了他的学术成就，但也写到了他的毛病。老王曾与他在哈尔滨开过一次国际明史研讨会，在会上他不谈明史，却大谈所谓“五百年大循环”的“大历史观”，听者甚感无味。别人反驳他的某些观点，他竟跳起来，蹲在沙发上侃侃而谈。吃饭时，又为一件小事大发脾气。老王说，似黄先生这般言谈举止，在国际学术会议上从未见过，真是大开眼界。但是，当有的参会者酷评“黄仁宇简直是个兵痞”时，老王写道：“这有失温柔敦厚之旨，我不赞同。”

在文末，老王是这样写的：“哈尔滨会议一别，与黄仁宇竟成永诀。人是复杂的。在我的片断印象中，黄仁宇是一个保留着旧军人不良习气的性情中人——尽管他在史学上有不少建树。”我非常看重老王的这篇文章，因为写的是亲历亲见，且瑕瑜并书，这才是真实的黄仁宇。我认为，这篇文章可以作为评述人物的一个范例。

笔下人物可入《世说》

《世说新语》写魏晋人物，寥寥几笔，人物的性格、神态、思想，跃然纸上。其中尤以人物语言最能见人风貌。在老王笔下，一些人物的语言，也颇有《世说》人物语言的魅力，简直可以补入《世说新语》，可以作为"新《世说》"来读。

尹达先生曾评说"文革"曰："'文革'是什么？就是让我们洗澡，互相都看见了，原来你有一个鸟，我也有一个鸟！"有人说这是"恶攻"，老王则评曰"石破天惊，可以传世"。若依《世说》的分类，此言可以归入《捷悟》类。

谭其骧先生对"左"深恶痛绝，老王曾问他对三位故人的评价，他分别回答"左"，"也左"，"更左"。虽一二字之评，却力可入骨。"左"，不一定人不好，但如果确是"左"，也不必讳言。依《世说》，此评可以归入《识鉴》类。

周谷城先生曾给复旦学生讲过他会见毛泽东的情景，谈及对毛的印象，赞曰："主席生龙活虎般的姿态！于学无所不窥！"虽只二语，却描画出毛泽东当年之风神。依《世说》，此语可归入《容止》类。

王毓铨先生是当年响应周总理号召归国参加新中国建设的海外知识分子，回国前，他的老师胡适先生告诫他："你回国后，第一件要做的事，就是批判我，否则你难以立足。"这是典型的胡适风格，清醒、大度，殷殷爱护自己的学生。依《世说》，此言可以归入《雅量》类或《政事》类。

尹达先生故去，老王著文曰："作为后辈，我要向九泉之下的尹老说：放宽心，好生安息。不要为'左'过、整过人难过，那个年头，不'左'、不整人的不就成了国宝？"悼文直言死者过失，实不多见，然入情入理，让人信服。依《世说》，既可以归入《伤逝》类，也可入《政事》类。

老王常记下与他交往过的一些台港人的言谈，使我们得以窥见隔膜已久的同胞的一些情状。一位台湾退伍的国军老营长对老王说："什么红军二万五千里长征，爬雪山，过草地，是根本没有的事！实际上，就是在我老家大别山里转来转去而已。"老王闻后大笑，惊其迂腐，也感叹两岸隔膜之深。此国军营长之言，依《世说》，可入《简傲》类或《轻诋》类。

名人咳唾，常似珠玉，若随风飘散，甚为可惜。老王拾珠摭玉，让我们仿佛亲聆到名人的谈话，阅读到现代《世说新语》。

把死者埋在活人心里

读老王怀想故人的文章，曾几度欲堕泪。为人物的遭遇，为人物的悲剧性格，也因老王那泛着淡淡哀伤的文字。古人说，读《陈情表》不流泪为不孝，读《出师表》不流泪为不忠。我觉得，若读了老王笔下那些感人憾人的情节而不为所动，则至少是个情感稀薄的人。

顾诚先生是一位甚有成就的明史学者，老王的至交，因做学问太苦而短寿。老王曾劝他戒烟，改掉夜间工作、白天睡觉的习惯，谏言说得很重："毛泽东也是阴阳颠倒，夜里不睡白天睡。但人家是'老子天下第一'，你有他的条件吗？你甚至没有鲁迅的生活条件，而鲁迅活多久，你是很清楚的。"但顾诚"听不进去，继续在熬夜、浓茶、抽烟、失眠、安眠药中恶性循环"。一次开学术会，老王与顾诚同室，老王回忆说："我夜半醒来，他还没睡着，静静地躺在床上，看上去，真是形容枯槁，他有时剧烈地咳嗽着，表情痛苦，我很揪心，但又无可奈何。"顾诚先生我是见过的，确是形容枯槁。老王这段文字，连同我见过的顾先生，长久地留存在我的脑海里，令我辛酸。其实，中国的很多知识分子都像顾诚那样，不享受，光用功，有成就，但短寿，成就是拿命换来的。

老王写人写得那么细致，我总琢磨，他怎么就能记住那么多事呢？记忆力好，当然是重要原因。但我想还有两条，一是老王是史家，"闻事辄录，史家之学"（文廷式《闻尘偶记》），他有记事的素养；再有，就是老王心里总装着别人。我与老王交往多年，这点是深深感受到了的。记着别人，才能写出关于别人的细腻文字。

老王怀想故人的文章，末尾部分往往最撄我心，令我悲戚，叹喟，遐想。这部分文字，大概因为是全文情绪的总括，故往往情至深，文至美，值得吟味再三。

《送别何满子先生》末尾写道："何老走了。据说天堂的路很遥远。我看何老未必在乎天堂。如果他地下有知，一定庆幸与他的知友王元化、贾植芳二老重聚，把酒论文坛，论天下，剧谈终宵，'不知东方之既白'。"伤感之中含着魏晋人的旷达。这种旷达，其实既是何老的，也是老王的。

《忆周谷城先生》的末尾："周谷老是史学家，也是哲学家。得知他逝世的消息，我的第一个感觉就是哲人不再。是的，像一片叶落，像大海退潮，像星辰隐去，像钟声渐远，周谷老走了，走得那样平静。他永远离开了这个世界，但永远也不会从这个世界消失。"不只是文辞美，更是境界美。的确，周谷老的大名确如悠远的钟声，不断地飘入人们的耳鼓。

古代的谀墓文，拔高墓主，强作悲伤，透出一股迂腐气息。现代的悼词也常常透出八股气，或是竟写上"享受副局级医疗待遇"之类的官气文字。老王的悼亡文章则是情真意切的美文。在一篇悼文中，老王引用了鲁迅先生这样一句话：死者如不埋在活人的心中，那就真正死掉了。老王是真心想让他所写的人物能埋在活人心里的。

谈笑多鸿儒，往来有白丁

老王虽是个高级知识分子，但平民意识颇重。他对权势人物从无卑顺心态，对小人物则表现出足够的尊重。老王写人物，除了写精英人物，也常写小人物，写得还很用心，文字间倾注了深情。正可谓谈笑多鸿儒，往来有白丁。

在《韦大先生》一文里，老王写了一位乡村塾师在1960年的饥馑年头，招待过自己一顿饭，令自己终生难忘。“桌上摆着两碗大麦片饭，一碗咸肉，一盘炒韭菜，一碗蛏干汤。韦大师娘不上桌，却一再要我多吃菜，韦先生则连连说：‘菲薄甚矣，又无酒，务望海涵。’”老王知道，“这一碗饭就得花去老两口的一天多口粮！”饭后，韦先生叹息说：“我将与草木同朽。”并做了一副自挽联贴在家中。不久便真的死去了。“他终于未能走出那个特殊年代的死亡线。”读着老王这些感人的文字，一个穷苦、善良和潦倒的乡村塾师的模样，呈现在我眼前。这是一个时代的留影！写小人物的文章，还有《哀小陈》《新四军大哥》等多篇，都是感人的文字。

老王何以平民意识重，尊重平头百姓，愿意把“白丁”写入文中？我想，这首先因为他懂得唯物史观，懂得老百姓的崇高价值，也了解他们的真实地位。《韦大先生》第一句话是：“人民是历史的主体。但人民的绝大多数，从来都是默默无闻的。”老王便有意识地把平民百姓的事迹留在载记之中。他平民意识重，还与他本身就是农家子弟有关。老王在书里详写过他贫寒的家境，这种家境使他对下层人民有一种天然的感情，有更多的了解。所以，他笔下的小人物都是有血有肉的形象。老王能以一介农家子弟成为有成就的史学家、作家，这让我想起杨昌济先生的一句话：“农家多出异材。”老王该算是这种情况吧。

侠义文章侠义人

我与老王相交多年，深感他是个有侠骨的人。什么是侠骨？就是有正义感，疾恶如仇，遇不平事敢于拍案而起。读老王的文章，常能感到一股侠义之气。

老王读了《王元化先生学术年表》所记的彭柏山事略以后，感慨系之，在一篇关于彭柏山佚文的按语中，他激愤地写道：“走笔至此，眼前不禁又浮现出郭猛烈士庄严、巍峨的纪念碑。可是，又有谁会为他的出生入死、军功卓著、后蒙冤而死的战友彭柏山立纪念碑呢？我看柏山还不如当年与郭猛一起战死在日寇的枪口下呢！呜呼，柏山忠魂何处觅？思之不胜感喟，又何言哉。”这是在为英杰讨说法，为冤魂鸣不平。如此仗义文字，一如路遇强人凌弱，挺朴刀就上！想必读此文者都会为彭柏山的命运悲叹。

老王曾写过一篇杂文《新编孟子》，王元化先生读后告诉老王："正感到很闷气，你的这篇杂文，真给我出了一口闷气！"我未读过此文，但从标题和王元化的话可以想见，这必是一篇扬正斥邪的鲁迅式杂文。老王当年反张春桥，后来又写出警世文章《万岁考》，也都是他有侠骨的表现。

老王之所以有侠骨，我看与他的底色有关。他的父亲"性耿直，急公好义"，母亲"怜贫惜幼"，"曾为新四军做鞋"。（《父母碑文》）老王自然受到父母熏陶。老王家乡驻过新四军，幼年老王不仅亲身受过新四军的呵护，也受到了革命影响。九岁时他曾在抗日儿童团成立大会上讲演，并当选为儿童团文娱委员。由此可见，老王不仅出身贫寒，是我党基本群众，还是个抗日的"老革命"呢。老王虽非中共党员，但相信马克思主义。他曾与我说过，历史评价需要马克思主义。这些经历和思想背景，都构成了老王"泛红"的底色，构成他一生耿直、有侠骨的基础。

文化的自觉

读这本《悠悠山河故人情》，最好能配读他的《中国人的情谊》一书。这是一本研究历史上中国人交谊传统和交际状态的学术著作。两书的区别是，《悠悠》全是记事，且是老王的亲历亲闻，《情谊》则主要是对历史材料的分析和论说。老王是萧克将军主持的《中国文化通志·交谊志》的著者，在研究交谊史方面，老王是个领先的专家。读了《情谊》，我能看出，老王为人处世的许多表现，都是继承了中国人优良的交谊传统的，而且是自觉地继承了的——这是一种“文化的自觉”。

补记：王春瑜，史学家、随笔杂文作家，中国社会科学院历史所研究员，中国作家协会会员。著述甚丰。

为“神是人造的”提供一个史证

我写《行业神崇拜——中国民众造神史研究》

“神是人造的”需要史证

许久以来，我有一个想法，觉得中国人是个爱搞崇拜的民族，好像我们的民族心理中有一种“崇拜基因”，表现为特别喜好崇拜神灵、圣人和王者，并形成顽固的习性和“崇拜文化”，历史上，杂七杂八的神供了不知有多少，行业神崇拜是其中之一。20世纪，还发生过造神运动。中国人素来的拜神癖好，成了中国走向“民主与科学”及更高境界的一个不小的阻碍。

我觉得，应该郑重地从学理上研究、揭橥和说明这个现象，应该让国人认识到，自己的拜神癖好是一种传统痼疾，是必须下大气力才能清除的。我写《行业神崇拜——中国民众造神史研究》（简称《行业神》），其根本立意，就是想通过研究一个历史上中国人拜神现象的个案，弄清中国人是怎么造神的，怎么信神的、怎么敬神拜神的。我想用确凿的历史资料，说明这些问题。从更高的层面上说，我想为“神是人造的”这个普通的道理提供一个史证。

任继愈先生为这本书写了序言，有这样一段话：“千百年来，人们总是用迷信说明历史，我们则用历史说明迷信，这是我们的原则，也是我们的方法。”用历史说明迷信，是一种唯物论的方法，能够科学、明白地解释神灵崇拜的现象。我写《行业神》，就是想用历史来说明行业神崇拜这个现象。

以往研究民间信仰、谈神论神的著作，多是记述信奉者供奉何神，怎样供神，而对于他们怎样造神，却研究不多。人们虽然口头上经常说“神是人造的”，但究竟是怎样造神的？其具体过程如何？具体想法又是怎样的？往往语焉不详。”神是人造的”，这是无神论的核心命题。所以，应该把研究“人如何造神”作为研究民众信仰史的核心环节。我这本书就是将这一问题作为核心环节的。我要用确凿的史料，证明行业神都是从业者制造出来的，并要讲清楚是怎样制造出来的，也就是说，要为“神是人造的”这一命题提供确凿的可信的史证。何以要选择行业神崇拜作为“人造神”的史证？因为，我发现行业神的造神过程堪称“人造神”的一个范例，有很强的证明力。

我在书里详细考证和记述了百余个行业所供奉的神祇的来历，可以说，已将从业者塑造行业神的心理和思想脉络，基本揭示和呈现出来了。从史料中可以看出，原来，各行业所崇拜的所谓“神”——各种祖师神、保护神，其实不过或是历史上实有人物的变形或影子，或是由小说、神话、传说及宗教故事中的人物演变而来，总之，这些形形色色的行业神，都是从业者根据自己的需要，从各种历史资料中淘换出来并加以膜拜的。

例如，建筑业所奉的祖师（祖师神、祖师爷）鲁班，是真实历史人物的变形，绦带业所奉的祖师哪吒，是神话传说人物，盗贼所奉的祖师时迁，是小说人物，等等。从业者造神的具体根据，是这些历史人物、神话小说人物与自己行业特征的某种关联，这种关联，有的是确实的，更多的是牵强附会的。例如，鲁班被奉为建筑业祖师的根据是，他是古代的能工巧匠，这个事迹是确实的；而附会出的关联，如哪吒被奉为绦带业祖师的根据，是《西游记》写哪吒把龙王三太子的筋抽出来做腰带，时迁被奉为盗贼业祖师的根据，是《水浒》好汉鼓上蚤时迁是偷盗高手。不论造神的那点根据是史迹，还是虚构，总之，把各路人物塑造成与本行业有关的无所不能的神祇，都是人为的作品，都是从业者按照自己的需要“自造自拜”的。

研究造神史，实际也就是在研究心态史。我写《行业神》的动机之一，就是想做一次研究中国人心态史的实践。史上的历史学家，一般最看重政治史、军事史、经济史，对心态史则很少问津。思想史不同于心态史，那是人类思想结晶的历史。心态史则是所有人普通心态的历史。

心态史是历史学不可或缺的研究对象。梁启超《中国历史研究法》云：“凡史迹皆人类心理所构成，非深入心理之奥以洞察其动态，则真相未由见也。”历史是人创造的，人的心态如何，能不关乎历史的形态和走向吗？造神、拜神，属于人的信仰活动，是人的精神生活的重要部分，是心态的突出表现，特别是当一种文化由“神本”尚未完全过渡到“人本”的时候，造神、拜神更可以说是心态史的最重要的内容之一。因之，造神史研究可谓心态史研究的重镇。

行业神的造神史，是社会各行业人们，包括上层人士和下层民众之心态史的重要表现。研究中国自古以来各行各业的造神史，实际就是研究各行业人们的心态史，往大一点说，也就是研究他们的意识形态史。我一向对史学界的心态史研究比较关注，发表过几篇有关心态史的文章，写《行业神》一书是我研究中国人心态史的一次最重要的实践。

我写这本书，自觉深受了五四先贤“民主与科学”精神的影响，无论从学术立意还是著述方法上，都多少有一点五四学风的遗韵。

旧史家对于民众史历来不重视。“国之大事，在祀与戎”，正史所记录的“祀”，乃是国祀，而非民祀，更非行业祭祀。旧史家当然是不会研究行业神崇拜的。五四先贤强调民众是历史活动的主体，强调民众史的斑斓多彩和研究它的必要性，主张做学问要眼睛向下看，向广处看。

顾颉刚先生曾提出过“要打破以贵族为中心的历史，打破以圣贤文化为固定的生活方式的历史，而要揭发全民众的历史”的主张。我写《行业神》，就是想贯彻这一主张，这本书可以说就是一本为“揭发全民众的历史”而眼睛向下、向广处看的书。

我为什么要选择神祇问题来做研究？实际上这也是在步武五四先贤。五四新文化运动空前解放了中国人的思想，一切反科学、不民主的东西都开始被质疑、被动摇，万千年来束缚人们精神的神鬼信仰，便是被质疑、被动摇的重要对象。一位法国学者说：“古今生活、思想中的神怪方面之史的研究，能够帮助解放人的心灵。”五四先贤颇为重视神鬼研究，写过不少此类文章，其目的就是为了搬掉压抑人们思想的巨石，解放人们的思想和心灵。我这本《行业神》，实际是继承了五四以来研究及批评神鬼信仰的学术风气的，是在这种学风影响之下写出的。我自信《行业神》这本书也是有助于解放人们的心灵的。我在自序里说，这本书“虽是考神之作，也是忧患之书”，我希望这本书有助于人们反思那种喜欢拜神、喜欢崇拜圣物圣人的思维习惯，反思历史上与造神有关的社会动乱。从行业神崇拜中，我们可以看到古今造神有许多相似的地方。例如，极易对所崇拜的杰出人物的事迹做“层累的堆积”，使其演变为无所不能的“箭垛式人物”，然后再对这个“箭垛式人物”加以更狂热的崇拜。

“窄而深”的研究法

有朋友问我，你写这书用的是什么方法？实际上，开始写的时候，只是有一个大概其的路子，是边研究边摸索的，回过头来再总结一下，大致的方法是：做“窄而深”的实证研究；搜寻历史文献资料，连接历史碎片，相对复原历史原貌；使用归纳法，从史料中抽绎出带规律性的原理；用历史学、民俗学、文化学、宗教学等多学科的理论认识和处理史料；行文用“考述法”，既考证，又梳理、陈说，当考则考，当述则述。

“窄而深”三字研究法，我是从梁启超的书里知道的。梁启超在《中国近三百年学术史》里谈到戴东原的朴学风格时说：“戴东原一派的学风，专作窄而深的研究，所选的题目或者是很小的，但在这个题目的范围内，务把资料搜齐。类书式的‘案而不断’，他们是不肯的，但判断总下得极审慎。所以他们所著虽多属小篇，但大率都极精锐。”我写此书时心里常悬着梁启超这段话，并刻意仿效之，虽然自知学不到家，但方向如此。

我觉得，做“窄而深”的实证研究，如掘深井，易于把某个问题搞深搞透，而且行业神崇拜这个课题本身就像一眼深井，极适合做“窄而深”的研究。此外，我对“宏大叙事”既不擅长也不大感兴趣，而只喜欢做精细入微的研究。如何用“窄而深”的方法来研究行业神？例如，对行业神的分类，可分为祖师神和单纯保护神两大类，探讨的重点是祖师神；对祖师神身份的确认，又须做区别性的说明，即确有创业之功者不一定被奉为祖师神，认定是否为祖师神还有其他标准；对祖师神的“神性”与“人性”须加以区分和解析，从而窥见行业神崇拜与中国传统文化的一些联系方式。

为考清行业神崇拜的历史面貌，我努力按梁启超说的“窄而深”之法去做，“务把资料搜齐”，当然，“齐”是相对的。在行文时，我采取了繁复地征引资料的方法。何以用此法？一是觉得孔子说得对：“载之空言，不如见之于行事之深切著明也”，即因事见义，摆出史实最有说服力，史实为王；二是想学陈寅恪先生的作文法——用众多史料揭示历史面貌；三是想仿照英国学者弗雷泽的名著《金枝》的“严整的体系，丰富的资料”的著述法。我的目的只有一个，就是通过众多的史料，追索历史原貌，最大限度地接近历史原貌。我认为，历史资料越丰富、越翔实，就越能接近历史原貌。

鲁迅先生曾写过谈鬼神的文章《五猖会》和《无常》，他感叹道：“吁！鬼神之事，难言之矣。”行业神崇拜就是个颇有难度的课题。其难度首先在“文献不足征”。孔子“不语怪力乱神”，历代典籍便不大愿意记鬼神事，官修史书等正统文献又很少记录一般民众的历史，所以关于行业神崇拜的史料便非常少，即使有也多潜藏在文献的“字缝”里，需要下大功夫爬梳。我曾就此课题当面请教过钟敬文先生，先生只说了“工匠供鲁班”和“妓女也供神”两句话，没有提供其他资料线索。我感到，行业神崇拜是一个需要开荒的课题。因此，写此书花费时间最多的就是搜集史料，用现在的话说，可谓用了“洪荒之力”。除了搜集文字材料，还要作实地调查，访问故老。

在搜集资料时，我特别注意搜集前辈学者有关行业神的论说性材料。我发现，这类材料甚少，多是些只言片语，但这些简单文字，对我也颇有启迪。这些文字，如明末清初大学者顾炎武曾在《日知录》里以茶业供奉陆羽为谈资评论某人；瞿秋白曾把木匠供奉鲁班作为“行会文化”的标识；顾颉刚在论述“三皇”问题时，将木匠供鲁班、织工供嫘祖与医师供三皇作比较；冯友兰在论述孔子在中国历史上的地位时说，士人尊崇孔子，“犹木匠之拜鲁班，酒家之奉葛仙”；版本学家孙殿起在所辑《琉璃厂小志》中，记述了旧京琉璃厂书商根据行业需要供奉文昌帝君和火神的情况。

从这些材料可以看出，对于行业神崇拜这个现象，实际上自古以来就有文人学者注意到了，但没有当作一个学术课题系统研究过；近现代学者谈及行业神的文字比古代学者要多一些，而且除了说事实，还往往夹杂一些观点和思想，反映出近现代学者对鬼神问题的重视和理性认识。前辈学者的这些谈及行业神崇拜的文字，虽简短却精辟，都是弥足珍贵的，所以，每当我从众多文献中钩稽出这类久已湮没的文字，便欣欣然好多天。

“不必求用而自然有用”

有用性，是学术课题的重要价值指标。研究“行业神崇拜”有什么用？比起热门课题来，如儒学研究、李鸿章研究、辛亥革命研究等，这个课题的用处当然要小得多，但却绝非无用，而是有用，在某些方面用处还不小。《行业神》一书刚出版，就有学者评论说，“这书很有用”。的确，行业神崇拜本身虽是个“小而偏”的课题，但学术意义却不可忽视。

民国学者江绍原爱研究神鬼礼俗等题目，有人认为没什么用，但叶圣陶先生认为很有用，他援引了一封信札中的话来评论江绍原的研究工作：“研究学问只要目的在于求真，也是斩除思想上的荆棘。例如哥白尼的地球说足以打破地球为宇宙中心的谬见，达尔文的进化论足以打破人为宇宙中心的谬见，而间接打破‘天尊地卑，乾坤定矣；卑高以陈，贵贱位矣’的阶级制度。所以，学问不必求用而自然有用。”的确如此，一种看似无用或用处不大的学问，实际上往往间接地会有大用。“不必求用而自然有用”，许多学问都是如此。行业神崇拜的研究就会直接间接地对研究和解释历史、思想、文化、民俗等许多方面的问题有用处，有参考价值。

比如，它可以证明孔子的“不语怪力乱神”的态度对下层民众的影响力和约束力不大，而孔子那种“祭神如神在（祭神态度既有严肃的一面，也有模糊的一面）”的祭神心理，却对中国人的影响不小。孔子生在巫鬼势力旺盛的春秋时代，却“偏不肯随俗谈鬼神”（鲁迅语），这本是一个好榜样，但中国民众敬孔子可以，却不能不谈鬼神，从业者更不能不敬祖师爷，相反，总是表现出一种笃信和狂热崇拜的态度。实际上，自古以来流行的行业神崇拜，是中国人不遵“不语怪力乱神”，而遵“祭神如神在”之旨的一个突出表现。

研究行业神崇拜，对研究中国行业史有直接用处，对研究中国社会经济史有参考价值。从行业神崇拜活动中，可以看到明清以来行业组织的一些特点，了解行业运作的一些情况。黑格尔《小逻辑》说：“宗教与政治本质上是联系在一起的。”孙中山说，“政治是管理众人之事”。行业神崇拜就与政治、与行业管理颇有关系。实际上，行业组织供奉行业神乃是行业内部的一种政治行为，是行业管理上的一种措施。从业者将祖师神作为同行的旗帜，用以团结同行，这类似于古代氏族的图腾或阀阅之家的族徽。

任继愈先生在序言中提到了这本书的有用性，认为“这本书对研究中国社会经济史有参考价值”，“给社会史、经济史，特别是中国近代经济史、社会史提供了可贵的原始资料”。编辑家、学者戴文葆先生是另一篇序言的作者，他认为研究行业神崇拜对研究行业史特别有用。他引用了恩格斯《路德维希·费尔巴哈和德国古典哲学的终结》里的话：“实际上，每一个阶级，甚至每一个行业，都各有各的道德。”又加以申说：“每个行业都有自己的行话、市语，自己供奉的神祇。这种种神灵，是现实和奇幻的结合，作为各行业所应遵守的道德行为规范的精神监督力量，起团结、约束和教育从业人员的作用，造神的意义主要在这里。”这一申说，大体是根据《行业神》所提供的史料做出的，实际是对《行业神》一书的有用性的肯定与说明。

这本书对于研究中外文化的差别也有用处。例如，书中有一专节《中国行业神崇拜的世界背景》，列举了世界上许多国家也崇拜行业神的情况。中外一对比就可以发现，中国的行业神崇拜是最发达、最典型的，特别是祖师神崇拜的丰富多样性和发达程度，更远为其他国家所不及。从这当中可以看出中国的祖先崇拜、多神教等文化特点对中国行业神崇拜的深刻影响和支配作用。在古代，世界上不少国家的行业神崇拜与中国的行业神崇拜大抵是旗鼓相当的，但后来却衰落了，这可能与三大宗教产生后占据了他们的头脑有极大关系；而中国各行业民众则从未减少崇拜行业神的行为，且因佛教文化的传来，获取了更多的造神材料。中国的行业神崇拜，真是世界第一。这当中的原因，值得深入探究。

行业神崇拜这个课题，除了有用，还很有意思，学术性与趣味性兼具。这在学术课题中是少见的。比如，许多行业神的造神理由相当可笑。唐代酱菜工奉东汉文学家蔡邕为祖师，理由是蔡邕音谐“菜佣”，而酱菜工正是受雇做酱菜的“菜佣”，所以理应奉蔡邕为祖师。明清酱园业奉唐代书法家颜真卿为祖师，理由是颜真卿有“颜鲁公”之号，“颜鲁”即盐卤，而酱园做酱菜要用盐卤，所以颜真卿理应是酱园业的祖师。类似的例子还有很多，令人失笑喷饭。

历史的人证

文史资料随想录

政协所编的文史资料（《文史资料选辑》）原是“内部书”，高干读物，是限制流行的，我刚成年时曾向一高干子弟借阅过几册，读之，一种浓重的沧桑感笼罩在心头，兼而还生出一种神秘感和荣耀感——这“内部书”里的事儿，一般人没权利知道啊！然终因文化太低，读后懵懵懂懂，除记住了一个德国军事顾问出了一个用碉堡围困苏区的坏主意外，几乎没留下什么记忆。“文革”后，文史资料成了普通读物，我也因读了大学历史系而有了阅读能力，遂开始大量阅读文史资料。由此，不仅获得了很多历史知识，也懂得了文史资料的重要价值，这种价值，若用一两句话概括，就是：它是来自历史现场的证言，是历史的人证。

兹将若干读书心得，以分段札记的形式，录之如下。

一、文献史料学应大书“文史资料”一笔

文史资料，实即“晚清民国史料”；近些年，又加入

了“共和国史料”。文史资料已出版多年，文字多达十几亿，乃是一部旷世的巨型文献史料。但我感到史学界对其价值的认识却很不够，利用就更不够。从一定意义上说，文史资料尚处于一种“养在深闺人未识”的状态。

翦伯赞先生写的《史料与史学·略论中国文献学上的史料》（北京大学出版社1985年版），是一篇比较全面论述中国史料学的论文，所谈到的史料，包括经史子集、甲骨文、汉简、碑铭、墓志、档案、宗教经典、戏曲、说部等许多项，甚至谈到了信函、账簿、报刊和传单，但却没有文史资料。已出版的一些中国近现代史料学著作，虽或谈及文史资料，但多是一笔带过，对其价值的估计很不够。黄裳先生曾把文史资料称为“掌故汇编”，虽也不错，但给人估价不足之感。因为文史资料绝非一般随意信笔的掌故，而是郑重写出的史料。总之，文史资料的文献史料学价值确实被忽视和低估了。

文史资料之价值被忽视和低估的原因，也许与晚清民国的档案比较多有关。但实际上，档案的史料价值是不能替代文史资料的价值的。档案是历史过程中自然形成的文本，固然可贵，但毕竟不是“三亲”者专门记史，且时有零散之弊。文史资料则是“三亲”者即历史的当事人或切近历史者所书写的专门记史的文献，是历史的人证。这些“历史证言”，在切近历史原貌，还原和证实历史上，很多时候不仅可以和档案相媲美，甚至胜过了档案。比如，在反映历史的曲折过程和人物的性格、心态等方面，就不亚于档案甚至超过档案。所以，不能说文史资料的价值一定低于档案，而应该说各有千秋，可以互补。

我认为，文史资料应该在中国文献史料系列中占有相当重要的位置。谈中国文献史料学，应该有文史资料的一席之地。如果具体到"晚清民国史料学"或"中国近现代史料学"，就更应该包括文史资料。忽视甚至弃用这一大宗史料，那将是一大损失。

甲骨文刚被发现的时候，章太炎先生认为是假的，后来知道了它是"真物"。敦煌文书国人一开始也不重视，后来知道是无价的宝贝。八千麻袋明清档案起先几乎要被当废纸来处理，后来才为它建立了专门的档案馆。我想，文史资料也是会经历一个从不够重视到高度重视的过程的。中国文史资料馆的落成，实际就是文史资料等文献的价值开始被高度重视的一个表征。

二、全方位存留史料

历史是丰富多样的。有政治史、军事史、经济史、外交史、文化史、教育史、科技史、艺术史、宗教史、民俗史，等等；有一国之史，一地之史、一家之史、一人之史，一座寺庙之史、一座桥梁之史、一幅画作之史，一条道路之史，等等。记载这丰富多样的历史有各种历史体裁，如通史、编年史、断代史、国别史、专门史、人物传记、大事记、地方志、家谱、寺庙志、民俗志、山水志、回忆录，等等。

文史资料与上述记史体裁不同，它不是单一地记录某个方面、某种类别的历史，而是全方位地记录和留存史料，凡是值得记述的历史，凡是有价值的史料，都属于它的记录和存留范围。若想了解和研究晚清以来的中国历史，无论是国家的宏观历史，还是社会方方面面的中观、微观历史，无论是朝廷政要、社会名流的史迹，还是三教九流、杂色人物的掌故，几乎都能从文史资料中找到有用的材料或线索。

可以说，文史资料是一座蕴含着无数矿藏的宝山，是一幅令人目不暇接的历史画卷。试问，以文史资料如此全方位地反映晚清以来的历史这一重大优点而言，哪种文献类别可以与之相比或替代它呢？

三、文史资料的第一等价值是“三亲”

史料的真实性、可靠性是分层次的。史学尤重第一手史料。诚如喷泉出水，血管出血，亲历、亲见、亲闻所写出的史料，自然是最接近历史原貌的史料，是第一手史料，居于史料的高层次。所以，文史资料的第一等价值是“三亲”。文史资料也可以称为“晚清民国以来三亲史料”。

历史上的许多文献资料，虽也能证史，但因不是“三亲”史料，其可靠性就多多少少地要打折扣。《史记》是很可靠的史料，但司马迁对宫廷史实的记述并非他亲历所得，故比不上溥仪、溥杰所亲笔撰写的宫廷生活史料更真切、更细致。野史笔记里虽也有些“三亲”史料，但因不是正规写史，比较随意，故有时可靠性也要打折扣，须参证其他史料以求真；而文史资料的撰写者则都是抱着极郑重的写信史的态度写作的。戏曲、说部等资料，虽也能证史，但终究只是折射史影，更不可与文史资料这种直接史料相比。

高明的史学家，不仅在采择史料时高看“三亲”史料，倘有条件，自己也会“采铜于山”，亲自做访查第一手史料的工作。《史记》的资料来源，虽多为文献，但也有司马迁的采访资料。如他采访李广，写下了李广“循循如鄙人”；他还亲至孔子故宅，记下亲见的情况。这就有点像写文史资料了。顾炎武为写《昌平山水记》，风霜驴背，亲至昌平考察，所以《昌平山水记》也可说是一部“三亲”之书。《资治通鉴》是司马光编纂的，虽也可靠，但非“三亲”史料。

四、“最权威作者”写“最权威史料”

文史资料的很多篇章，都是由最权威的作者写的。所谓最权威，是指他们最知情，由他们来写某一史料最合适，最可靠，以至具有无可替代性。就像刘澜涛同志举例所说的，“《我的前半生》是皇帝写皇帝的生活，别人谁也写不出”。由最权威的作者写出的史料，必然是最权威的史料。

这类“最权威作者”所写的“最权威史料”，举不胜举。例如，冯国璋之子冯家迈写的《回忆我的父亲冯国璋》，康有为之女康同璧写的《回忆康南海史实》，戴笠亲信沈醉写的《我所知道的戴笠》，指挥渣滓洞大屠杀的徐远举写的《重庆渣滓洞大屠杀案真相》，建造钱塘江大桥的茅以升写的《钱塘江建桥回忆》，参加东京大审判的梅汝璈写的《关于谷寿夫、松井石根和南京大屠杀事件》。又如，东北“剿总”副总司令杜聿明写的《辽沈战役概述》，东北“剿总”副总司令兼长春守城司令郑洞国写的《从猖狂进攻到放下武器》，东北“剿总”副总司令兼锦州指挥所主任范汉杰写的《锦州战役回忆》，辽西战役的国军指挥官、第九兵团司令廖耀湘写的《辽西战役回忆》等。

这些由“最权威作者”写出的“最权威史料”，对于相关问题的研究者来说，是必须参阅的史料。不参阅则研究时可能无路可走，或是舍近求远。

当然，所谓“最权威史料”，只是相对而言，并非就不能商榷和补正了。因为，历史往往是复杂的，人的经历和眼界也是有局限的。存留文史资料有条原则叫“诸说并存”，很好；对于“最权威史料”，也应该如此。比如，同一事件，两位亲历者都写了文史资料，他们都是“最权威作者”，但所写的两份“最权威史料”有异，那么就应该两说并存，供读者分析、采择。

五、文史资料的具体性、微观性

治史如断狱，断狱要证据，证据重细节。有细节的史料是证据力最强的史料。这种史料即微观史料。没有微观史料，光有大事记，历史就好像没有血肉的骨架。

中国传统史书崇尚简洁，微观史料不多。尚书、竹书纪年、左传，细节都很少。史记、资治通鉴多一些，但在今人眼里，倘能再多些就更好。野史笔记里的细节多，但是否可信要考辨。民国以后盛行章节体史书，眉目虽清晰，也易于了解历史的大关节目，但细节很少，读后有空泛之感，必须参读相关史料才成。

文史资料的一个巨大优越性，就是它是一种强调写历史细节的文本，为揭示历史的真相提倡把史实写细，不惜笔墨，故文史资料具有很强的具体性、微观性特征。从文史资料那篇篇有血有肉的记录中，人们可以真切地了解到历史真相。

试举韩复榘被杀一例。蒋介石杀韩复榘，是民国史、抗战史上的一件大事，但一般史书都只有简略记载，文史资料的记述则相当详尽。

关于韩复榘被逮捕的情况，王一民《关于韩复榘统治山东和被捕的见闻》一文（《文史资料选辑》第十二辑）

记述：韩复榘被捕前，蒋介石曾质问韩复榘：“我问韩主席，你不发一枪，从黄河北岸，一再向后撤退，继而放弃济南、泰安，使后方动摇，这个责任，应当是你负担！”韩复榘毫不客气地回敬说：“山东丢失是我的责任，南京丢失又是谁的责任呢？”韩的话还没说完，蒋正颜厉色地截住韩的话，说道：“现在我问的是山东，不是南京！南京丢失，自有人负责。”韩正想开口反驳，身旁的刘峙拉着韩的手说：“向方，委座正在冒火的时候，你先到我办公室休息一下吧。”刘峙装着很亲热的样子握着韩复榘的手走到院内，对韩指着一辆早已准备好的轿车，说：“坐上吧，这是我的车。”韩坐上后，刘峙说：“我还要参加会议去。”说时就把车门关上了。车里有两人分坐在韩复榘的左右，出示逮捕令说：“你被捕了！”韩起初以为这二人是刘峙的副官，看了逮捕令，才知道他们是军统特务。

关于韩复榘被杀的具体过程，孙桐萱《韩复榘被扣前后》一文（《文史资料选辑》第五十四辑）记述：1938年1月24日，韩复榘在被羁押的小楼里被枪杀。这天晚上七点，两名特务上楼说，何（应钦）部长请你说话，又问韩家里有事否，说：“你写信，我们可以送到。”韩说：“我没有家。”随即下楼，走到楼梯中间，对特务说：“我的鞋小，有点挤脚，我回去换双鞋。”刚转过身，背后就开枪了。韩回过头，只说了声：“打我的胸。”就倒在血泊中。

这种对历史的具体细致的记述，不仅对历史研究有大用处，还可以为影视创作提供可信的历史情节。上述韩复榘被杀的细节，就被影视作品所吸纳。这有助于大众了解真实的历史。

六、文史资料的补缺作用

文史资料的补缺作用强。有些史书特别是记录晚清民国史之书，如果某方面的史料缺如或比较薄弱，文史资料常能补之。

比如，研究清代太监史对于研究清代政治史和中国皇权史有重要作用，但《清史稿》里却没有以往正史《宦者传》那类专门记述。文史资料却可以起一定的补缺作用。文史资料里有好多篇关于太监的史料，如马德清等《清宫太监回忆录》、温宝田《关于太监“小德张”的回忆》、爱新觉罗·恒兰《清廷太监杂记》、信修明《老太监的回忆》、孙耀庭《中国最后一位太监》等。这些太监史料都相当难得，因为，“三亲”者极少，而太监本人又极不愿提及那些丢脸和心酸的往事。

由于文史资料存留了不少太监史的第一手史料，我们便可以具体了解到清代太监的来源、他们当太监的原因、被阉割的过程、他们的生活和心理、他们与政治的关系等许多情况。其中有的篇章还能纠正人们对太监的一些传统看法。比如，历史上宦官专权危害很大，太监又是那种“半个女人”的样子，所以，一般人的印象是凡阉人必坏，必丑恶，尽管东汉造纸的蔡伦、明朝下西洋的郑和也是太监，但并没改变人们对太监的绝对化认识。文史资料里则有一篇《记维新运动中的宦官寇连材》，记录了一位拥护光绪，为戊戌变法献身的义烈宦官，使人们得以认识到：太监里面也有好人，有义士，为戊戌变法做出牺牲的不仅有六君子，还有一位好太监。

又如，文史资料可以补八旗史料之缺。在清朝历史上，八旗的作用极大，但史籍中关于八旗的专书却并不多，只有《八旗通志》和若干八旗谱牒等，而这些书所记录的多是八旗制度和宗族方面的内容，对八旗兵丁的历史和生活则记录极少。清代档案中有不少八旗史料，但须耐心爬梳整理后才能利用。老舍的《正红旗下》虽是八旗历史的写照，但毕竟不是真正的历史记录。

文史资料里有多篇关于八旗历史和旗人生活的史料，对于研究八旗问题有重要作用。如张廷栋《杭州旗营与八旗子弟》、于城、崔智泉《广州八旗军队的变迁》、金祥斋、邵义斋《清末旗丁的生活》等。我的大学毕业论文是《八旗生计问题述略》，就曾利用过文史资料里的八旗史料。比起《八旗通志》等古籍来，文史资料里的八旗史料对历史的反映更加清晰，文字也易读，故成为我了解八旗历史的一条捷径。八旗文献档案原件不好读，但先读了文史资料里的八旗史料，就容易读了。

七、文史资料与史实考证

文史资料对于考证史实很有用处。它可以作为考史的证据，帮助解决一些考证难题，即使难题不能完全解决，也是一种有益的参考。许多历史情况，“大路货史料”里难觅，或是不确切，但在文史资料中可以觅得相关的史料，得知确切的史实。

比如，西安事变情况复杂，涉及的问题和人物极多，要搞清楚西安事变全部、真切的历史，殊为不易。即使到了今天，也不能说关于西安事变的问题都彻底搞清楚了。文史资料中有大量关于西安事变的史料。如孙铭九《与西安事变有关的思想准备》，应德田《西安事变之前的张学良将军》，王玉瓒《西安事变捉蒋的一些参考资料》，何克《回忆临潼兵谏》，宋文梅《拘留中的蒋介石》等，数量多达百余篇。这对研究、考证西安事变的诸多问题有极大帮助。

又如中山舰事件，史学界一般认为是蒋介石有意制造的，但学者杨天石以西山会议派邹鲁的“反间计说”为线索，利用档案、蒋介石日记和文史资料，写出了《中山舰事件之谜》一文，对此事件的起因提出了新说。此文被胡乔木誉为“一篇具有世界水平的文章”。杨天石曾著文说，他之所以能写出这篇文章，除利用了没公布的档案外，还与参考了曾扩情写的《蒋介石盗取政权和蓄谋反共》和《包惠僧回忆录》等大量文史资料分不开。

又如红军长征“密电”问题，及相关的张国焘是否曾要加害毛泽东、张闻天等中央领导人的问题。关于此问题，争论很多，或云确有“南下，彻底开展党内斗争”的密电，或云其实并无密电，或云张国焘确有加害毛张等之心，或云张国焘只有野心而并无杀心。文史资料里有一条沈醉提供的材料可以作为研究这些问题的重要参考。沈醉在《张国焘在军统》一文（沈美娟主编《沈醉回忆作品全集》）里记述，一次张国焘和他去戴笠家赴宴，回程同车时，张向他表示了对戴笠总是向人介绍他是“共产党第三号人物”的不满，张国焘说：“在长征途上，要是我心狠手辣一点，我在共产党内的地位就不是第三第二了。”这是一条很难得的史料，它说明了一个问题：张国焘在长征路上确可能萌发过加害毛张等中央领导人之心。这条材料虽不能说明有无密电，但可以作为“如确有密电，则内容为欲危害毛张等人”之论点的一个旁证。

又如，关于行业神崇拜，正史里没有记录，文人笔记里也少见，但文史资料里却有不少。因为文史资料要记述行业史，这就涉及行业创始人和行业信仰的问题，于是就记下不少行业祖师神崇拜的情况。我写过一本《行业神崇拜——中国民众造神史研究》，很多史料都是从文史资料里爬梳出来的。绍兴师爷崇拜谁为祖师爷？遍觅群书不得。查文史资料，陈觉民《绍兴师爷的兴衰》一文（浙江文史资料选辑》第二十六辑）云："绍兴师爷的起源，有人说是肇始于清朝雍正时候的邬先生。邬先生是绍兴师爷的祖师，这是越中老幕友所公认的。"由此知道了绍兴师爷所崇拜的祖师爷是何许人。

八、人物史料渊薮与人物心态史料

文史资料的内容，大量的是写人物的，它是晚清以来人物史料的一大渊薮，是反映这个时期人物面貌的可靠而真切的史料。

好的人物史料，一是要真实可靠，二是要真切鲜活。刘义庆的《世说新语》是记录魏晋风度的好史料，魏晋人物的音容、语言仿佛活在纸上。但其材料来源多为笔记杂书，非刘义庆"三亲"所得，故有些人物故事难说是百分之百的真史。历代正史中的人物史料，除司马迁等少数史家写得比较真切生动外，多数是干巴巴的，有的甚至像履历表。这与旧史书的体例有关。

文史资料里的人物史料，则符合"好的人物史料"的标准。即：一、真实可靠或基本可靠（当然，也有一些因记忆有误或观点原因导致不完全真实的情况）。文史资料的撰写者都是"三亲"者，他们有条件写出真史，在周总理"要真实，要实事求是"的号召下，他们更是立意要写出真史。二、真切鲜活。其重要标志之一，是文史资料里有许多可以窥见人物心态的史料。

梁启超说，欲了解历史，须了解古人之心。确实，不了解历史人物的心态，对历史人物的了解就是肤浅的。我国传统史著重记事，不重记心，留下的心态史料不多。荆轲的“风萧萧兮易水寒”，陈胜的“燕雀安知鸿鹄之志”，晋惠帝的“何不食肉糜”，都是反映历史人物心态、性格和思想的绝佳史料，但这类记载实在太少了。

文史资料是比较注重记录人物心态的，因而存留下了很多心态史料。这些心态史料对于研究历史人物的真实面貌具有很高的史料价值。

心态史料的可靠性，特别要看史料来源的是否可信，换句话说，心态史料必须出自历史人物本人及“三亲”者特别是历史人物身边人的手笔才可信，因为，只有这种文字才能反映历史人物的真实心态。文史资料的撰写者正具备了这种条件。

试举一条谭延闿的心态史料。谭曾任国民政府行政院长，被人称为“伴食画诺”的“活冯道”。他主持行政院会议时，经常闭目养神，对讨论的问题从来不置可否。对这个身任要职的大人物的庸人行为，一般人很难理解，不知他究竟抱着一种怎样的心态。陶菊隐《记谭延闿》一文（《文史资料选辑》第五辑）给出了答案。原来，谭延闿处世，有“三不主义”守则和“二字秘诀”。即“一不负责，二不建言，三不得罪人”；一个“中”字，一个“混”字。1929年春，唐生智任军事参议院院长时，谭延闿向唐流露了两句真心话：“古人所称‘允执厥中’，‘中’字是人生的第一妙诀。此外，还有一个‘混’字，是人生的第二妙诀。”谭延闿所奉行的这个“中”字妙诀，其实与古代哲学中的“允执厥中”并不搭杠，不过是一种模棱两可，首鼠两端的庸人哲学而已。“混”字，则可谓他不负责、不建言的心理基础。了解了谭延闿这“三、二心态”，也就懂得了他为什么被人称为“伴食画诺”的“活冯道”。陶菊隐提供的这条心态史料，对研究谭延闿其人真是大有用处。

投敌当汉奸的人究竟是一种什么心态？黄广源《孙良诚投敌及其下场》一文（《文史资料选辑》第五十四辑）提供了重要的心态史料。孙良诚就任伪第二方面军总司令后，手下人赵云祥对他说：“想吃肉就不要怕有腥气，我们拥护你当了总司令，可以保存实力，笑骂暂且由人笑骂，只要将来走向光明，依然名利双收，这叫曲线救国嘛。”这些话反映的不只是孙良诚、赵云祥的汉奸心态，也是当时汉奸的普遍心态。

此文还记录了伪军部队下级官兵中流行的一首顺口溜：“抗战五年多，和平二年半；什么都不落，落个当汉奸。自觉低一头，更怕熟人见；浑身是臭气，终生洗不完。”这是一种堕落之后痛心而又无奈的心态。这种心态说明这些伪军多少还有一点中国人的良心，而这点良心，也就成了一些伪军能够接受八路军的策反的重要原因。

九、给人以历史现场感的史料

好的史书，能给人一种历史现场感，让人感到历史人物和事件就像在眼前。但这种史书并不多。正史里大概要数司马迁的记述给人的历史现场感最强了，荆轲刺秦，霸王别姬，千古以下犹动人心魄。但这终究不是司马迁亲眼所见的场景，而主要得力于司马迁过人的笔力。

文史资料则是一种含有大量具有历史现场感的史料文献。这些史料的撰写者，许多人当时正在史事发生的现场，是目睹了历史场景的人。读他们所写的记述历史场景的史料，常会过目不忘，史事就像烙在了脑海里。

试举周大文《张作霖皇姑屯被炸事件亲历记》一文（《文史资料选辑》第五辑）所写的两段史料。

一段是张作霖在皇姑屯被炸前与日本人闹翻的场景。文中写道，日本代表芳泽用恫吓的口吻对张作霖说："张宗昌是你的部下，他杀死几十名日本侨民，你要负责。"张作霖听罢勃然大怒，从座位上站起，把手里的翡翠嘴旱烟袋猛力向地下一摔，磕成两段，声色俱厉地冲着芳泽说："此事一无报告，二无调查，叫我负责，他妈拉巴子的，岂有此理！"说完之后，扔下芳泽，怒气冲冲地离开了客厅。

日本人杀死张作霖，盖源于张不听话。在这段场景记录中，张作霖不听日本人摆布的神态跃然纸上，他的骂声仿佛我们今天还能听到。这是一条张作霖不听日本人话的绝好史料。

再一段是张作霖挨炸后的场景。张作霖皇姑屯被炸后，浑身是血，生命垂危，对卢夫人说："我受伤太重了，两条腿都没了（实际腿没断），恐怕不行啦！告诉小六子（张学良乳名）以国家为重，好好地干吧！我这臭皮囊不算什么，叫小六子快回沈阳。"说完不久，便瞑目长逝了。

这段场景记录非常重要。从张作霖的话里，能看出他的爱国思想，看出他对张学良的要求、期望和安排，也能让人深切感觉出当时国势的危殆。这段话实际成了张作霖的政治遗嘱。这段史料对于了解张作霖父子的历史和为人具有重要价值。

十、了解中国民族资产阶级历史的第一手史料

了解和研究中国民族资产阶级意义重大。如果对民族资产阶级的史事无知，则必对近现代中国国情无知，必对新民主主义革命理论无知，必对毛泽东关于民族资产阶级的论述不理解，甚至对五星红旗的含义、政协会徽的含义也不能理解。

读文史资料，乃是了解民族资产阶级历史的一个门径。文史资料里有不少民族资产阶级代表人物撰写的"三亲"史料，具有很强的权威性，实为反映民族资产阶级历史的第一手史料。

这些史料可以说明许多问题。比如，中国的民族资产阶级是怎么来的？他们与欧美的资产阶级有何不同？为什么民族资产阶级最终没跟蒋介石走而成了共产党的朋友和拥护者？这些问题，只要细读几篇文史资料就会有深刻的了解。

具体个案，如“虎牌猪鬃”这个驰名全球的民族企业，它是怎么发展起来的？是怎样受到帝国主义的歧视和排挤的？又是怎样同美国商人竞争的？怎样击败官僚资本的？后来又是怎样纳入国家计划轨道的？读一读“虎牌猪鬃”企业家古耕虞写的《我经营猪鬃二十余年的回顾》一文，就全清楚了。

毛泽东曾讲过，中国民族资产阶级的一部分是从封建商人中脱胎演化出来的。这个“虎牌猪鬃”的历史便是一个极好的实例。据古耕虞自述，“虎牌猪鬃”的前身是一个封建性的川帮企业，后来逐步发展成了一个现代化资本主义大企业。古耕虞的自述可以作为毛泽东论点的一个注脚。

十一、可贵的国军抗战史料

从不承认或不提国军抗战功绩，到承认和如实介绍国军抗战功绩，这是历史观和政策的双重巨大转变。但国军抗战史料在哪里？台湾史馆里肯定有不少，但大陆人不易看到。大陆各地的抗战纪念馆虽然有些介绍，但很简单笼统，离全面具体地介绍差得很远。

文史资料则保存了较多的国军抗战史料。以下是《文史资料选辑》和《文史资料存稿选编》中关于国军抗战史实的分类题目："国民党的正面战场""中国远征军""东北军爱国官兵奋起抗战""一二八淞沪抗战""长城抗战""察哈尔抗战""绥远抗战""七七事变与冀鲁抗战""八一三淞沪抗战""南京保卫战""晋绥抗战""徐州会战""豫东作战与黄河决堤""武汉会战""湖南抗战""中原抗战""闽浙赣抗战""粤桂黔滇抗战""远征印缅抗战"。从这些分类题目可以看出，国军抗战的基本史实，在文史资料里都已经基本记录下来了。此外还出版了专书《原国民党将领抗日战争亲历记丛书》十二册。

这些史料的撰写者都是国军抗战的亲历者，许多人还是重要战役的指挥者、参加者，因此这些史料都是国军抗战的第一手史料。但这批国军抗战史料，过去并未受到社会的广泛重视，学界的重视程度也还不够。实际上这是一宗了解和研究国军抗战史事的极重要的史料，是必读史料。它能告诉世人许多闻所未闻的国军抗战功绩，纠正以往"国民党只反共，不抗日"的错误印象。对于抗战史研究者来说，它又具有高度学术研究价值，将这些文史资料与档案等史料结合研究，相互参照发明，可以更加准确地评定国军在抗战中的作用，进而准确地评价中国战场（包括正面战场和敌后战场）在整个国际反法西斯战争中的地位。

但是，国民党在抗战中的表现和作用是两面的，既有功绩，也有战败、溃逃和破坏统一战线等问题。文史资料对这些坏的方面也做了如实记述。

陈长捷写的《忻口战役追记》一文（《文史资料选辑》第五十四辑），是客观记述忻口战役的一篇重要史料。既记述了国军部队对日寇的浴血苦战，也记录了一些参战部队战败溃逃的情况。

例如，记述了郝梦龄师长、刘家骥副师长在与日寇混战搏斗中一起阵亡；十九军的两个团，数日剧战消耗，伤亡惨重，团长鲁义欧阵亡；川军不但武器简陋，且临冬仍穿单衣，却拼死杀敌；南怀花、红沟两地战况惨烈，山坡和谷地间遍布“无以数计的敌我遗尸、遗械，迫于激战，弗克清理”。文章也记述了太原警备司令曾延毅领头逃跑，致使全城军心动摇等国军抵抗不力的史实。

幸亏文史资料里存留了这么多国军抗战史料，使诸多历史真相未被湮灭。试想，如果当年没有留下这些史料，我们的损失该有多大，再想了解这些史料所记述的史实，特别是种种细节，又该有多难啊！

十二、迷信与民国军政要人

“不问苍生问鬼神”，政界人物迷信鬼神和巫祝，把政坛和社会搞得乌烟瘴气，是个历史现象。汉代有巫蛊之祸，对当时的国家政治发生了极大影响。降至民国，虽倡言开启民智，然迷信风气仍很盛，许多民国军政要人竟也狂热地膜拜鬼神、信用巫祝，这对民国政治产生了相当的影响。研究民国史，不能不研究这个现象。但相关史料不多，第一手史料就更少。

文史资料里有一些这方面的第一手史料。蒋尚朴《刘神仙与四川军阀》一文（《文史资料选辑》第七辑）记述了一个典型事例。1925年到1933年，中国曾发生了一件“刘神仙闹四川”的大事。刘神仙本名刘从云，是个算命先生，自创了“孔孟道”，自任“道主”，此人极富政治野心，以“浩劫将至”等邪说蛊惑人心，网罗了大批道徒。四川军政绅商各界的许多头面人物也被他拉入道中，如刘湘、潘文华、唐式遵、王瓒绪、王陵基、范绍增、邓锡侯、贺国光、刘文辉、杨森、田颂尧等军政要人都成了他的道徒。这些军政道徒对他趋奉唯谨，在一段时间里刘神仙几乎成了四川的无冕皇上。刘湘理政治军，皆听命于刘神仙，正式委任他为军师，军事计划都由刘神仙制定，刘湘来执行。时人称刘湘是“以神治军，以军乱政，以政虐民”，足见刘神仙的影响之大。红军长征路过四川时，刘神仙指挥的部队还与红军打过仗。电视剧《长征》演了这个刘神仙。

《刘神仙与四川军阀》的作者蒋尚朴，是刘神仙的亲信道徒，曾代表刘神仙与各路军阀频繁往来，深知诸事内情，因而他写的这篇史料价值很高。

十三、西安事变后国民党人思想变化一例

西安事变最重大的结果是国共合作，形成了抗日民族统一战线。此外，还有一个重要结果：共产党的影响和威望因此事变而扩大，而提高，一些原来仇视共产党的国民党人经此事变而对共产党有了好感，甚至刮目相看。对于这两方面的情况，文史资料里都有具体翔实的记述。

如邓汉祥《刘湘与蒋介石的勾心斗角》一文（《文史资料选辑》第五辑）记，四川军阀刘湘原是个极端反共的人，在任二十一军军长时，对共产党人残害很多，“三三一”惨案中杨闇公惨死，数百人死伤，他虽然不是主谋，但也负有重要责任。但西安事变后，刘湘听说是因为共产党主张不杀蒋介石，张学良才把蒋放了，始而诧异，后经几天的思考，遂对共产党看法大变，他对人大声说：“共产党真是以国家大局为重，不计恩怨。共产党经过长征，到北方不久，在军事、政治、经济各方面尚待布置。这时如果把蒋介石杀了，全国不知有几人称帝、几人称王，必然演成混乱局面，徒为日本人造机会而已。这事确是为国家大局着想，抛弃历年和蒋的积怨，标举外御其侮的大义，并且有当家做主的风度，非有伟大的眼光和气魄，决不能做到这步。”

此文作者邓汉祥是刘湘的下属，对刘湘的思想变化及原因有深切的了解，他对刘湘的转变评论说：是共产党的伟大气魄感动了刘湘，使刘湘开始转变以往的反共态度。邓汉祥又举了一个刘湘转变的实例：在西安事变后的一次反共气氛浓烈的国民党中央全会上，刘湘却提出了国家亟须“集中人才，精诚团结，解放言论，发扬民气”的主张，这实际是在委婉地表达希望国民党转变以往的反共政策。

十四、记述下层史

文史资料有个很大的长处是记述晚清以来的下层史。这个“下层”，既包括政权的下层，也包括社会的下层。了解下层史，对深入了解当时的国史和国情有极重要的作用。

这种记录下层史的写史方法，迥异于旧式的官修史书。旧史书的目光总是向上看的，主要记述帝王将相、军国大事、朝章国故等，只有作为史料偏师的笔记野史、地方志、风俗志等书里才有些下层史记录。文史资料则是既记述高层史，也记述下层史。特别是全国各区域文史委编纂的文史资料里，关于政权下层、社会下层之史的记录就更多。举两个例子。

一、记述国民党基层史。历来研究国民党史，大多只是研究其上层史，很少涉及国民党基层的历史。所以，人们对于国民党的基层是怎样运作的，是怎样统治一方的，知之甚少。曾任国民党河北滦县县党部代理书记长的王建功在《回忆国民党滦县县党部1941年以后的组织沿革》一文（《滦县文史资料》第八辑）中，对自己所掌握的情况做了详细的介绍和说明，使我们得以看到国民党基层组织架构及历史的一角。

二、记述娼妓、乞丐、盗匪、赌博、毒品等行业的历史。这些行业都处在社会底层，被目为“猥贱”行业，但历史悠久，从业人员很多，所起的社会作用不可小觑。但能撰写这些行业的历史的人极少，特别是由于这些行业的从业者大多没文化，或碍于脸面，故很难也很少操笔撰写关于本行业历史的文字。所以，这些行业的史料非常难得。文史资料里存留了一些这类行业的“三亲”史料。如刘国兴《清末以后的广州娼妓》、崔显昌《解放前四川乞丐的形形色色》、李然犀《旧天津的混混》、商衍鎏《清末广东的“闱姓”赌博》、张文钧《旧社会吸毒、贩毒琐记》等，都是很难得的史料。

十五、研究中共党史的辅助史料

了解和研究中共党史，一般多从“党史资料系列”中寻觅史料。但实际上，文史资料中也有不少对研究中共党史有用的史料。只是因为这些史料含藏在文史资料中而较少为人所知。这些史料可以作为研究中共党史的辅助史料。

例如，国民党是怎样策划围剿苏区的，其具体部署是怎样的，对长征中的红军是怎样围追堵截的，文史资料里就有很多史料。其篇目，如戴岳《记第一次“围剿”中央苏区的龙岗之役》、宋瑞珂《蒋介石对中央苏区留守红军的“清剿”》、胡汉文《汤恩伯对瑞金的残暴》、沈鹏《第十师“围剿”苏区的三次战斗》、严翊《记田颂尧第二十九军堵击红四方面军的情况》、孟全禄《参与围攻河西走廊倪家营子红军的片断回忆》等。

皖南事变是研究中共党史必须弄清的一件大事。这就必须要弄清国民党是怎么策划事变的，其阴谋活动和实施过程是怎样的，弄清了这些，才能真正弄清皖南事变的真相，才能正确地解读相关的中共党史问题。文史资料里有不少相关史料。其篇目，如董南辕《皖南事变前的阴谋活动》、沈少巽《皖南事变中国民党军六十二师动态》、岳星明《有关“皖南事变”反动阴谋的回忆》、张盛吉《皖南事变侧记》等。

研究中共党史，必须知道改组派是什么。中共搞“左”倾“肃反”时，“改组派”是个大帽子，很多共产党精英都因被指控为“改组派”而被杀。但究竟什么是改组派，往往是被杀者不明白，杀人者也并不很清楚。在中共党史资料系列中，关于改组派的史料很少，在文史资料里则有一些。可贵的是，文史资料里的这些改组派史料，基本都是历史上当过改组派的人写的，这些改组派史料堪称是最权威的了。如罗方中的《关于改组派的一鳞半爪》等文，基本说清了改组派的内幕和历史。

托派，也是研究中共党史时经常提到的。托派是现代政治史上一个很重要的政治派别，与中苏两党的历史密切相关。托派的历史情况是必须要弄清的，但第一手资料却很少见。一般人对托派的一点知识，大多是从中共党史著作的注释中获得的。文史资料中则有若干篇史料很有助于了解托派的历史情况，如濮清泉写的《中国托派的产生和灭亡》就是一篇很有用的史料。

研究中共统战史、统战理论和政策，必然要了解统战对象的历史。但统战对象史料很少见于中共党史资料系列，而主要在文史资料中。如王昆仑、王炳南、屈武写的《中国民主革命同盟史略》，司徒丙鹤写的《司徒美堂与美洲洪门致公堂》，既是研究民盟和致公党的直接史料，也是研究中共统战史的辅助史料。

十六、关于存留“文革”史料

存史，是文史资料的主要功能之一。所谓存史，自然要存全面之史，而非片面之史。治、乱、兴、衰的历史都要存，正面、负面的历史都要存，这才是完整的史料。唯有如此，才能真实、完整地反映中华民族的历史，反映中华民族虽历经坎坷却仍然勇猛精进的伟大历程。

鉴于不少国人患有粉饰之病，畏惧“报忧”，故应特别强调文史资料应担负起存留中华民族坎坷历史的责任。

这是民族大义，是向子孙万代负责。存留新中国成立后历次政治运动的史料，特别是存留“文革”史料，是体现这种民族大义的重要表现。“在齐太史简、在晋董狐笔”，存留“文革”史料，应具有文天祥所表彰的这种正气。

近年来，为“文革”翻案的思潮颇为汹涌，“文革”史在一些人笔下已不是浩劫，而是一场所谓“革命的狂欢”。这就需要正本清源，让世人了解真实的“文革”史。“欲灭其国，先灭其史”，对这句古语，人们有多种解释，然在我看来，实也可以引申为：“欲乱中华，先灭‘文革’史。”倘若真的把人们的“文革”记忆都抹去了，“虚无”了，“文革”是一定会卷土重来的，只不过会换另一种形式而已。

邓小平说：“‘文化大革命’已经成为我国社会主义历史发展中的一个阶段，总要总结……”文史资料的记史范围早已从晚清民国史扩展到了共和国史，怎么能不记述“文革”史？资政、育人是文史资料的重要功能，而“文革”史对于当代中国人具有重大的启示意义，怎能不下功夫记述？如今许多年轻人已不知“文革”为何物，或竟相信那真是一场“革命的狂欢”，老一代怎能不负起把“文革”的血色真相告诉后代的责任？

“文革”究竟是个什么样子？如何了解“文革”？光是看《建国以来党的若干历史问题的决议》是看不大明白的，因为那里只有结论，没有史料。《“文革”简史》之类简括的史书也只能给人一个囫囵的印象。文史资料中的“文革”史料，则能告诉人们许多真切的“文革”真相。

对于“文革”的高层大事，党史学界记录得比较多，了解起来不算困难，但要了解中下层“文革”史，特别是底层微观史实，就离不开文史资料一类书了。

《同安文史资料》第二十五期有一组记录福建同安县“文革”的史料，让我们看到了一个县的底层“文革”史是什么样子。如李蔡林《“文化大革命”期间同安的“文攻武卫”》一文，让我们看到了江青的一句“文功武卫”，在南方边陲县镇发生的可怕效应；曾清泉《“文革”清队中汪前村的大冤案》一文，又让我们了解到“文革”中冤狱遍地，即使一个小村子也难逃厄运。

但不知怎么，现在文史资料中的“文革”史料越来越少了。难道真无事可记了么？不。那漫长的十年浩劫，值得记述的事还不知有多少呢！对于“文革”史料，从舆论宣传上讲，应该宜粗不宜细；但从历史研究上讲，从史料学上讲，则应该宜细不宜粗，这是历史学及史料学的天性。文史资料不是报纸电台，不那么“敏感”，它具有存留“文革”史的天然优势。处理“文革”史料，应注意两个区别：一是舆论宣传与存史的区别，二是撰写“文革”史料与出版“文革”史料的区别。该写、该存的，要写，要存；但不等于都能用于宣传，都适宜出版。总的处理原则是：实事求是，从实际出发。

十七、直笔与曲笔

文史资料《发刊词》提出，“写文史资料要秉笔直书”。秉笔直书，就是写史要用直笔，不用曲笔，要不溢美，不掩恶，不夸大，不缩小，实事求是。已出版的绝大部分文史资料都可以说是秉笔直书的史料。试举二例。

一是黄埔军校学生菅树元对黄埔军校的记述。

蒋介石长期担任黄埔军校校长，国共分裂之前、之后都是，前期的黄埔军校中有周恩来等共产党人做教官，后来就没有了，那么对国共分裂之后的，没有共产党人的黄埔军校该怎样记述和评价？是否也应该一是一、二是二地记述？好的方面是否也应该记述和肯定？菅树元的记述做到了秉笔直书。

菅树元在《回忆我在黄埔军校的经历》一文（《滦县文史资料》第八辑）中写道，抗战期间在校两年，学校强调“军令如山，党纪似铁”，也进行民族大义和团结抗日的教育，讲“军人魂即成功成仁”，军人要有视死如归、马革裹尸的意志，一定要抗战到底。黄埔学生的胸前都佩带符号，正面写姓名、对别，背面印有“爱国家，爱人民，不怕死，不爱财”十二个字。平时强调“精神胜于物质”，强调“牢记国耻”，倡导学习苏武、岳飞、文天祥、史可法、林则徐、关天培、邓世昌、葛云飞等民族英雄。菅树元还写道，著名诗人、教授汪静之常被请到学校来讲课，讲《孙子兵法》和《曾胡治兵语录》，讲岳飞的《满江红》和文天祥的《正气歌》。

从这些记录可以看出，黄埔军校当时的教育还是能以民族大义为重的，抗日救亡是当时黄埔军校教育的主要方向。菅树元的记述，可谓秉笔直书。他不怕被人指责为“替国民党说好话”，他没有因为蒋介石是黄埔军校的校长就抹杀上述史实。

二是郑庭笈对戴安澜抗日史事的记述。

国军师长戴安澜是著名的抗日将领和烈士，率所部远征军出征缅甸殉国后，毛泽东、周恩来、朱德、彭德怀等中共领导人送了挽联，高度评价了戴安澜。但戴安澜打仗是否总是高明的？如果有错误，是否也要写出来？是否应该为贤者讳？

郑庭笈是秉笔直书的。郑是师长戴安澜的直属部下（先后任团长、副师长），与戴师长一同远征缅甸，他在《戴安澜的战略失误》一文（《文史资料选辑》第一六三辑）中写道：戴师长的殉国与他主观上犯了战略原则错误有关，由于戴师长的指挥失误，部队伤亡很大，诸将领进言，戴师长却坚持己见，终至造成严重后果。戴师长是个个性很强的人，不容易被说服。原来，戴安澜的指挥失误，乃是他阵亡的重要原因，而这个失误还不小，是战略性的。郑庭笈的文章，可谓董狐之笔。这完全是对历史负责，绝不会影响对戴安澜抗日功绩的评价。

文史资料里也能见到少量的曲笔。

对阎锡山在抗战中的表现怎么评价？能否因为阎锡山曾有过与日寇妥协勾搭的行为就说阎是汉奸？有的文章是视阎为汉奸的。

赵承绶《我参与阎锡山勾结日寇的活动情况》一文（《文史资料选辑》第五十四辑）说，阎锡山在抗战期间是假抗日、真反共，他在日本留学时就“种下了汉奸根”，抗战中与日寇勾结，“汉奸真相毕露”。赵承绶又描述阎锡山的样子说：阎“身穿绸大衫、头戴草帽，还带着一副黑色眼镜，俨然一个舞台上的汉奸形象”。

这是在用曲笔记述阎锡山。实际上，阎锡山不是汉奸。总体来看，阎锡山同共产党在山西结成了抗日民族统一战线，对抗战是有功的，虽然他曾有过对日妥协勾结的行为（阎有所谓“在三个鸡蛋上跳舞”之说，日寇是鸡蛋之一），但主要是为了“自我存在”，并不是要投降当汉奸。

但赵承绶为何要那样写呢？我想，这大概是因为赵承绶曾遵照阎锡山的指令与日寇勾结过，他那样写，一是想表现一下自责，二是有点反戈一击的意思。不少撰写文史资料的战犯、日伪人员和国民党军政人员都曾有过这种心理。以这种心理支配写史，便会产生曲笔。

文史资料中的一些曲笔还与“左”的思想影响有关。黄维曾提过这样一条意见：“我认为过去写的文史资料，对陈诚太不公平了。陈诚也做过一点好事。我知道他在台湾也做了点好事。”（刘沉刚《赴京征集文史资料访问记》，见《周恩来同志倡导政协文史资料工作四十年纪念集》）这条意见有合理之处。那种对陈诚完全否定，完全不提及他曾做过好事的曲笔，无疑与“左”的思想影响有关。“左”的思想与实事求是的原则完全不相容，是文史资料真实性的破坏者。

十八、一个哲理的史证

文史资料虽然不是哲学书，但它可以提供事实来证实哲理。这也是文史资料的一个功能。比如，人是可以变的，好人坏人在一定条件下是可以转化、互变的，这一关于人的辩证法，在文史资料里就可以找到很多实例。

沈醉写的文史资料中就有这样的典型事例：不少中共党员叛变后当了军统特务，而一些军统特务经过共产党的教育改造成了新人。张国焘是前者的典型，沈醉本人是后者的典型。

张国焘曾是中共重要领袖之一，叛变后当了军统特务。沈醉在《张国焘在军统》一文（沈美娟主编《沈醉回忆作品全集》）中，详细记述了张国焘在军统中的种种行为，如张怎样废寝忘食地琢磨对付共产党的办法，怎样开办“特种政治工作人员训练班”，给特务传授对付共产党的技能，怎样教给特务策反共产党方面人员，怎样策划让特务打入延安等。还记述了张国焘总想着要报在共产党时的所谓“大恨深仇”，以及张的腐化生活等。

沈醉在文史资料里又记述了他本人和徐远举、周养浩经过教育改造，在政治上有重要进步的情况。沈、徐、周，原来都是罪恶深重的军统特务，但在共产党伟大精神和政策的感召下，有了改恶从善的行动。在“文革”中，造反派逼迫他们承认诬陷老干部的虚构事实，逼迫他们承认韩子栋（《红岩》中华子良的原型）是打入共产党的军统特务，逼迫沈醉承认张露萍等七位烈士不是共产党员而是军统特务，但沈醉等坚决不承认，保护了被诬陷的老干部，保护了韩子栋、张露萍等英烈的清白和英名。特别是沈醉，由于他不懈地向上反映张露萍等人的真相，终于使得知情人叶剑英元帅耳闻了此事，于是亲自做了证明，使张露萍等七人的革命烈士身份得到了确认。

文史资料的这种以史实证实哲理的功能，以往人们重视和利用得不够。以文史资料育人，不能忽视这一功能。倘若哲学教授的案头放一套文史资料，他的教案和文章想必会更加丰富生动和具有说服力。

十九、有关文学名著的史料

读文学名著，常需要了解相关的史实、掌故。例如，读《红楼梦》，需要了解曹家历史和清朝的制度风俗，读《孽海花》，需要了解赛金花其人和晚清的国势官场。但这种有关名著的史料往往不好找，需要下功夫才能得到。但关于清代以来一些文学名著的史实、掌故，却可以在文史资料中查到不少。试举三例。

一、关于《红楼梦》。此书第二十八回有小厮踢石球的描写，踢石球是怎么回事？历史上是什么样子？陈诏《红楼梦小考》中略有介绍，但所引史料并非亲历者所述，故读后有隔膜之感。北京籍满族人赵书在文史资料中记述，他曾找过醇亲王之子金友之（溥仪溥杰之弟）询问过踢石球的事，答曰在北府（醇亲王府）时常见到太监踢这个球，“那是赌博，输了要付对方钱的”。

这是一条“三亲”史料，对了解《红楼梦》踢石球的掌故颇有帮助。看来，清王府里也曾有过踢石球运动，太监竟还是“运动员”。还能看出，太监原来也好赌博，并不那么老实，并不总是低眉顺眼“嗻嗻嗻”的。

二、关于《孽海花》。曾朴写的《孽海花》是一部夹杂和涉及了许多晚清史事的小说，许多情节都不是虚构的。那么，究竟哪些情节是虚构的，哪些又是真史呢？文史资料中有万武、徐养疾《关于〈孽海花〉的一些史料》（《文史资料选辑》第九十四辑）一文，对解决这些问题很有帮助。小说的主角是赛金花，书里涉及了庚子之变那一段史事；那么，历史上的赛金花究竟是怎样的，庚子之变期间赛金花的表现如何，她与联军司令瓦德西说过些什么，她对北京城究竟做过什么好事，曾朴与赛金花是什么关系，对这一系列问题，《关于〈孽海花〉的一些史料》一文都做了回答。

三、关于戏剧《杨三姐告状》。《杨三姐告状》是根据民国年间发生在河北滦县的一件司法奇案编成的。关于此案的真实情况，赵庆江《杨三姐告状的有关史实三则》一文（《滦县文史资料》第八辑）有不少披露。如杨三姐告状时滦县大堂的规制，天津高等法院派员到滦县高狗庄开棺验尸的经过，凶犯高占英被枪毙的曲折过程等。看了这篇史料，不仅知道了戏剧与历史的异同，更对此案发生时的国势、官场、民情，特别是司法状况有了深入了解。

二十、兴亡启示录

读文史资料，可以得到许多兴亡成败的启示。司马光的《资治通鉴》是古代至宋代的兴亡启示录，文史资料则是清代民国以来的兴亡启示录。中国国民党的兴衰成败，就可以从文史资料里寻出清晰的轨迹，从而给人以深刻的启示。

国民党原本是一个生机勃勃的革命政党，是伟大的孙中山先生创立的，国民党里也不乏优秀的人才，国民党也干了北伐、抗日等好事，但为什么后来被推翻了？只要看一看文史资料里原国民党骨干写的真实生动的史料，就完全明白了。

我们可以看到国民党是怎样由革命力量演变为反动力量的，看到国民党究竟干了哪些逆历史潮流的坏事，实行了哪些伤天害理的政策，国民党政府是怎样腐败的，他的大批高级干部是怎样过着腐化生活的……我们还可以从国民党的兴衰史中看出不少规律，如独裁政权是不能长久的，贪污腐败是最丧失人心的，特务政治是最让人痛恨的，等等。

国民党腐败，大批官员腐化，乃是国民党败亡的最主要原因之一。具体情况如何？文史资料中有不少这类史料。姑举二例。

一、国民党的大劫收。抗战后，国民党政府官员利用接收敌伪物资财产的机会，大搞劫夺和贪污，把接收搞成了“劫收”，疯狂敛财，“五子登科”，结果大失民心，为日后败亡打下了重要基础。

深知“劫收”内情的原国民党政府监察委员何汉文，在他写的《大劫收见闻》一文（《文史资料选辑》第五十五辑）中，对国民党的大劫收做了相当具体细致的披露。例如，对混乱不堪的接收部署、乌烟瘴气的接收过程、令人嗔目的贪污案件、巧立名目的劫夺手法等史实，都做了详细的披露，结论是：国民党的大劫收，“其贪污数量之大，范围之广，情节之复杂恶劣，为古今中外所仅见”。

二、上官云相的自私与腐化。上官云相是国民党高级将领，皖南事变的祸首之一。此人又是一个品质很坏，生活腐化的人。他的参谋处长武之棻在《我所知道的上官云相》一文（《文史资料存稿续编》第十九册，《军政人物上》）中写道：上官云相为人极端自私、腐化，他曾说，“人生一世就是为了安乐，活着不快活还有什么味道”；他治军，提倡军人要为名为利，认为“凡对名利淡薄，甚至无动于衷的军人武将，是不堪重用的”；他对吃最讲究，有两个中餐厨师，一个西餐厨师，中餐厨师一个做京津菜，一个做苏杭菜；他在北京、济南、上海、杭州、庐山都有房产，有三辆小汽车；他好嫖好赌。

从文史资料提供的这类史料中，人们可以更加了解国共两党的区别，更加懂得为什么国民党军队总打败仗，为什么抗战后仅仅三四年时间，一个手握强大军事力量的政权就灰飞烟灭了。

二十一、文史资料写作原则补说

《文史资料》编写之初，全国政协文史资料研究委员会制定了若干具体原则，有“三要”“四不”“三不讳”等条目。“三要”是：要真实、要具体、要大胆直书；“四不”是：撰写史料可以不限体裁、不求完整、不拘观点、不扣帽子；“三不讳”是：不为亲者讳、不为长者讳、不为尊者讳。都是极正确、极精辟的原则。

我曾参加过文史资料的审读工作，根据我对文史资料写作情况的了解，我认为应该增补和强调以下原则，即：不溢美、不夸大、不缩小、不臆度、不杜撰、不诋毁、不胆怯、不猎奇、不遗漏、不冗长、不空泛、不回避、不庇护、不怕丑、不要“左”、不带有色眼镜、不滥竽充数、遇到好史料不松手、抢救史料不迟钝、不忘填补空白。